出来事と文化が同時にわかる

平安時代

伊藤賀一 監修
かみゆ歴史編集部 編

朝日新聞出版

はじめに

飛鳥時代末期～奈良時代は、スタートしたばかりの中央集権国家「日本」の律令体制が動揺する〝華やかな暗黒時代〟でした。

だからこそ、心機一転、ヤマト政権以来の中心だった大和国（現在の奈良県）から山城国（現在の京都府南部）に遷都し、奈良仏教（南都六宗）とも距離をとる必要がありました。

それが約400年続いた**平安時代**です。本書では、平安時代の政治・外交・経済・文化のすべてが時系列順に整理されています。

第1章「**平安時代の始まり**」では、遷都で気分転換。本格的な東北征討を含め新たな天智系皇統の威勢をアピールし、当時の日本の身の丈に合った改革を行います。平安新仏教（天台宗・真言宗）も登場し、晩唐文化の影響が強い新しい文化が展開されます。

第2章「**藤原北家の台頭**」では、藤原四家のうち北家の面々が、天皇の外戚（母方の親戚）として中央で台頭していく過程に焦点を当てます。同時に、地方では受領や武士が力をつけていきます。そして、遣唐使の停止にともない、「国風文化」が始まりました。

第3章「**藤原摂関家の栄華**」では、藤原道長・頼通父子の**摂関政治**全盛

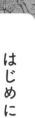

期を中心に、国文学や浄土教の発展を眺めます。世界最古の長編小説といわれる『源氏物語』の内容にも大いに触れ、いかにも「王朝絵巻」という感じで楽しい章ですが、地方政治や外交は放置され、危機が迫ります。

第4章「**院政の始まりと平氏政権**」では、この後、江戸時代後期まで長く続く朝廷のスタンダード、**院政**という政治システムについて詳述します。この時期は、①皇族・貴族、②武士、③寺社という3つの勢力が同時並行する「中世」のスタートでもあるので、清和源氏・桓武平氏・奥州藤原氏といった有力武士の台頭・発展についても焦点を当てます。特に「武士出身の貴族政権」である**平氏政権**は重要です。もちろん中央と地方の出会いでもある「院政期の文化」も外せません。

第5章「**平安貴族と人々の暮らし**」では、平安時代にタイムトリップしたつもりで、あわよくば貴族になった気分で、ただ楽しんでください。

全章を通じて、**私たちのルーツとなる**「**雰囲気**」**が詰まっています。**本書が、「本来の日本人ってこういうところあるな」と、その良さも危うさも見直す小さなきっかけとなれば、こんなに嬉しいことはありません。

2023年11月吉日

伊藤賀一

出来事と文化が同時にわかる　平安時代　もくじ

第3章 藤原摂関家の栄華

第4章 院政の始まりと平氏政権

第5章 平安貴族と人々の暮らし

○人物名や歴史用語は基本的に山川出版社『詳説日本史』とそれに準拠した資料集に従った。
○年齢は満年齢とした。
○系図について
・天皇に付随する数字は代数を表す。
・ピンクの字は女性を表す。
・特記がない限り、二重線は夫婦関係を表す。

本書の見方

コラム　教養・雑学が身につくコラム。「人物を知る」「時代を読む」がある

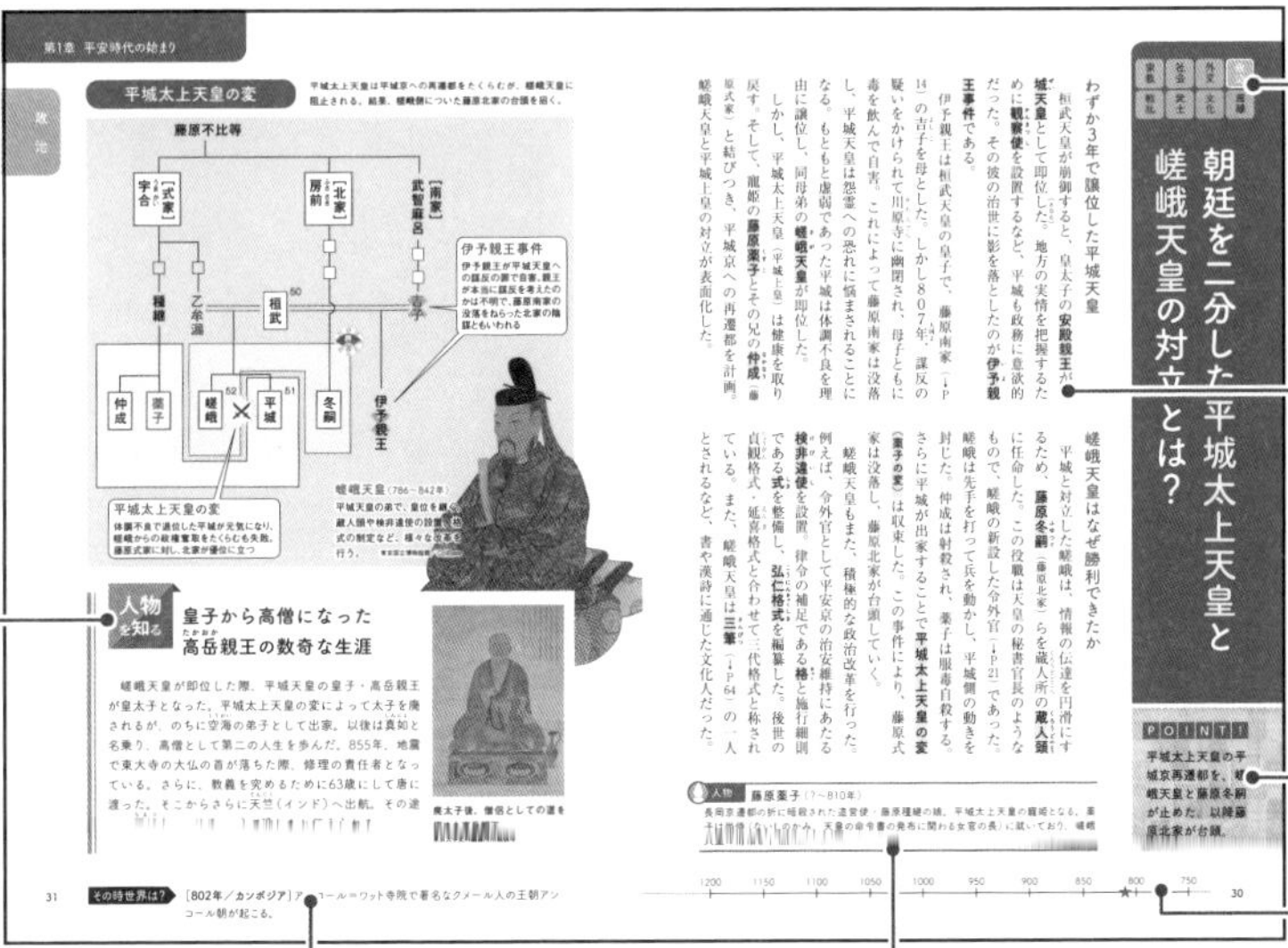

テーマ別
「政治」「外交」「社会」「宗教」「周縁」「文化」「武士」「戦乱」の8つで分類

本文
理解しやすいように、重要な人物名や用語、説明を太字で強調

POINT!
本文の内容を要約して紹介

年代バー
今、読んでいるページがどの年代か一目でわかる

豆知識or「その時世界は？」
ちょっとした雑学、または同時代の世界の出来事を紹介

欄外解説
本文で記述した「用語」「人物」について、よりていねいに説明

400年を一気に見る！

平安時代年表

陰謀事件に反乱…「平安」とついているものの、平安時代は決して平和ではなかった。400年間で起こった出来事を年表で一気に振り返ってみよう。

781 806 809 823 833 850 858

天皇：桓武／平城／嵯峨／淳和／仁明／文徳／清和

主な権力者：藤原良房

出来事／時代の流れ

桓武天皇の平安京遷都

- 784 長岡京に遷都する
- 794 平安京に遷都する
- 797 坂上田村麻呂が征夷大将軍になる
- 810 蔵人所が設置される
- 平城太上天皇の変が起こる
- 842 承和の変が起こる

藤原北家の台頭

- 857 藤原良房が太政大臣になる
- 858 清和天皇が9歳で即位
- 866 応天門の変が起こる

宗教・文学・アート

- 806 最澄が天台宗を開く
- 806 空海が真言宗を開く
- 823 空海が教王護国寺（東寺）を賜る
- 863 神泉苑で御霊会が開かれる

876	884	887	897	930	946	967	969	984
陽成	光孝	宇多	醍醐	朱雀	村上	冷泉	円融	花山

藤原基経　菅原道真　藤原忠平　藤原実頼

876 **藤原基経が摂政になる**

878 元慶の乱が起こる

887 **阿衡の紛議が起こる**

894 菅原道真が遣唐使の中止を提言する

901 **菅原道真が大宰府に配流される**

延喜・天暦の治

902 醍醐天皇が延喜の荘園整理令を出す

930 藤原忠平が摂政となる

939 **平将門・藤原純友が乱を起こす**

941 藤原忠平が関白となる

946 村上天皇が即位し、親政を行う

摂関政治の始まり

967 藤原実頼が関白になる

969 **安和の変が起こる**

藤原実頼が摂政になる

901 藤原時平らが『日本三代実録』を編集

905 紀貫之らが『古今和歌集』を編集

938 空也が都で念仏を説く

この頃かな文字が発展する

974 藤原道綱母が『蜻蛉日記』を執筆

985 源信が『往生要集』を出す

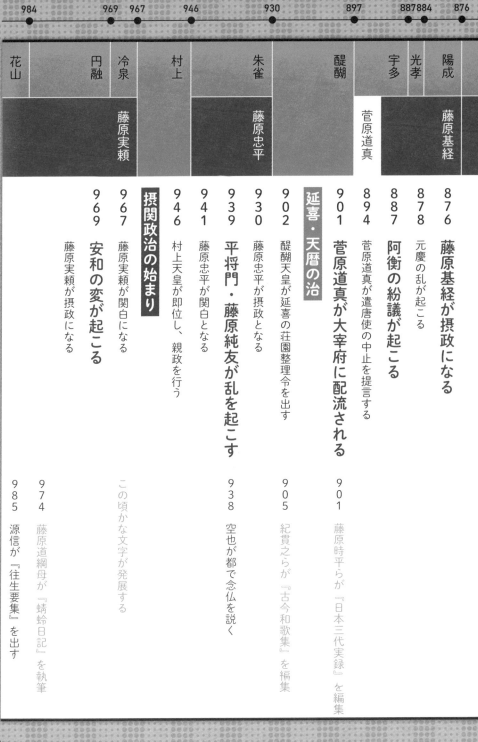

986　1011　1016　1036　1045　1068　1072　1086

天皇	主な権力者
一条	藤原兼家
	藤原道隆
	藤原道長
三条	
後一条	
	藤原頼通
後朱雀	
後冷泉	
後三条	
白河	
堀河	白河上皇

出来事／時代の流れ

- 986　藤原兼家が摂政になる
- 990　藤原道隆が摂政になる
- 1000　藤原道長の娘・彰子が中宮になる
- 1016　**藤原道長が摂政になる**
- 1017　藤原頼通が摂政になる
- 1019　**藤原頼通が関白になる**
  刀伊の入寇が起こる
- 1028　**平忠常の乱が起こる**

摂関政治の衰退

- 1051　前九年合戦が起こる
- 1068　**後三条天皇が即位し、親政を行う**
- 1069　後三条天皇が延久の荘園整理令を出す
- 1083　後三年合戦が起こる

院政の始まり

- 1086　**白河上皇が院政を始める**

宗教・文学・アート

- この頃清少納言が『枕草子』を執筆
- この頃紫式部が『源氏物語』を執筆
- 1021　藤原道長が『御堂関白記』を書き終える
- 1052　末法の世が始まるとされた年
- 1053　平等院鳳凰堂が完成
- この頃菅原孝標女が『更級日記』を執筆
- 1077　白河天皇が法勝寺を建立する
- 1087　鳥羽離宮が完成

1107	1123	1141	1155	1158	1165	1168	1180	1183	1185
鳥羽	崇徳	近衛	後白河	二条	六条	高倉	安徳		後鳥羽
鳥羽上皇			後白河上皇		平清盛			後白河上皇	源頼朝

1098　源義家が院の昇殿を許される

1108　平正盛が源義親を討つ

1132　平忠盛が院の昇殿を許される

平氏の台頭

1156　**保元の乱が起こる**

1159　**平治の乱が起こる**

1167　**平清盛が太政大臣になる**

1172　平徳子が高倉天皇の中宮になる

1177　鹿ケ谷の陰謀が発覚する

源平合戦から鎌倉時代へ

1180　以仁王が平氏打倒の令旨を出す
源頼朝が平氏打倒の兵を挙げる

1183　木曽義仲が入京する

1185　**壇の浦の戦いで平氏が滅亡**
源頼朝が守護・地頭を設置

1092　『栄花物語』が完成

この頃『今昔物語集』『大鏡』が編纂される

1124　中尊寺金色堂が完成

1140　『鳥獣人物戯画』の作者とされる鳥羽僧正が死去

1164　三十三間堂が完成
平清盛が厳島神社に経を奉納

この頃『伴大納言絵巻』がつくられる

平安前史❶

大化改新を機に天皇を中心とした律令国家を目指し始めた日本

POINT!

中大兄皇子（天智天皇）が大化改新を始める。その弟・天武天皇は律令の制定を目指した。

中央集権化を目指す古代日本

平安時代について知るには、それ以前に成立した**律令**《りつりょう》**制度**の理解が不可欠だ。例えば、「紫式部《むらさきしきぶ》」の呼び名は律令における役所「式部省」の長官「式部卿」という官職に由来している。

古墳～飛鳥時代は、**大王**《おおきみ》（**天皇**《てんのう》）を首長とする**ヤマト政権**を、蘇我《そが》氏などの有力豪族が支える政治体制だった。ヤマト政権にとって、豪族の力を抑えて天皇の権力を高めることが課題であった。

7世紀半ばには中国大陸の**唐**《とう》が朝鮮半島に攻め込み、東アジアの緊張が高まった。そんな中、日本でも中央集権化への動きが強まる。645年《大化元》、**中大兄皇子**《なかのおおえのみこ》は**中臣鎌足**《なかとみのかまたり》らと協力し、蘇我蝦夷《えみし》・入鹿《いるか》の父子を滅ぼした（**乙巳**《いっし》**の変**）。翌年には**改新**《かいしん》**の詔**《みことのり》が出され、すべての土地・人民を天皇の支配下に置く**公地公民**《こうちこうみん》の原則が示された。乙巳の変をきっかけとする諸改革を**大化改新**《たいかかいしん》という。

唐をモデルにした律令国家

663年、日本は百済《くだら》の救援のため朝鮮半島に出兵したが、唐・新羅《しらぎ》連合軍に大敗（**白村江**《はくそんこう》**の戦い**）。この敗戦は日本に危機感を与え、670年に日本初の戸籍である**庚午年籍**《こうごねんじゃく》がつくられるなど、**天智**《てんじ》**天皇**（中大兄皇子）の指導で制度が整えられた。

天智天皇死後の672年、弟の大海人皇子《おおあまのみこ》と息子の大友皇子《おおとものみこ》の間で皇位継承争いが起きた（**壬申**《じんしん》**の乱**）。勝利した大海人皇子は**天武**《てんむ》**天皇**として即位する。大友皇子に味方した有力豪族が没落し、天皇への権力集中が進んだ。

この時代の朝廷は、唐の**律令**《りつりょう》を取り入れて国制を整えようとした（律は刑法、令は行政法）。天武天皇は律令の整備に着手し、彼の死後に**飛鳥浄御原**《あすかきよみはら》**令**《りょう》が施行された。701年《大宝元》には**大宝律令**《たいほうりつりょう》が、718年《養老2》には**養老律令**《ようろうりつりょう》が制定され、古代日本の国家は一応の完成をみるのである。

人物 **天智天皇**（626～671年）

即位前は中大兄皇子。中臣鎌足とともに乙巳の変で蘇我氏の勢いを失わせ、天皇中心の国づくりを進めた。白村江の戦いで負けた後は、唐や新羅に滅ぼされることを恐れ、日本の基盤を強化するために、戸籍の制定など、急ピッチで制度を整えた。

乙巳の変を起こした中大兄皇子

中大兄皇子は改新の詔を出し、中央集権化を目指した。即位後は天智天皇となる。

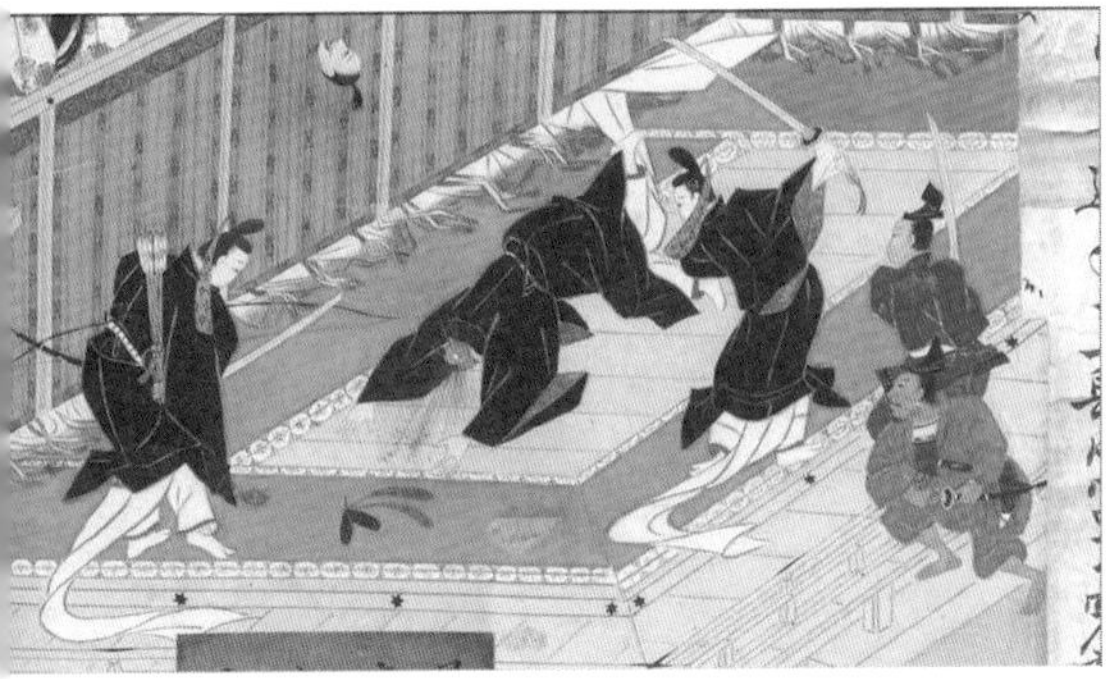

乙巳の変

中大兄皇子と中臣鎌足は、天皇をしのぐ勢いを持った豪族・蘇我入鹿を暗殺した。　談山神社蔵／奈良国立博物館提供

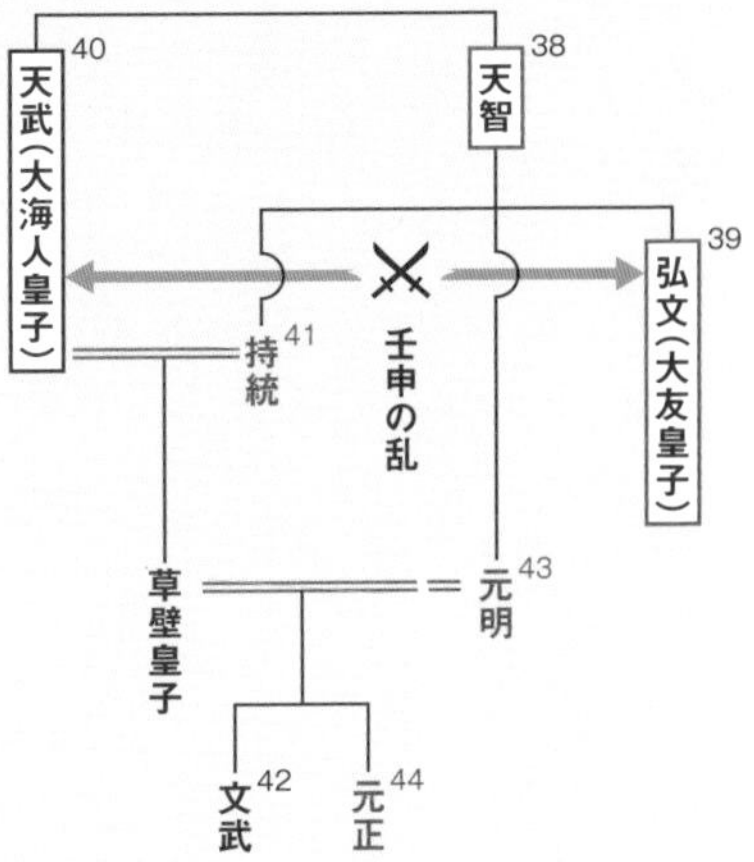

天智天皇の死後、弟の大海人皇子と実子・大友皇子の間で皇位継承争いが勃発。内乱の末に大海人皇子が勝利し、天武天皇となる

律令で定められたこと

大宝律令と養老律令によって、様々な制度が定められた。

❶行政組織と位階

役人には位階が授けられるようになり、それに見合った官職（役職）が割り振られるようになった。最上位の官職は太政大臣であるが、適任者がいなければ置かれない。太政官の下には八省（取り扱う物事によって分けられた８つの省）がつく

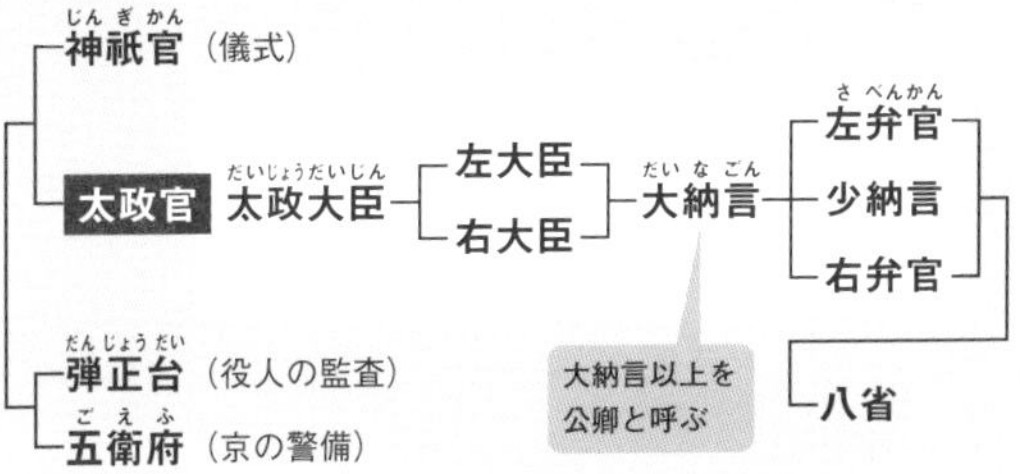

❷司法制度

国家転覆を図る謀反（むほん）などが罪とされるようになる。また、罪に応じて死罪や流罪（遠方に身柄を移される罰）など罰則が定められた

❸行政区分

平城京（現在の奈良市）を中心とした畿内と、各地を７つの地方に分けた七道が定められる

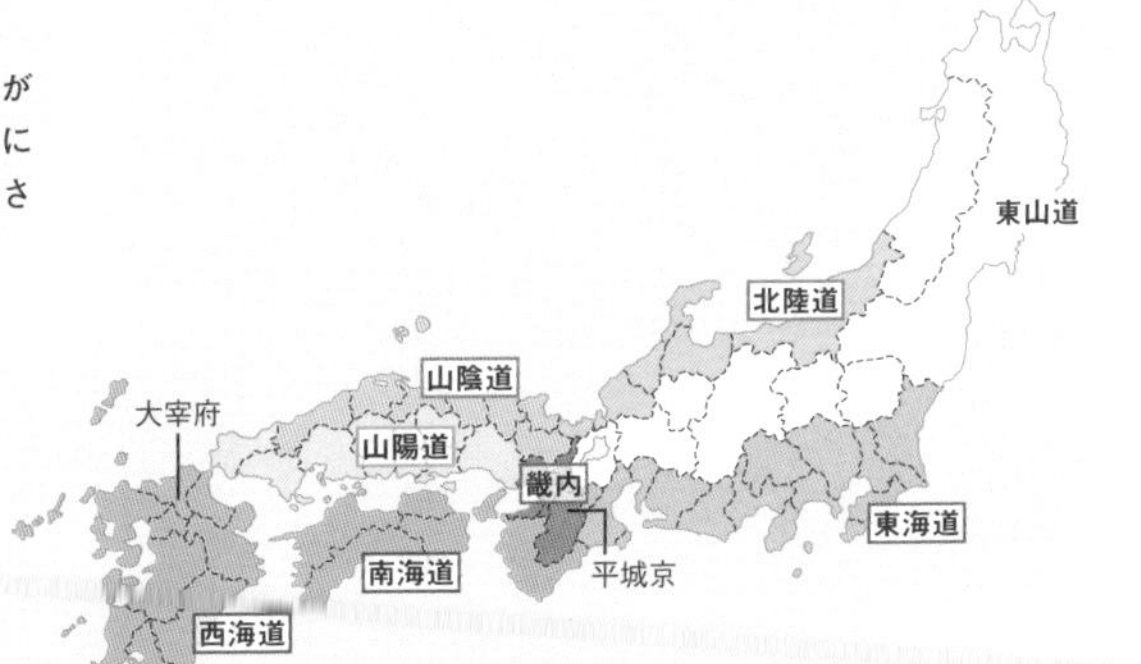

その時世界は？　［661年／シリア］ムアーウィヤが初のアラブ帝国（イスラーム教を信仰するアラブ人の国家）であるウマイヤ朝を開く。

平城京で出世を重ねた平安時代の主人公一族・藤原氏

皇室の縁戚となった藤原氏

古代の日本では、**藤原氏**《ふじわら》が天皇家と結びついて大きな権力を手にした。その始祖となったのが、**中大兄皇子**（**天智天皇**）とともに大化改新を指導した**中臣鎌足**である。鎌足は死に際し、天智天皇から「**藤原**」の姓を賜った。

鎌足の息子である**藤原不比等**《ふひと》は大宝律令の編纂で功績を残し、娘の宮子《みやこ》を文武《もんむ》天皇に嫁がせた。そこで生まれた皇子がのちに**聖武天皇**《しょうむ》として即位する。

710年《和銅3》、都が**平城京**《へいじょうきょう》に移され、**奈良時代**が始まる。この時代は藤原氏が台頭するとともに、激しい権力闘争が繰り広げられた。不比等が病死した後は、その子、武智麻呂《むちまろ》・房前《ふささき》・宇合《うまかい》・麻呂の4兄弟（藤原四子）が、有力皇族の**長屋王**《ながやおう》を自害に追い込んで実権を握った〈729〉。さらに藤原四子は、不比等の娘で異母妹の**光明子**《こうみょうし》を聖武天皇の皇后とした。初の皇族以外の皇后である。

行きづまる律令制度

737年《天平9》、藤原四子は疫病にかかって相次いで死去した。彼らはそれぞれ家を興したが、そのうち次男・房前の子孫である**北家**《ほっけ》が、平安時代に最も繁栄する。

奈良時代には律令制度の行きづまりも顕在化した。律令制のもとでは、農民に**口分田**《くぶんでん》を貸し出し、そこで育てた収穫物を税として納める**班田収授法**《はんでんしゅうじゅのほう》が行われた。人口が増加し口分田が不足すると、朝廷は耕地を確保するため、743年《天平15》に**墾田永年**《こんでんえいねん》**私財法**《しざいほう》を出し、開墾した土地の永久私有を認める。貴族や大寺院はこの法を利用して農民を雇い、私有地である**荘園**《しょうえん》を発展させた。結果、土地と民は国のものという公地公民の原則は崩れた。

奈良時代後期には、女帝の**孝謙**《こうけん》（**称徳**《しょうとく》）**天皇**の信任を受けた僧・**道鏡**《どうきょう》が権勢を振るうなど、混乱した政治の立て直しが急務となっていた。

人物　**孝謙（称徳）天皇**（718〜770年）

聖武天皇の娘で、重祚（ちょうそ。一度退位した天皇がもう一度即位すること）している。自らの病を治した僧・道鏡を気に入り、ついには天皇位を譲る約束をするが、和気清麻呂（わけのきよまろ。→P20）に止められた。

POINT!

藤原不比等は娘を天皇に嫁がせ権力を拡大。土地制度の混乱から、律令制は崩れていく。

藤原氏の拡大

藤原不比等は娘を天皇の后にすることで出世を重ねた。その４人の子たちはそれぞれ分家となった。

藤原不比等
（659～720年）
中臣鎌足の次男。文武天皇のもとで活躍し、右大臣の地位まで上りつめる。
奈良国立博物館蔵／ColBase

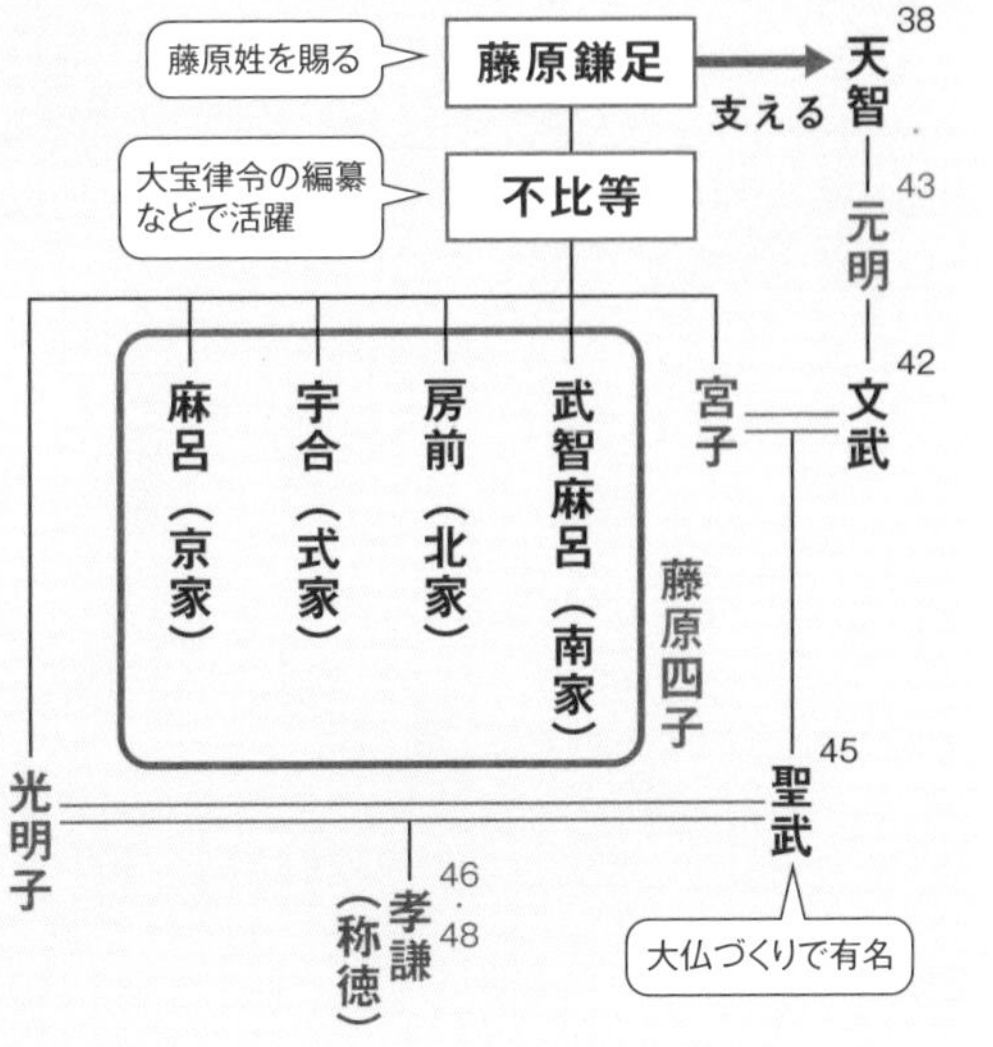

平安時代に残された奈良時代の課題

奈良時代は律令制を揺るがす事件がたびたび起こった。

僧侶の権威拡大

聖武天皇は東大寺の大仏をつくるなど仏教の力で国を治めようとした。結果、僧侶の地位が向上し、道鏡のように政治に参加する僧侶が現れた。

➡仏教勢力を排除するために新たな都へ遷都することとなる（→ P18）

荘園の発展

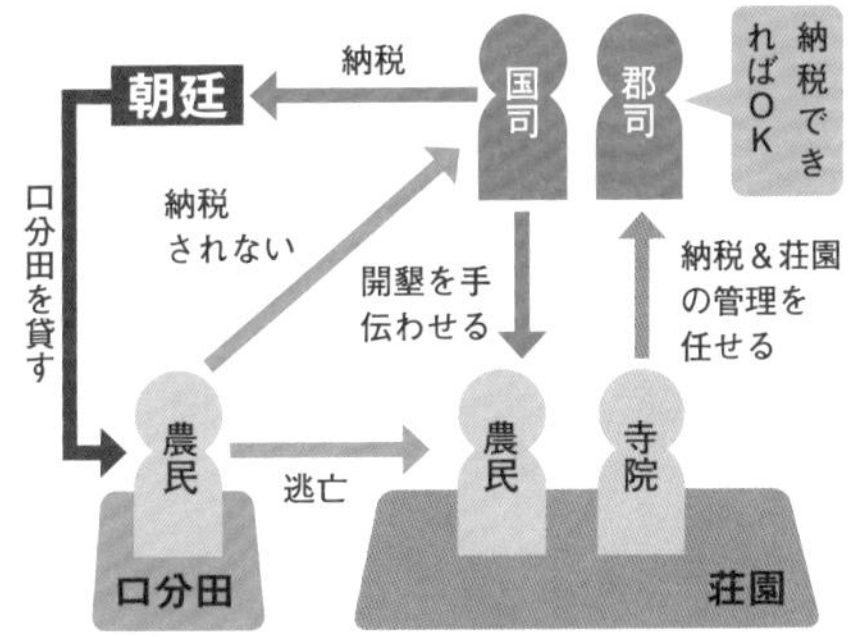

墾田永年私財法で新しく土地を開墾すれば私有地化できるようになった。結果、寺院や貴族が農民を雇って私有地（荘園）を拡大する事態となる。これに対し、地方官僚の国司・郡司は、荘園から納税されていたため咎めなかった。

➡荒廃した口分田が増加，公地公民の原則は崩壊（→ P68）

その時世界は？ ［713～741年／中国］唐の玄宗（げんそう）皇帝が「開元（かいげん）の治」と呼ばれる善政を行う。

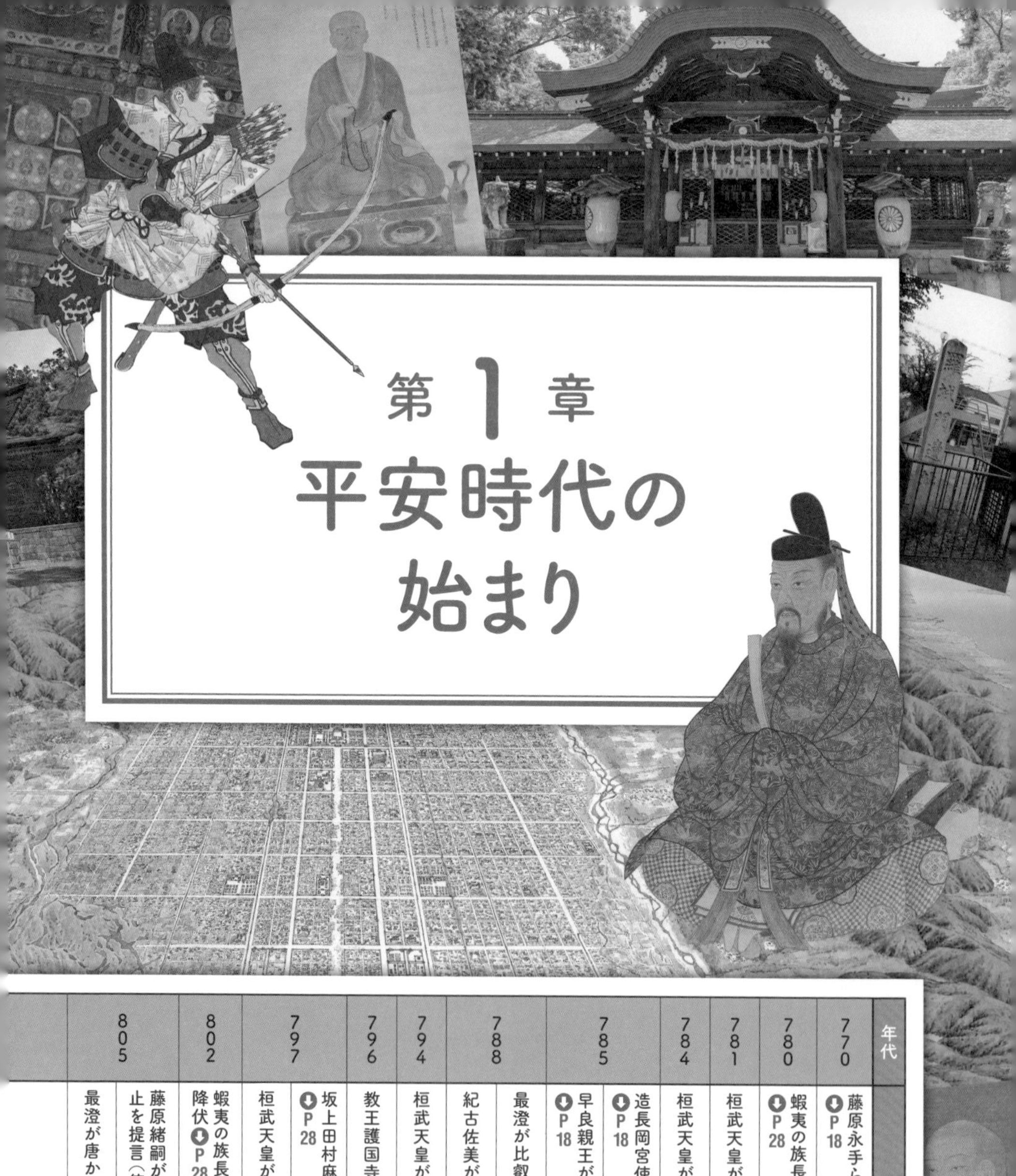

第1章 平安時代の始まり

年代	出来事
770	藤原永手らが光仁天皇を即位させる ⬇P18
780	蝦夷の族長・伊治呰麻呂が反乱を起こす ⬇P28
781	桓武天皇が即位する ⬇P18
784	桓武天皇が長岡京に遷都する ⬇P18
785	造長岡宮使の藤原種継が暗殺される ⬇P18 早良親王が藤原種継暗殺の罪で廃される ⬇P18
788	最澄が比叡山に延暦寺を建てる ⬇P38 紀古佐美が征東大使に任命される ⬇P28
794	桓武天皇が平安京に遷都する ⬇P20
796	教王護国寺（東寺）が建てられる ⬇P25
797	坂上田村麻呂が征夷大将軍に任命される ⬇P28 桓武天皇が勘解由使を設置する ⬇P20
802	蝦夷の族長・阿弖流為が、坂上田村麻呂に降伏 ⬇P28
805	藤原緒嗣が平安京の造営と蝦夷征討の中止を提言（徳政相論）⬇P20 最澄が唐から帰国 ⬇P38

政治	桓武天皇は長岡京から平安京への遷都を行う。さらに、新たな役職を設けるなどして、律令制度の刷新を行った。その子・嵯峨天皇も制度改革を進めるが、その裏で藤原冬嗣ら藤原北家が権力拡大のため陰謀をくわだてた。
外交	奈良時代以来、中国大陸の唐に使節を派遣する遣唐使が行われていた。平安時代の遣唐使としては橘逸勢が挙げられる。また遣唐使に同行する留学僧も数多く、空海と最澄がよく知られる。
宗教	最澄が天台宗、空海が真言宗を開く。真言宗は密教の宗派で、加持祈禱（儀式）によって願いをかなえるという特徴を持ち、天皇や貴族に受容された。また神仏を隔てなく信仰する神仏習合や、亡くなった人の魂を祀る御霊信仰も発展する。
周縁	桓武天皇は東北地方の蝦夷支配にも力を入れた。征夷大将軍に任命された坂上田村麻呂は、蝦夷の族長・阿弖流為を降伏させた。しかし度重なる出征は財政や民衆を圧迫し、東北全土を支配する前に打ち切られた。
文化	空海によって密教が広まったことで、曼荼羅などの密教ゆかりの仏教美術がつくられた。また比叡山や高野山など、山中に新しい寺院が建設された。嵯峨天皇・空海・橘逸勢は能書家として知られ、合わせて「三筆」と呼ばれる。

806	最澄が天台宗を開く P38
	空海が唐から帰国し、真言宗を開く P42
	平城天皇が即位する P30
809	嵯峨天皇が即位する P30
810	蔵人所が設置される
	藤原冬嗣が蔵人頭に任命される P30
	平城太上天皇の変が起こる P30
811	文室綿麻呂が征夷大将軍に任命される P28
816	検非違使が設置される P30
819	空海が高野山に金剛峯寺を建てる P41
820	貞観格式・延喜格式とともに三代格式とされる弘仁格式が完成 P30
822	延暦寺に大乗戒壇が設置される P38
823	空海が東寺を賜る P41
830	弘仁格式が施行される
838	遣唐使が派遣される P32

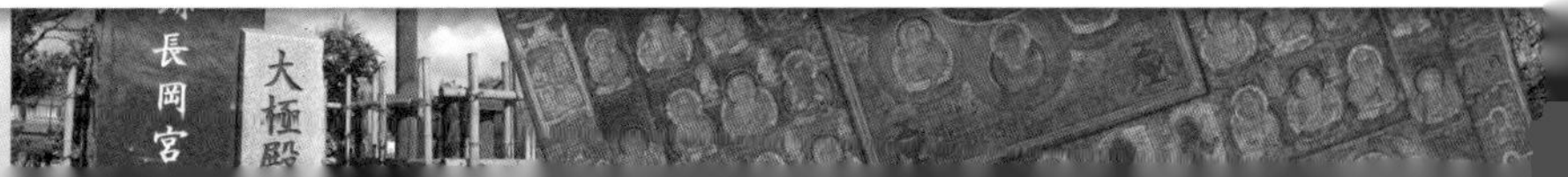

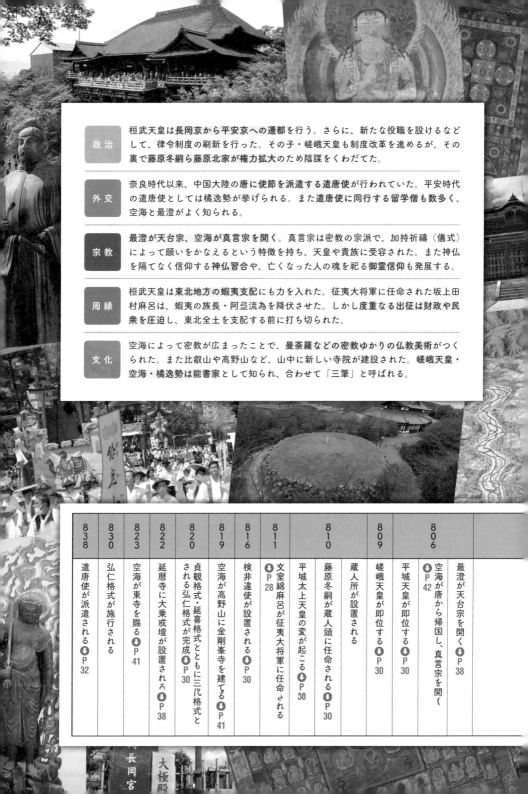

宗教 社会 外交 **政治**
戦乱 武士 文化 周縁

桓武天皇の長岡京遷都計画は自らの正当性を示すため？

途絶えた天武天皇の血統

壬申《じんしん》の乱〈672〉によって**天武《てんむ》天皇**が即位して以後、皇位には天武の子孫がついた（天武系）。しかし、770年〈神護景雲4〉に称徳《しょうとく》天皇が子のないまま死去し、後継者問題が浮上。左大臣・**藤原永手《ふじわらのながて》**らの主導で、天武の兄・**天智《てんじ》天皇**の孫が**光仁《こうにん》天皇**として即位する。

光仁天皇は**井上内親王《いのえないしんのう》**（聖武《しょうむ》天皇の娘、つまり称徳の姉妹）を后にしており、息子の**他戸《おさべ》親王**が皇位を継承すれば天武の血筋も残るはずだった。

ところが、永手の急死によって2年後に政変が引き起こされる。井上内親王が「光仁に呪詛《じゅそ》を行った」と密告され、他戸親王も皇太子を廃されてしまったのだ〈772〉。代わって皇太子となった**山部《やまべ》親王**（**桓武《かんむ》天皇**）が、光仁から譲位を受けて即位した〈781〉。

井上内親王の事件は、山部親王の継承を望む参議・**藤原百川《ももかわ》**らの陰謀とされている。**皇統は天武系から天智系に**完全に移り変わったのである。

血統への意識が遷都の要因？

桓武天皇の母は渡来系氏族の出身である**高野新《たかののにい》笠《がさ》**といい、天皇としては異例の低い出自だった。**血統の面で弱みがあった桓武**は、政治の刷新によって新王朝の正統性を誇示した。飛鳥時代以来の豪族や仏教寺院の力が強すぎる平城京に代わり、784年〈延暦3〉から**長岡京《ながおかきょう》**に遷都し、造営を開始させたのである。長岡京は桂川《かつらがわ》・宇治川《うじがわ》・木津川《きづがわ》が合流する付近に築かれ、山陽道《さんようどう》・山陰道《さんいんどう》も通る**水陸交通の要衝**であった。

ところが、造営責任者の**中納言・藤原種継《たねつぐ》**が何者かに暗殺される〈785〉。桓武の弟で皇太子だった**早良《さわら》親王**は、陰謀への関与を疑われ流罪となった。早良親王は無実を訴え、食を絶って亡くなったという。一連の不吉なできごとに加え、長岡京には洪水が多いという欠点もあった。結局、桓武天皇は**長岡京への遷都を断念**することになる。

人物 藤原百川（732～779年）

藤原不比等（ふひと）の孫。従兄弟の永手と協力し「光仁天皇を次期天皇とする」という内容の称徳天皇の遺言書を偽作した。その後は他戸親王を廃し、桓武天皇を即位させる。一説では百川の母も渡来系氏族で、その縁から桓武を支援したといわれる。

POINT！

桓武天皇の代に皇統が天智系へ移行。桓武は旧習を打破すべく長岡京へ遷都する。

1200 1150 1100 1050 1000 950 900 850 800 ★ 750

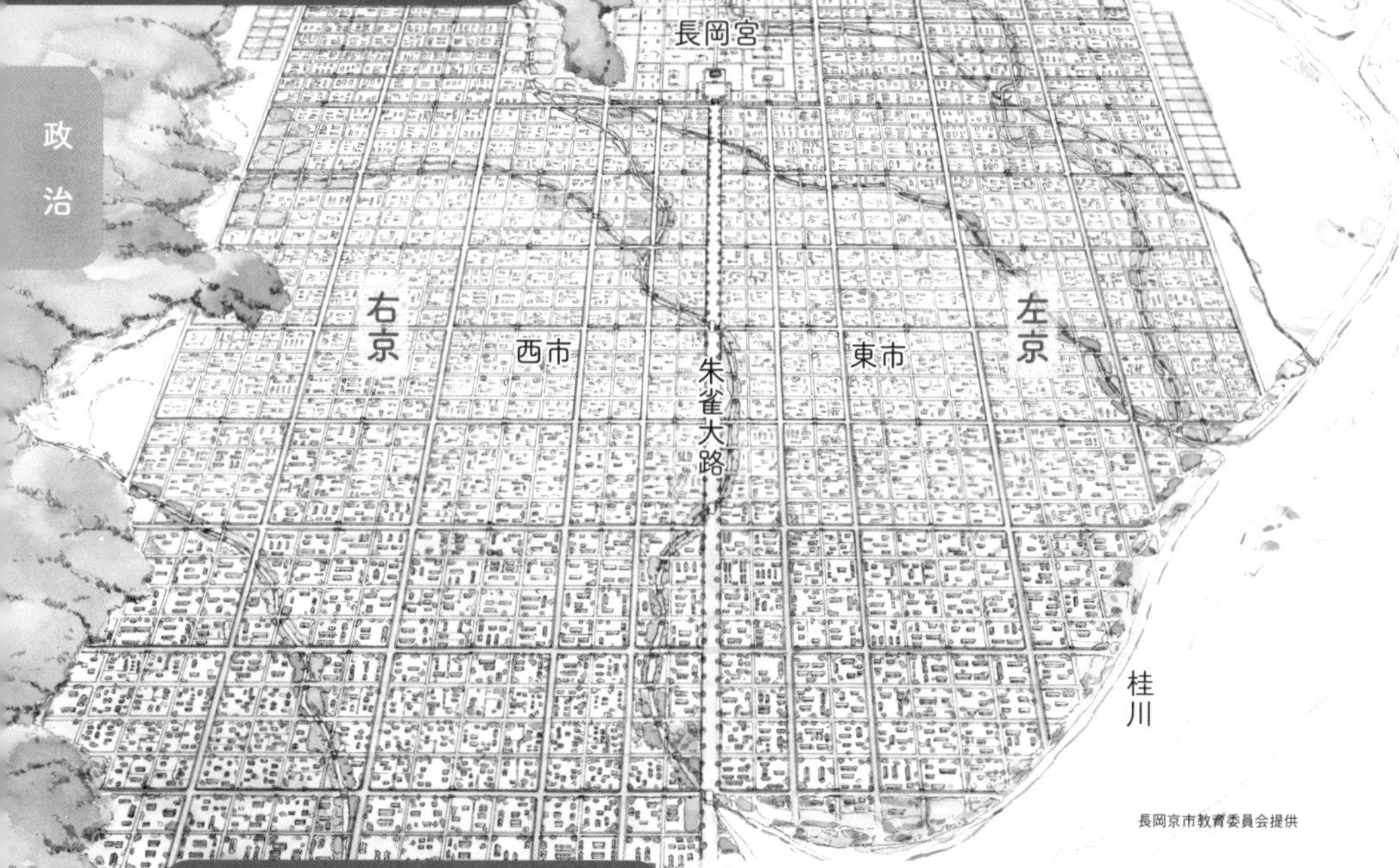

長岡京市教育委員会提供

新しい都・長岡京

長岡京は三つの川の合流点の北に位置した。そのため、水上交通の便は良かったものの、水害に悩まされた。

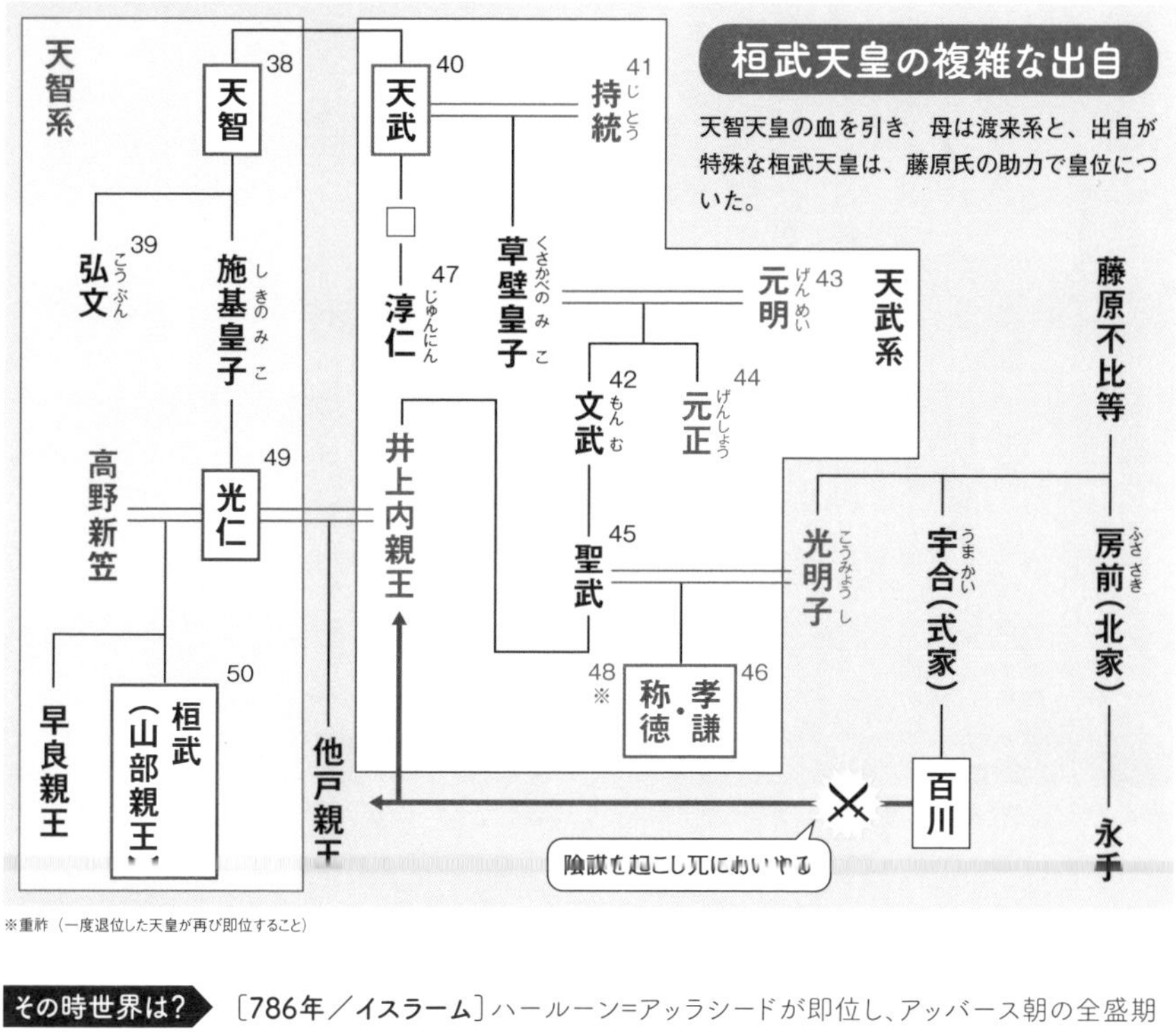

桓武天皇の複雑な出自

天智天皇の血を引き、母は渡来系と、出自が特殊な桓武天皇は、藤原氏の助力で皇位についた。

※重祚（一度退位した天皇が再び即位すること）

その時世界は？ ［786年／イスラーム］ハールーン=アッラシードが即位し、アッバース朝の全盛期が始まる。

政治　外交　社会　宗教
周縁　文化　武士　戦乱

なぜ桓武天皇は京都に平安京をつくったのか？

新天地を求めた桓武天皇

桓武天皇は長岡京に代わり、山背国《やましろ》の葛野郡《かどの》を新しい都の造営地と定めた。鴨川《かもがわ》や桂川が流れ、琵琶湖《びわこ》も近いため交通の便が良い土地だった。桓武は遷都にあたり、国名を都のある地にふさわしく「**山城国**《やましろ》」に改め、新都を**平安京**と名づけた。桓武が794年（延暦13）に平安京に移ったことで、400年ほど続く平安時代が始まった。

都の移転を提案したのは、官人の**和気清麻呂**《わけのきよまろ》とされる。清麻呂は、称徳天皇と蜜月関係になった僧・道鏡《どうきょう》（→P14）が、次期天皇の座をねらっていると聞き、その野望を打ち砕いた人物である。

また桓武天皇は中国の皇帝にならい、都の郊外で神と王朝の始祖（＝桓武の父・光仁天皇）を祀る**昊**《こう》**天**《てん》**祭祀**を初めて実施した。これは中国の思想・儒教にもとづく儀式で、桓武は自らの権威づけをしたかったのだと考えられる。

桓武天皇が行った政治改革

桓武天皇は遷都を行っただけでなく、弛緩《しかん》した**律令政治の立て直し**にも着手した。例えば、国司《こくし》は租税や官有物を私物化するなど、不正が起きやすい。そこで新たに**勘解由使**《かげゆし》という役職を設置し（797）、国司交代時の事務引き継ぎを監査させることで、地方政治の引き締めを図った。

また、これまでの軍事制度は、一般の民衆から徴兵して軍団に編成するものだった。しかし、兵士の質が低下したため、郡司《ぐんじ》など有力者の子弟を志願制で兵士とする**健児**《こんでい》を採用した（792）。

しかし、新都造営と蝦夷《えみし》との戦い（→P28）という二大事業は財政を圧迫し、民を重税で苦しめることになる。桓武天皇は臣下の**藤原緒嗣**《ふじわらのおつぐ》と**菅野真道**《すがののまみち》の討論を聞き、二大事業の中断を裁定した（805）（**徳政相論**《とくせいそうろん》）。桓武天皇が70歳で崩御する、わずか3か月前のことであった。

POINT!

桓武天皇は平安京へ遷都し、政治制度の刷新を行う。以後、400年続く平安時代が始まる。

用語　「徳政相論」

平安京の造営と東北地方での戦いの両事業に関して、中止派・藤原緒嗣と継続派・菅野真道の間で繰り広げられた討論のことで、結果、桓武天皇は中止を決意した。緒嗣は桓武天皇の即位をくわだてた藤原百川（→P18）の子である。

1200　1150　1100　1050　1000　950　900　850　800★　750

平安京にいたるまでの都の変遷

奈良時代の聖武天皇は、疫病の蔓延や反乱を恐れ、平城京から何度も遷都を行った。その後、桓武天皇によって長岡京、平安京へと都は遷された。

和気清麻呂（733～799年）
桓武天皇を葛野に連れ出し、平安京への遷都を提言したとされる。

時代を読む

「辛酉革命《しんゆうかくめい》」と「甲子革令《かっしかくれい》」

辛酉と甲子は、それぞれ干支《えと》（十干《じっかん》・十二支《じゅうにし》の組み合わせ）の一つである。古代中国からの伝承で、辛酉の年には王朝の交代が起き（辛酉革命）、甲子の年には政治変動が起きる（甲子革令）と信じられていた。桓武天皇が光仁天皇から譲位された781年は辛酉の年に、長岡京に遷都した784年は甲子の年にあたっている。また、10世紀以後はこの説にもとづき、辛酉や甲子の年には原則として改元が行われた。

豆知識　勘解由使のように、飛鳥・奈良時代につくられた律令制度に新しく加えられた役職のことを「令外官（りょうげのかん）」といい、平安時代に多く設置された（→P191）。

平安人物伝

桓《かん》武《む》天《てん》皇《のう》

生没年　737～806年

身分　天皇

千年の都「平安京」をつくった 平安時代最初の天皇

イラスト＝竹村ケイ

京都府長岡京市／長岡京市教育委員会提供

長岡京跡

桓武天皇が最初に遷都した都で、３つの川の合流地点付近に位置する。そのため交通の便は良かったものの、水害に悩まされた。現在、発掘調査が進んでおり、瓦などが出土している。

桓武天皇肖像 東京国立博物館蔵／ColBase

なぜ桓武は名君になれたのか

平安時代最初の天皇である桓武天皇は、歴代でも異例の積極的な政治改革を行った天皇である。また、極めて数奇な半生をたどった人物でもあった。

天武天皇系の皇統から遠く、母の身分も低かった山部親王（桓武天皇）は、当初官人としてキャリアを積んだ。しかし、父の白壁王が光仁天皇として即位し、さらに異母弟の他戸親王が皇太子を廃されたため、36歳で皇太子となる。

天武系から天智天皇系への皇統の変化は光仁天皇の即位によって起きたが、彼は即位当時すでに61歳。新王朝としての政治の刷新は次世代の桓武が担うことになった。また、官人としての実務経験を積んでいたことが、桓武に大胆な政治改革を可能にしたといえる。

拭えない怨霊への恐れ

桓武天皇は英邁な君主だったが、暗い影もつきまとう。讒言《ざんげん》で失脚した他戸親王とその母・井上内親王は、幽閉先で同日に死去するという不自然な最期を遂げた。

さらに、桓武の弟の早良親王は、藤原種継暗殺事件に連座して皇太子を廃された。早良親王は抗議のため絶食して死んだとされるが、食を与えられず意図的に餓死させられたという見方もある。

早良の死後、桓武の近親者が次々と亡くなり、皇太子の安殿《あて》親王（のちの平城《へいぜい》天皇）も病弱であった。桓武はこれらの不幸を早良親王の祟りであると考え、彼に「崇道《すどう》天皇」の号を贈るなどして霊を慰めようとした。桓武天皇は、政争で死に追いやられた人々の怨霊に怯え続けなければならなかったのである。

復元イラスト

平安京

「平安」の祈りが込められた千年の都

京都に造営された理由とは

平安京は東西約4・5㎞、南北約5・2㎞にわたり、碁盤の目状に大路がめぐらされている。また、奈良の寺院は移設せず、京内には東寺・西寺以外の寺院しかないのも特徴である。

桓武天皇がなぜこの地に都をつくったかは、史料が失われており、よくわかっていない。しかし天皇が「平安」と命名したこの都は、以降千年間政治や文化の中心地となる。

A 羅城門《らじょうもん》

平安京の入り口にある門で、くぐると大内裏へいたる朱雀大路につながる。羅城門の2階には、都を守護するため毘沙門天の像が安置されていた。816年と980年に倒壊しており、2度目の倒壊以降再建されなかった。なお芥川龍之介の小説『羅生門』は、この羅城門を舞台にした説話がもととなっている。

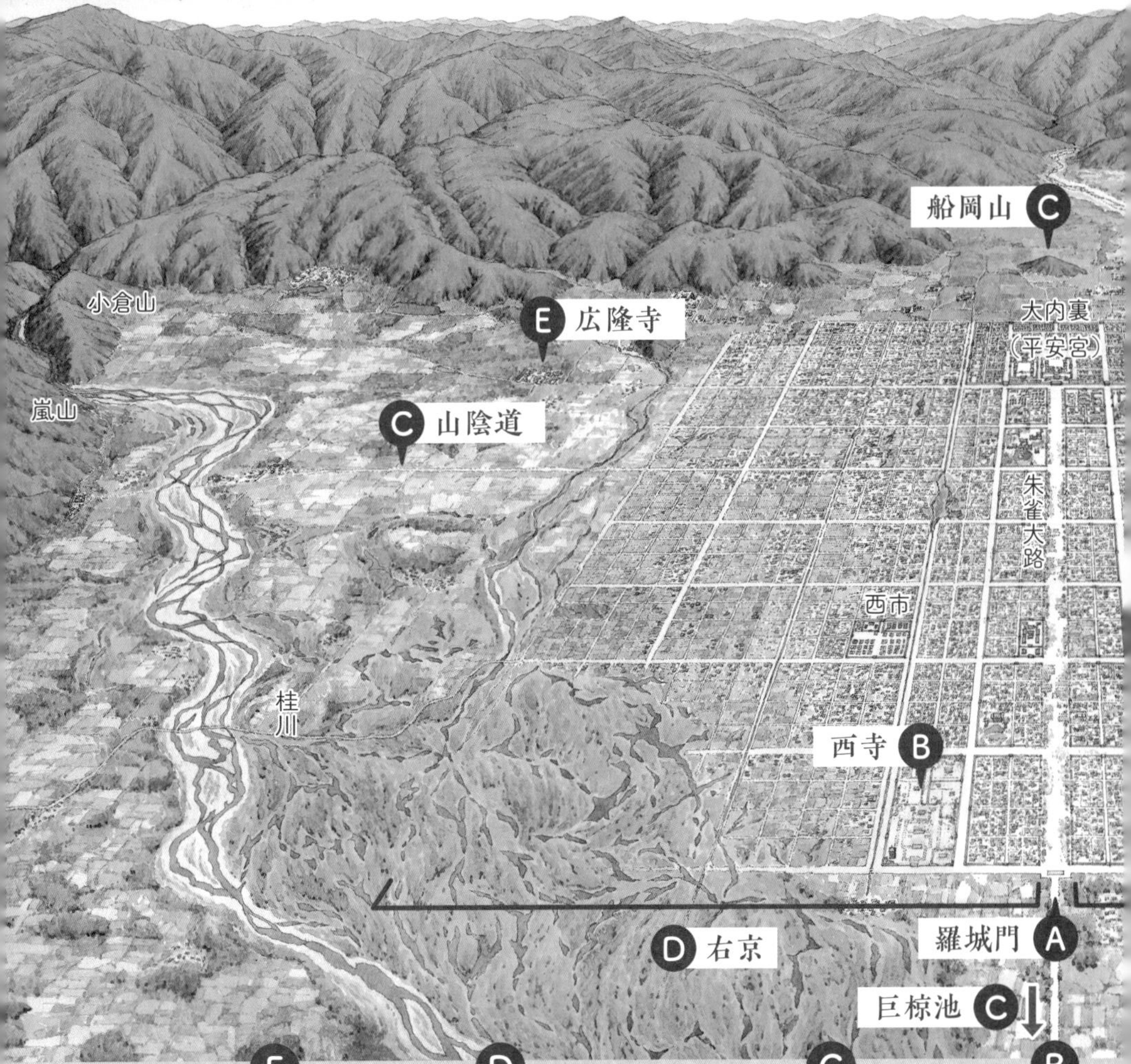

イラスト＝黒澤達矢

B 東寺《とうじ》・西寺《さいじ》

桓武天皇は平城京の寺院が平安京に移設するのを禁じた。代わって都を守る新しい寺院として、東寺・西寺を建設。うち、東寺はのちに真言宗の開祖・空海に授けられた。

C 鴨川《かもがわ》・巨椋池《おぐらのいけ》・山陰道《さんいんどう》・船岡山《ふなおかやま》

平安京は東に流水（＝鴨川）、西に大路（＝山陰道）、南に窪地（＝巨椋池、現在は干拓）、北に高山（＝船岡山）があり、「四神相応の地」とされる。四神とは風水で方角を司る神のことで、方角ごとに良い地形が定められていた。

D 左京・右京

大内裏から見て左側が左京、右側が右京である。ただし、右京の南側の湿地帯は、桓武天皇の東北派兵などによる民の負担増加が原因で造営が中止となり、以降再開されることはなかった。

E 広隆寺《こうりゅうじ》

渡来人の秦氏が飛鳥時代に建てた寺院。平安京周辺は渡来人が本拠地にしていた。渡来人の母を持つ桓武天皇にとって縁のある地域だった。

より詳細な地図はカバー裏をチェック!

政治　周縁
外交　文化
社会　武士
宗教　戦乱

政治の中枢だった大内裏と天皇が住んだ内裏

重要な役所が並ぶ大内裏

平安京の北端に、東西1・2km、南北1・4kmの区画がある。これが国政の中枢となる**大内裏**《だいだいり》、別名**平安宮**《へいあんぐう》である。

大内裏の南に面する正門が**朱雀門**《すざくもん》で、その北には**朝堂院**《ちょうどういん》が位置する。朝堂院は、政務や儀式の際に臣下たちが着座・列席する場所である。朝堂院の正殿が**大極殿**《だいごくでん》で、**高御座**《たかみくら》（玉座）についた天皇が国家的な政務や儀式を行う。

朝堂院に南面する正門が**応天門**《おうてんもん》である。866年《貞観8》に焼け落ち、大納言・伴善男《とものよしお》の失脚につながったことで有名だ（→P52）。朝堂院の周囲には、**太**《だい》**政官**《じょうかん》**・中務省**《なかつかさしょう》**・式部省**《しきぶしょう》など、律令に規定された「二官八省《にかんはっしょう》」の建物が立ち並んでいた。

また、朝堂院の西に位置する**豊楽院**《ぶらくいん》では、外国使節の歓待、正月の慶賀、新嘗祭《にいなめまつり》や大嘗祭《だいじょうさい》（両方とも収穫祭）の宴など、国家的饗宴が行われた。

時代によって変化した内裏の役割

大内裏（平安宮）の内部、中央東寄りにある施設が**内裏**《だいり》である。内裏は天皇が日常生活を送る場所だった。

内裏の正殿が**紫宸殿**《ししんでん》で、日常の政務や大極殿での国家的政務を補完する儀式が行われた。また、**清涼殿**《せいりょうでん》は天皇の日常生活の場であった。

大きく「天皇の公的空間は大極殿、私的空間は内裏」という使い分けがあったが、実際はそう単純ではなかった。官人が政務の処理を前例や法に則ってこなすようになると、天皇はいちいち大極殿に現れず、紫宸殿で決裁するようになった。

9世紀頃には、幼少・病弱などの事情により、天皇は紫宸殿にさえほとんど出向かなくなる。これに従い、朝廷の**政治機能は徐々に内裏の内部に**移っていった。平安中期以降、即位礼などの儀式も紫宸殿で行われるようになる。

POINT!

大内裏は天皇が政治・儀式を行う場所、その中でも内裏は天皇が生活する場所である。

用語「大極殿」

平安京においては朝堂院の中心施設で、天皇が政務を行う他、即位礼などの重要な儀式も行われた。しかし1177年に火災で焼失し、以降再建されることはなかった。1895年に平安遷都1100周年を記念して復元され、平安神宮の外拝殿となっている。

1200　1150　1100　1050　1000　950　900　850　800　750

平安京の中枢・大内裏

平安京の北端にある大内裏で政治が行われた。天皇が使う大極殿周辺には各政務を司る二官八省の施設が置かれた。

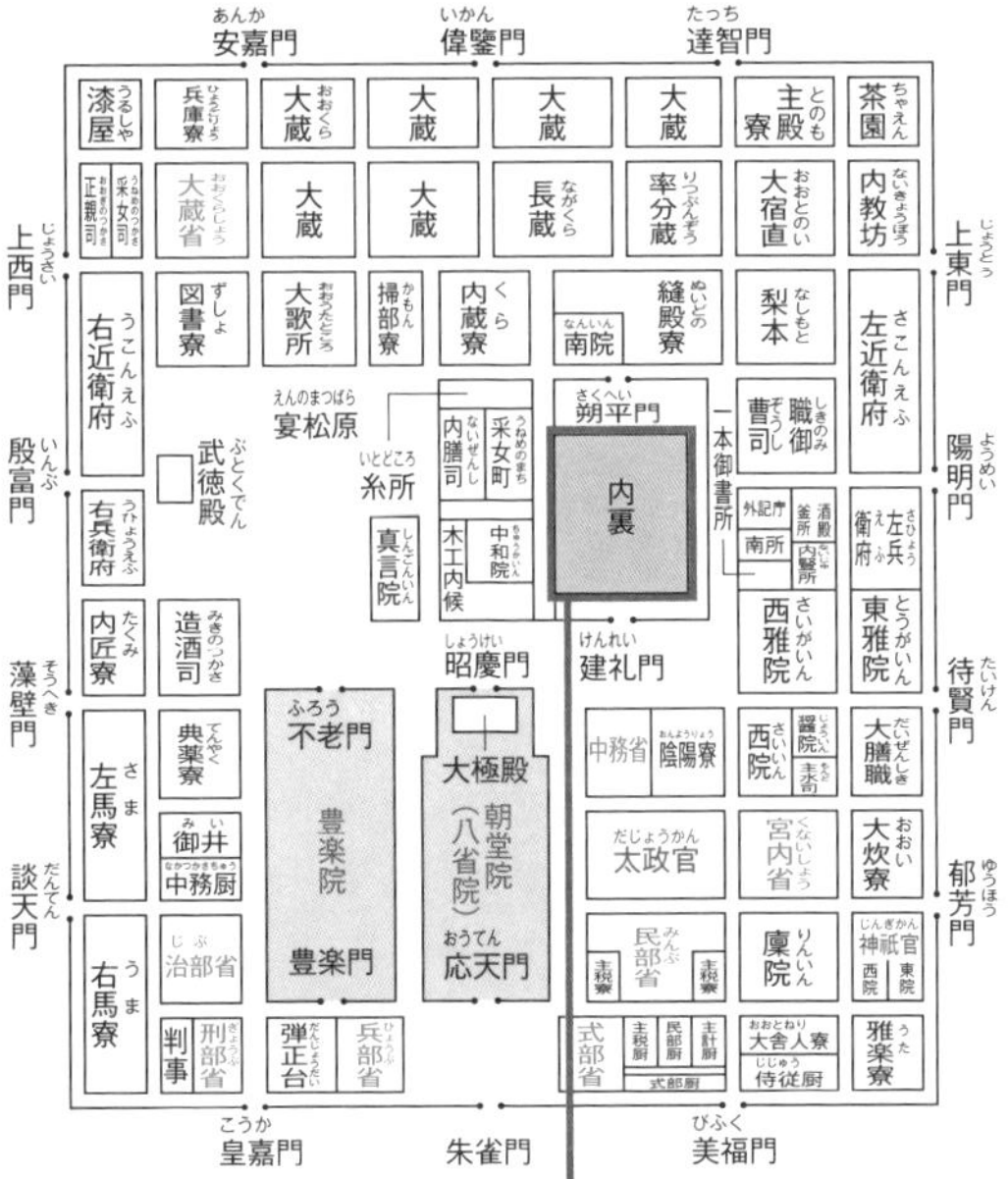

朱雀門跡

大内裏の正門にあたる朱雀門。平安京のメインストリートである朱雀大路に面していた。現在は失われており、石碑が立つのみである。

京都市中京区

内裏拡大図

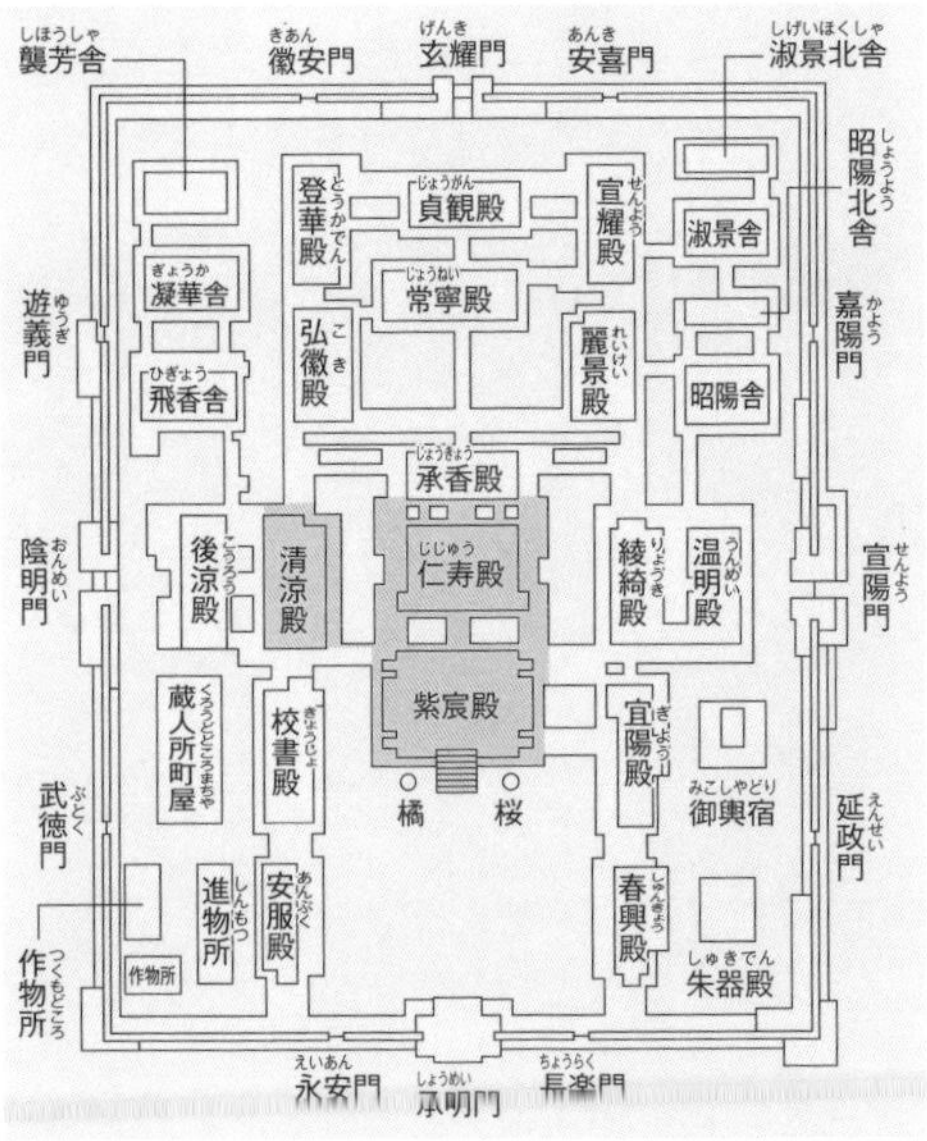

天皇が過ごした内裏

紫宸殿

紫宸殿は内裏の中心となる建物で、大極殿の焼失後は天皇の即位礼も行われた。現在の紫宸殿は幕末に造営された里内裏（京都御所）に再建されたものである。

京都市上京区

豆知識 高御座は現在でも天皇の即位礼に使用されている。2019年の即位礼では、高御座が京都御所から皇居の松の間に移された。

3回に及んだ桓武天皇の蝦夷征討の結末はどうなった？

政治　周縁　外交　文化　社会　武士　宗教　戦乱

「蝦夷」という呼び名の意味とは

桓武天皇の政策としては、**蝦夷**《えみし》**征討**も重要である。蝦夷とは古代の東北地方や北海道などに居住し、朝廷の支配に入らなかった人々である。

蝦夷という概念は、中国から入ってきた**中華思想**にもとづく。中華思想では、自民族が世界の中心で周辺民族は野蛮な〝夷狄《いてき》〟であると考える。律令国家も中華思想を模倣し、蝦夷や隼人《はやと》（南九州に住んだ人々）を夷狄になぞらえた。

律令国家による東北地方への進出は飛鳥時代から続き、奈良時代には**多賀城**《たがじょう》が築かれた。しかし、8世紀の後半には朝廷に対する蝦夷の反撃が始まった。光仁天皇時代の774年《宝亀5》、蝦夷が**桃生**《ものう》**城**を攻撃したことで、38年にわたる蝦夷との抗争が幕を開ける。さらに、朝廷に帰順していたはずの蝦夷の豪族・**伊治呰麻呂**《これはりのあざまろ》が反乱を起こし、多賀城が焼かれるという事件も起きた〈780〉。

苦戦の末に東北地方を平定

光仁の後を継いだ桓武天皇も、蝦夷への対処に追われる。桓武は**紀古佐美**《きのこさみ》を**征東大使**《せいとうたいし》に任命し、7万の兵を第1回の征伐に派遣した〈789〉。しかし、遠征軍は蝦夷の族長・**阿弖流為**《アテルイ》の巧みな戦術の前に大敗を喫した。第2回の征伐〈794〉は10万の兵が動員されたが、戦果の詳細は不明である。

そして、第3回の征伐〈801〉には**坂上田村麻呂**《さかのうえのたむらまろ》が**征夷大将軍**《せいいたいしょうぐん》に任命された。田村麻呂は朝廷の支配域を北上させ、802年《延暦21》に**胆沢**《いさわ》**城**を築く。同年には、蝦夷の指導者である阿弖流為と副将・**母礼**《モレ》が降伏。翌年には**志波**《しわ》**城**を築いた。

桓武はさらに第4回の征伐を準備するが、徳政相論の結果取りやめとなる（→P20）。その後、嵯峨天皇の時代に**文室綿麻呂**《ふんやのわたまろ》が征夷大将軍に任命された。綿麻呂の遠征をもって、朝廷と蝦夷の「三十八年戦争」は終結するのである〈811〉。

POINT!

桓武天皇は3度の蝦夷征討を実施。坂上田村麻呂が活躍するも、途中で取りやめられた。

人物　**伊治呰麻呂**（生没年不詳）

蝦夷系の豪族だが律令国家に服属し、郡司の官職を得た。のちに反旗を翻して多賀城を焼き討ちし、光仁天皇の征討軍と戦う。その後の消息は不明。呰麻呂が反乱を起こした理由は、『続日本紀』には中央から派遣された監督官らへの嫌悪だと記されている。

1200　1150　1100　1050　1000　950　900　850　800　750

政治

桓武天皇と蝦夷との戦い

奈良時代より朝廷に従わなかった蝦夷に対し、桓武天皇は征討を決意。坂上田村麻呂の活躍で、志波城（現在の岩手県盛岡市）まで進撃した。

坂上田村麻呂（758〜811年）
蝦夷征討の功労者で、その活躍ぶりから鬼退治の伝説が語られた。なお清水の舞台で有名な清水寺は田村麻呂が建てたといわれている。
東京都立中央図書館特別文庫室蔵

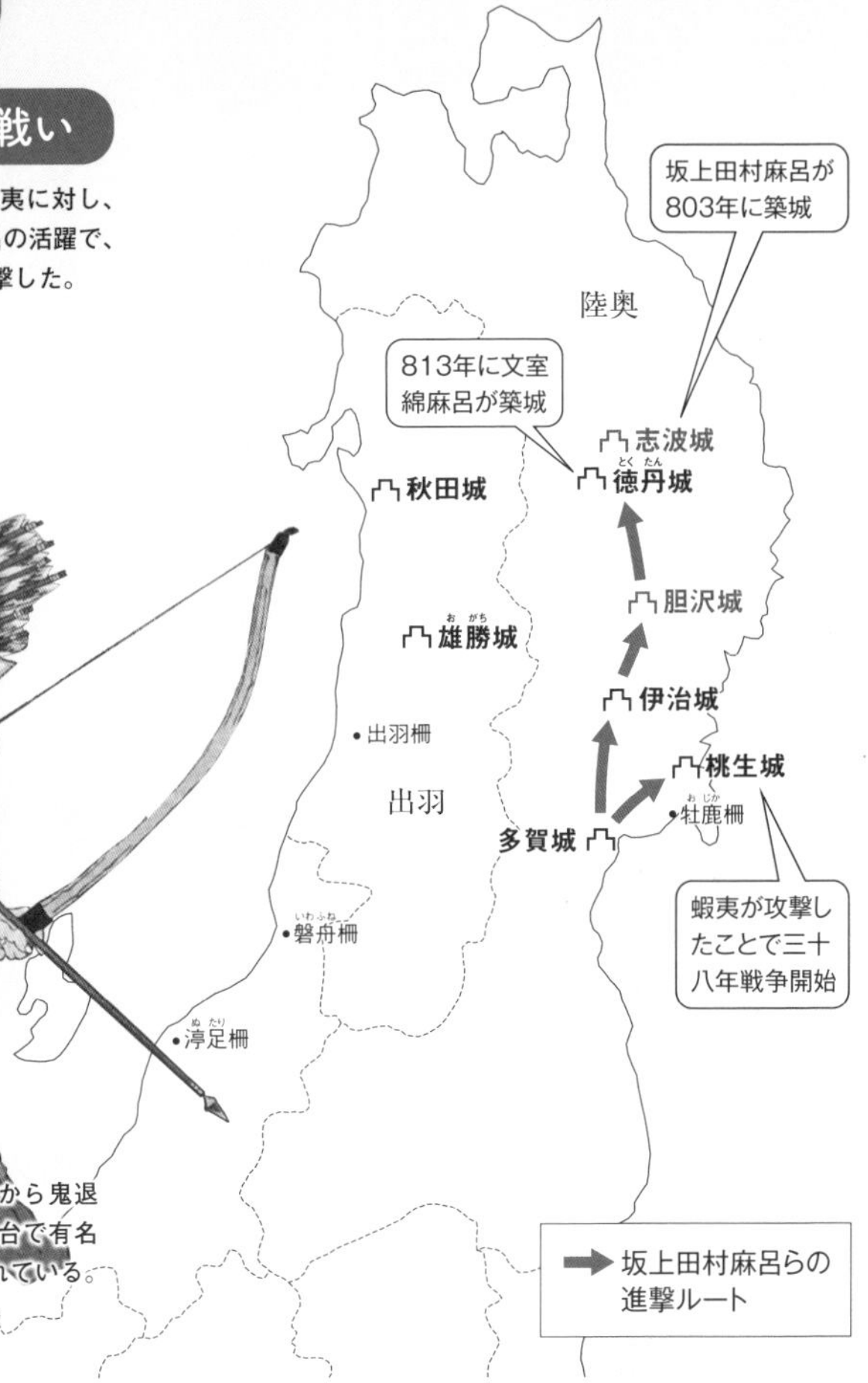

周縁

人物を知る

坂上田村麻呂に降伏した阿弖流為の末路

坂上田村麻呂は軍事貴族の家柄で、堂々とした体格・人格を備えていたという。その田村麻呂のライバルとして蝦夷を統率したのが阿弖流為であった。田村麻呂の遠征によって阿弖流為は母礼とともに降伏するが、両者に一定の信頼関係があり、交渉によって和平がなったものと考えられる。二人を都に連れ帰った田村麻呂は、他の蝦夷を帰順させるためとして助命を嘆願した。しかし、公卿らの反対によって阿弖流為と母礼は処刑された。

束稲山（たばしねやま）に建てられた阿弖流為の像。
岩手県一関市

その時世界は？　［800年／イタリア］フランク王国の国王カール1世が、教皇レオ3世からローマ皇帝の帝冠を受ける。

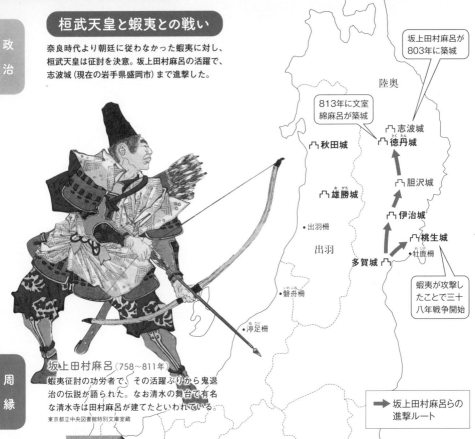

宗教　社会　外交　政治
戦乱　武士　文化　周縁

朝廷を二分した平城太上天皇と嵯峨天皇の対立とは？

わずか3年で譲位した平城天皇

桓武天皇が崩御すると、皇太子の**安殿親王**が**平《へい》城《ぜい》天皇**として即位した（806）。地方の実情を把握するために**観察使《かんさつし》**を設置するなど、平城も政務に意欲的だった。その彼の治世に影を落としたのが**伊予《いよ》親王事件**である。

伊予親王は桓武天皇の皇子で、藤原南家（→P14）の吉子《よしこ》を母とした。しかし807年（大同2）、謀反の疑いをかけられて川原寺《かわらでら》に幽閉され、母子ともに毒を飲んで自害。これによって藤原南家は没落し、平城天皇は怨霊への恐れに悩まされることになる。もともと虚弱であった平城は体調不良を理由に譲位し、同母弟の**嵯峨《さが》天皇**が即位した。

しかし、平城太上天皇（平城上皇）は健康を取り戻す。そして、寵姫の**藤原薬子《くすこ》**とその兄の**仲成《なかなり》**（藤原式家）と結びつき、平城京への再遷都を計画。嵯峨天皇と平城上皇の対立が表面化した。

嵯峨天皇はなぜ勝利できたか

平城と対立した嵯峨は、情報の伝達を円滑にするため、**藤原冬嗣《ふゆつぐ》**（藤原北家）らを蔵人所《くろうどどころ》の**蔵人頭《くろうどのとう》**に任命した。この役職は天皇の秘書官長のようなもので、嵯峨の新設した令外官（→P21）であった。嵯峨は先手を打って兵を動かし、平城側の動きを封じた。仲成は射殺され、薬子は服毒自殺する。さらに平城が出家することで**平城太上天皇の変（薬子の変）**は収束した。この事件により、藤原式家は没落し、藤原北家が台頭していく。

嵯峨天皇もまた、積極的な政治改革を行った。例えば、令外官として平安京の治安維持にあたる**検非違使《けびいし》**を設置。律令の補足である**格《きゃく》**と施行細則である**式《しき》**を整備し、**弘仁格式《こうにんきゃくしき》**を編纂した。後世の貞観《じょうがん》格式・延喜《えんぎ》格式と合わせて三代格式と称されている。また、嵯峨天皇は**三筆《さんぴつ》**（→P64）の一人とされるなど、書や漢詩に通じた文化人だった。

POINT!

平城太上天皇の平城京再遷都を、嵯峨天皇と藤原冬嗣が止めた。以降藤原北家が台頭。

人物　**藤原薬子**（?～810年）

長岡京遷都の折に暗殺された造営使・藤原種継の娘。平城太上天皇の寵姫となる。薬子は尚侍（ないしのかみ、天皇の命令書の発布に関わる女官の長）に就いており、嵯峨天皇の情報を平城太上天皇に漏らすリスクがあったため、嵯峨は蔵人頭を設置した。

1200　1150　1100　1050　1000　950　900　850　★　800　750

平城太上天皇の変

平城太上天皇は平城京への再遷都をたくらむが、嵯峨天皇に阻止される。結果、嵯峨側についた藤原北家の台頭を招く。

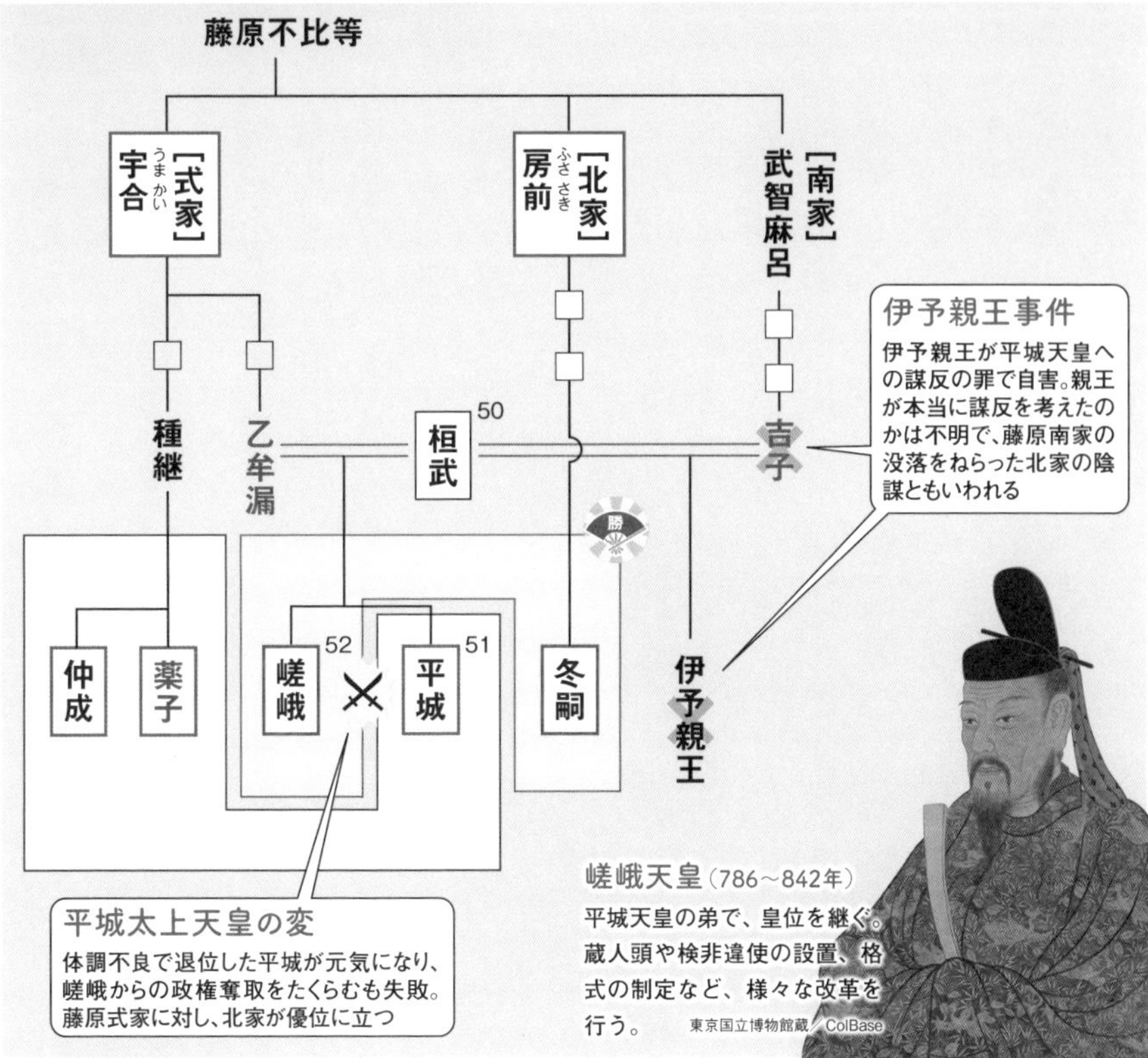

藤原不比等
［式家］
宇合《うまかい》
［北家］
房前《ふささき》
［南家］
武智麻呂
種継
乙牟漏
50
桓武
吉子
仲成
薬子
52
嵯峨
51
平城
冬嗣
伊予親王
勝
伊予親王事件
伊予親王が平城天皇への謀反の罪で自害。親王が本当に謀反を考えたのかは不明で、藤原南家の没落をねらった北家の陰謀ともいわれる
平城太上天皇の変
体調不良で退位した平城が元気になり、嵯峨からの政権奪取をたくらむも失敗。藤原式家に対し、北家が優位に立つ

嵯峨天皇（786〜842年）
平城天皇の弟で、皇位を継ぐ。蔵人頭や検非違使の設置、格式の制定など、様々な改革を行う。　東京国立博物館蔵／ColBase

人物を知る　皇子から高僧になった高岳《たかおか》親王の数奇な生涯

嵯峨天皇が即位した際、平城天皇の皇子・高岳親王が皇太子となった。平城太上天皇の変によって太子を廃されるが、のちに空海《くうかい》の弟子として出家。以後は真如《しんにょ》と名乗り、高僧として第二の人生を歩んだ。855年、地震で東大寺の大仏の首が落ちた際、修理の責任者となっている。さらに、教義を究めるために63歳にして唐に渡った。そこからさらに天竺《てんじく》（インド）へ出航。その途上、羅越《らえつ》（シンガポール）で没したと伝えられる。

廃太子後、僧侶としての道を極めた高岳親王。
東京大学史料編纂所所蔵模写

その時世界は？　［802年／カンボジア］アンコール＝ワット寺院で著名なクメール人の王朝アンコール朝が起こる。

遣唐使が命懸けで日本にもたらしたものとは？

遣唐使の目的はいくつかあった

飛鳥時代の630年、**犬上御田鍬**《いぬがみのみたすき》が初めての**遣唐使**《けんとうし》として唐へ渡る。以後、奈良〜平安時代にかけて、中止をふくめて約20回派遣された。

遣唐使の目的は、外交使節と文化の摂取に分けられる。前近代の東アジアでは、周辺国が中国の皇帝に貢物を送り（**朝貢**）、代わりに王の地位を認め（**冊封**《さくほう》）、返礼品を受け取ることが行われていた。こうした国際関係を**冊封体制**という。また、返礼品は中国の産品なので交易の側面もあった。

遣唐使を構成したのは、まずは大使・副使など朝貢のための**使節**である。彼らは都の**長安**で皇帝と謁見し、翌年か翌々年には帰国した。一方、使節に随行して唐の文化を学んだのが留学生や留学僧である。彼らは数年〜十数年後に、次回の遣唐使の船で帰国した。他に、行きと同じ使節と帰国する短期留学の**請益僧**《しょうやくそう》がいた。

東アジア諸国との関係

遣唐使として随行した留学生には、帰国後に官人として重用された**吉備真備**《きびのまきび》など、多くの有為な人材がいる。一方、**阿倍仲麻呂**《あべのなかまろ》は皇帝・玄宗《げんそう》の信任を受け、唐の官人として出世を遂げた。仲麻呂は後年、帰国を願ったが船の難破により果たせず、唐で没している。

また、隣国の**新羅**《しらぎ》との関係も重要である。7世紀後半、新羅は唐と連合して百済《くだら》と高句麗《こうくり》を滅ぼしたが、その後、唐と敵対。新羅は日本に使節を送り、関係を改善した。だが、日本が新羅を格下として扱ったことなどから関係が悪化する。これにより、遣唐使の航路は朝鮮半島沿岸を通る**北路**から、危険性の大きい**南路**に移行した。

高句麗滅亡後の中国東北部では、**渤海**《ぼっかい》という国が建国された。新羅への対抗上、日本と渤海は友好的な関係を築き、使節がたびたび往来した。

POINT!

遣唐使は唐の冊封体制に入るために派遣された。遣唐使は帰国後、重要ポストに就任した。

人物 吉備真備（693?〜775年）

聖武天皇の治世に活躍した官人。17年間の唐での留学を経て、当時の右大臣・橘諸兄（たちばなのもろえ）に重用されるが一時失脚。再度唐に渡り帰国後、称徳天皇の治世になると、彼女の信任を得た僧・道鏡に仕え、右大臣の地位まで上り詰めた。

1200 1150 1100 1050 1000 950 900 850 800 750

海を渡った遣唐使

遣唐使は、朝鮮半島の情勢によって、比較的安全な北路と危険な南路を使い分けた。

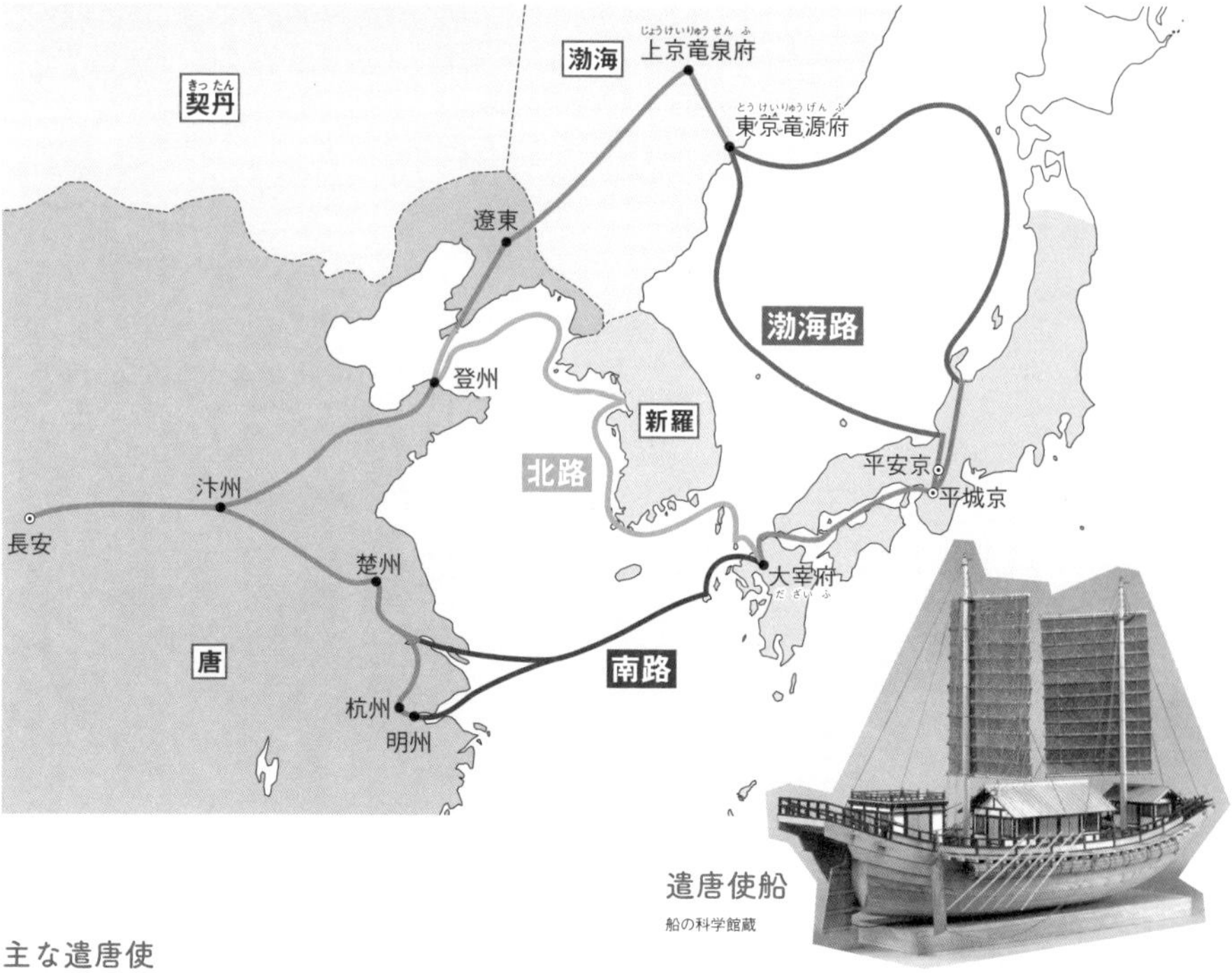

遣唐使船
船の科学館蔵

主な遣唐使

天皇	時代	出発年	できごと 唐に渡った人物など
舒明	飛鳥	① 630	犬上御田鍬
孝徳		② 653	道昭
		③ 654	高向玄理 （国博士と称された知識人。唐で死没）
斉明		④ 659	
天智		⑤ 665	
		⑥ 667	
		⑦ 669	
文武		⑧ 702	粟田真人・山上憶良 （真人は教養の高さを唐の人に褒められた。憶良は歌人で有名）
元正	奈良	⑨ 717	藤原宇合・玄昉・吉備真備・阿倍仲麻呂 （玄昉は真備とともに帰国後重用された。仲麻呂は帰国を果たせず）

天皇	時代	出発年	できごと 唐に渡った人物など
聖武	奈良	⑩ 733	玄昉・吉備真備が帰国
		⑪ 746	中止
孝謙		⑫ 752	吉備真備・藤原清河 （真備は２回目。清河は帰国を果たせず）
淳仁		⑬ 759	
		⑭ 761	中止
		⑮ 762	中止
光仁		⑯ 777	
		⑰ 779	
桓武	平安	⑱ 804	最澄・空海・橘逸勢
仁明		⑲ 838	円仁 小野篁（仮病を使い入唐せず、→Ｐ 105）
宇多		⑳ 894	菅原道真の建議で中止に（→Ｐ 60）

その時世界は？　〔755年／中国〕唐で安禄山（あんろくざん）が反乱（安史の乱）を起こし、玄宗皇帝の妃・楊貴妃が処刑される。

宗教　社会　外交　政治
戦乱　武士　文化　周縁

怨霊とされた人物を神として祀る御霊信仰とは？

光仁・桓武天皇を悩ませた怨霊たち

古代の日本では、非業の死を遂げた人の霊魂が怨霊《おんりょう》となって祟りをなすと信じられていた。そのため平安時代には怨霊を供養し、**御霊**《ごりょう》（神）として祀る**御霊会**《ごりょうえ》の儀式が行われるようになった。

怨霊に対する畏怖《いふ》が語られるのは、平安京遷都の直前頃から。光仁天皇の治世、皇后・**井上内親王**が光仁を呪詛したとして、子・**他戸親王**とともに廃され、親子は同日に死去（↓P18）。すると天変地異が起こり、親子を排斥した者らは諸国で読経を行い、二人の魂を鎮めようとしたという。

桓武天皇の即位後は、弟・**早良親王**が謀反の嫌疑を受けて死に追いやられた。その後、桓武の母や皇后が病死し、皇太子の安殿親王も病にかかる。原因を占った結果、早良親王の祟りであるとされ、桓武は早良親王の遺体が葬られた淡路島に使者を派遣。「崇道《すどう》天皇」の号を贈って陳謝した。

どんな人が怨霊になるのか

しかしその後も怨霊は鎮まらなかったのか、桓武天皇は平安京内に**御霊神社**（上御霊神社）を創建し〈794〉、早良親王を御霊として祀った。のちに御霊神社には、井上内親王・他戸親王親子も祀られる。

さらに、清和《せいわ》天皇の時代である863年〈貞観5〉には疫病の流行を受け、**神泉苑**《しんせんえん》で初めて御霊会が開催された。最初の御霊会で慰められたのは、早良親王の他、藤原吉子《よしこ》と伊予《いよ》親王の母子、藤原広嗣《ひろつぐ》（または藤原仲成）、橘逸勢《たちばなのはやなり》、文室宮田麻呂《ふんやのみやたまろ》の霊であった。いずれも、政争に敗れたり濡れ衣を着せられたりして非業の死を遂げた人物である。

平安中期以降には、怨霊を鎮め、神として祀ることで安寧をもたらそうとする**御霊信仰**が定着する。その後、大宰府《だざいふ》に左遷された菅原道真《すがわらのみちざね》（↓P62）や、讃岐《さぬき》国（香川県）に配流された崇徳《すとく》上皇といった人々が、新たに御霊として祀られた。

人物　**文室宮田麻呂**（生没年不詳）

9世紀中頃、仁明（にんみょう）天皇の治世で活躍した官人。筑前守として大宰府に赴任したが、新羅と不正貿易を行い解任される。さらに謀反をくわだてていると告発され、伊豆に流された。一説では藤原氏の陰謀によるものとされる。

POINT!

平安時代から、怨霊を供養する御霊会が始まる。早良親王などが御霊として祀られた。

1200　1150　1100　1050　1000　950　900　850　800　750

最初に祀られた御霊

清和天皇の時代、初めての御霊会で6柱の御霊が祀られた。彼らを「六所御霊」と呼ぶ。

名前	怨霊となったとされる原因
①早良親王	桓武天皇の弟。藤原種継暗殺の嫌疑をかけられ、流刑の途中で死去。死後、桓武天皇の母が病死し、皇太子も病となった。平安京遷都の一因をつくったとされる
②伊予親王	伊予親王は桓武天皇と藤原吉子の間に生まれた。桓武の死後、謀反の罪で母・吉子とともに幽閉され、毒をあおって自害する
③藤原吉子	
④藤原広嗣（または藤原仲成）	広嗣は奈良時代に反乱を起こし、討伐された。仲成は暗殺された藤原種継の子で、平城太上天皇の変（→Ｐ 30）の首謀者として射殺された
⑤橘逸勢	能書家としても知られる。承和の変（→Ｐ 50）の首謀者の一人とされ流罪になる
⑥文室宮田麻呂	無実の罪を着せられ、伊豆に配流された

神泉苑

史上初めて「御霊会」が開催された場所。もとは桓武天皇によって造営された庭園で、824年には空海がこの地で雨乞いの儀式を行ったという。 京都市中京区

御靈神社（上御霊神社）

早良親王や井上内親王ら8柱の御霊を祀る神社。少し離れたところに下御霊神社もあり、こちらは井上内親王親子ではなく伊予親王と藤原広嗣を祀る。 京都市上京区

時代を読む

祇園祭は御霊会だった？

日本三大祭の一つに数えられる祇園祭。この祭はもともと「祇園御霊会」と呼ばれていた。869年、疫病の流行を受けて、祇園社から神泉苑まで66本の鉾《ほこ》と神輿を運び、災いを取り除こうとしたのがルーツとされている。祇園御霊会は当初、疫病の起きた年にのみ開催されるものだったが、970年から毎年開催されるようになり、田楽や獅子舞が奉納されるなど、祭りの規模も大きくなっていった。なお、名物の「山鉾巡行」は鎌倉時代頃から始まった。

祇園祭で町を巡行する、豪華な飾りの「山鉾」。

朝日新聞フォトアーカイブ提供

その時世界は？ ［862年／ロシア］ノルマン人のリューリクがロシア国家の起源とされているノヴゴロド国を建国する。

宗教　社会　外交　政治
戦乱　武士　文化　周縁

神と仏が融合した神仏習合と本地垂迹説

仏教は何を期待されたのか

仏教が伝わる前の日本人は、山や巨木、巨石などの自然に**神（八百万《やおよろず》の神）**が宿ると考え、祭祀を行った。三輪山《みわやま》を神体とする**大神神社**《おおみわじんじゃ》（奈良県）などが、古墳時代から続く自然祭祀の例である。

6世紀半ばに大陸から伝来した仏教は、本来異国の神であった。そのため伝来した当初は、日本古来の神への信仰との間で軋轢《あつれき》が起きた。しかし、仏教を受容する豪族・蘇我《そが》氏が、仏教を排斥する物部《もののべ》氏を滅ぼしたことで、朝廷は**仏教を受け入れ**、寺院に国家的な保護を与えていった。

しかし、仏教を受容したからといって、日本古来の神への信仰が潰《つい》えたわけではなく、日本人は神と仏、両方を信仰するようになる。奈良時代には、神と仏を同一とみなす**神仏習合**《しんぶつしゅうごう》の思想も登場。仏教が土着の神と結びつくことは、日本だけでなくインドや中国などでも見られた現象だ。

なぜ仏が本体とされた？

神仏習合の最初の例としては、715年《霊亀元》、藤原武智麻呂《むちまろ》が見た夢のお告げによって、氣比神宮《けひじんぐう》（福井県）に**神宮寺**《じんぐうじ》（神社の境内に建てられた寺）が建立されたのが挙げられる。

また、聖武天皇の時代には、**宇佐八幡宮**《うさはちまんぐう》（大分県）が大仏造立を後押しする神託を下し、東大寺に八幡宮が勧請《かんじょう》された。これをきっかけに**八幡神は仏法の守護神**とされ、「八幡大菩薩《はちまんだいぼさつ》」の尊号も受けた。薬師寺（奈良県）に伝わる**僧形八幡神**《そうぎょうはちまんしん》**像**は、神仏習合の信仰を伝える事例の一つである。

平安時代後期には**本地垂迹説**《ほんじすいじゃくせつ》という教説が広まった。仏が本来の姿であり、日本の神は仏の**権**《ごん》**現**《げん》（仮の姿をして現れたもの）であるという考え方だ。仏教は、仏像や経典・儀式などの宗教的な装置や理論が整備されており、日本古来の信仰より優位に立つことができたのである。

POINT!

日本人は神と仏を区別せず信仰する神仏習合を始め、平安時代に定着していった。

用語　「八百万の神」

古代日本人は自然に宿る「八百万の神」を信仰していた。飛鳥時代に天皇中心の国家づくりが進むと、天皇の先祖である天照大神を中心とした神話が『古事記』などにまとめられた。後世、これらの日本独自の神への信仰を「神道」と呼ぶようになる。

1200　1150　1100　1050　1000　950　900　850　800　750

神と仏が同一視された神仏習合

神と仏は本来異なるものだが、古代日本では区別せず信仰された。これを神仏習合という。

八百万の神への信仰

日本独自の宗教で、始まった時期は不明。日本神話では天皇は神の末裔とされる

仏教

インド発祥の宗教で、アジア各地で信仰される。日本には538年（または552年）に伝来

分け隔てなく信仰

↓

神仏習合

僧形八幡神像

八幡神は仏教の守護神とみなされ、僧侶の姿で描かれることもあった。　國學院大學博物館蔵

本地垂迹説とは？

本地＝仏　大日如来　　垂迹＝神　天照大神

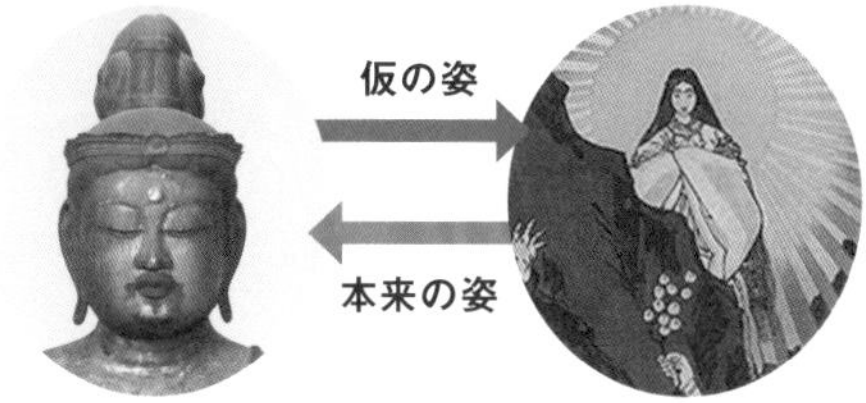

平安時代、神は仏の権現（＝仮の姿）であるという本地垂迹説が生まれた。例えば、日本神話の最高神・天照大神は密教の最高仏・大日如来の権現とされた（諸説あり）。

時代を読む

修験道《しゅげんどう》とは何か？

古代仏教は国家の保護を受けたが、政治と結びつくのを嫌って山中で修行に励む僧侶も現れた。その結果、古くからあった山々を神の宿る場として崇める山岳信仰が仏教の修行と結びつき、修験道が生まれた。平安時代、天台宗や真言宗が多くの山岳寺院を建てた影響も大きい。修験道では、修験者（山伏）が峰入りと呼ばれる山中での修行を行う。世界遺産にも登録されている熊野《くまの》の参詣道（→ P157）は、修験道の代表的な修行の場である。

修験道の開祖とされる役行者（えんのぎょうじゃ、役小角（おづぬ）とも）。

東京国立博物館蔵／ColBase

豆知識　修験道の開祖と呼ばれる役行者は飛鳥時代に実在した人物だが、鬼を従えて空を飛ぶなど人間離れした伝説を残している。

宗教　社会　外交　政治
戦乱　武士　文化　周縁

天台宗の開祖・最澄が目指した天台教学とは？

POINT!

最澄は天台教学を学び、天台宗を開く。また延暦寺に大乗戒壇を設立しようとした。

桓武天皇が最澄を抜擢した理由

平安時代前期、仏教に革新を起こしたのが**最澄**《さいちょう》**と空海**である。最澄は**天台教学**《てんだいきょうがく》に、空海は**密教**《みっきょう》（↓P40）に主軸を置いているのが違いである。

最澄（伝教大師《でんきょうだいし》）は**比叡山**《ひえいざん》で修行し、中国から伝来した天台教学を学んだ。天台教学とは**『法華**《ほけ》**経**《きょう》**』**の「**法華一乗**《ほっけいちじょう》（誰もが仏になる素質を持つ）」をベースに発展した教えである。それまで日本で発展していた南都六宗《なんとろくしゅう》にはない考え方であった。

高雄山寺《たかおさんじ》（のちの神護寺《じんごじ》、京都府）で天台教学を講じたことを機に、最澄は桓武天皇の知るところとなる。南都六宗を忌避しながらも、早良親王の怨霊などに悩まされていた桓武は、斬新な天台教学に救いを求めた。そして、遣唐使に同行して教学を学ぶよう最澄に命じたのである。８０４年、最澄は唐に渡って本場の天台教学を究め、帰国後、**天台宗**を開き、**比叡山延暦寺**《えんりゃくじ》を本拠地にした。

新しい戒壇はなぜ必要だった？

正式な僧侶になるため、師から戒律を授かることを**受戒**《じゅかい》といい、受戒の場を**戒壇**《かいだん》という。当時、戒壇がある寺院は東大寺・下野薬師寺《しもつけやくしじ》（栃木県）・観世音寺《かんぜおんじ》（福岡県）だけだった（天下三戒壇）。奈良時代に唐の僧・鑑真《がんじん》が伝えた受戒の作法は煩雑で、一人前の僧侶になれる人数は限られていた。

最澄は法華一乗にもとづき、既存の戒壇制度を批判。そして、より簡素な独自の戒壇（**大乗戒壇**《だいじょうかいだん》）を延暦寺に設置することを朝廷に求めたのである。最澄の運動は、天台宗の拡大を防ぎたい南都六宗の激しい反発を受けたが、最澄の死後まもなく戒壇設置が認められた。

最澄の悲願であった大乗戒壇設置により、延暦寺には多くの僧が集まり、**仏教研究の中心地**となった。法然《ほうねん》や親鸞《しんらん》、栄西《えいさい》や道元《どうげん》、日蓮《にちれん》など、のちに仏教に革新を起こす僧侶が輩出されている。

用語　「南都六宗」

平城京で発展した三論（さんろん）・成実（じょうじつ）・法相（ほっそう）・倶舎（くしゃ）・華厳（けごん）・律（りつ）の六つの宗派。仏教理論の研究を活動の主とする。「仏になれる素質の量は人それぞれ」という考えがあり、最澄はこれを批判した。

1200　1150　1100　1050　1000　950　900　850　800★　750

最澄が開いた天台宗の教え

最澄は中国の天台山で発展した「天台教学」の教えにもとづき、新宗派の天台宗を開いた。

最澄（767～822年）

天台宗の開祖。日本に根付いていた仏教を批判し、「天台教学」を熱心に学ぶ。桓武天皇の信頼を得て唐に渡る。

メトロポリタン美術館蔵

天台教学

誰もが仏になれる（≒救われる）と説く「法華一乗」の教えを基盤に発展。

➡桓武天皇に受容され、平安京を守る仏教として重んじられる

大乗戒壇の設立

僧侶になるための門戸を広げるために、延暦寺に新しい戒壇をつくった。

➡延暦寺が仏教研究の中心地となる

延暦寺

最澄が比叡山で山間修行を行った際につくった小堂がもとになっている。仏教研究の中心地として数多くの僧侶を輩出した。

滋賀県大津市

人物を知る 天台宗の密教化を進めた円仁《えんにん》と円珍《えんちん》

空海が持ち込んだ密教が流行したことで、最澄の死後、円仁・円珍によって天台宗の密教化が進んだ。838年に遣唐使に同行した円仁は、唐の皇帝による仏教弾圧に遭うなどの苦難の末に帰国し、『入唐求法巡礼行記』を著した。空海の姪の息子にあたる円珍は、新羅商人の船に便乗して入唐し、多くの経典などを持ち帰った。後世、円仁の系統は延暦寺、円珍の系統は園城寺《おんじょうじ》（三井寺）に拠り、山門派・寺門派として対立する。

天台宗の密教化を進めた最澄の弟子・円仁。

長楽寺蔵／太田市教育委員会提供

豆知識 最澄は唐に渡った翌年に帰国せねばならず、密教の習得は不十分に終わった。そのため日本で空海に教えを請うことになった。

平安人物伝

空《くう》海《かい》

生没年　774～835年

身分　僧侶

日本に密教の奥義を伝えた稀代の天才僧侶

イラスト＝竹村ケイ

青龍寺

空海が恵果に師事した寺院で、写真は近代に再建された伽藍。空海の帰国後、「会昌の廃仏」という皇帝主導の廃仏運動が起こり、青龍寺も破壊された。　中国陝西省西安市

善通寺

空海生誕の地として信仰を集める寺院で、境内には空海生誕時に産湯に使ったという井戸がある。四国八十八ヶ所霊場では75番目となっている。　香川県善通寺市

2年で密教を究めた天才

「弘法大師《こうぼうだいし》」の名でも知られる空海は、774年《宝亀5》に讃岐《さぬき》の郡司の子として生まれた。幼名は真魚《まお》である。都の大学で学び、官人として出世を目指す道もあったが、出家して仏の教えを究める道を選び、四国の山林で修行に励んだ。空海の修行道とされる地をめぐる巡礼が四国八十八ヶ所霊場（四国遍路《へんろ》）である。

30歳の時、東大寺の戒壇院で受戒し、空海と名乗る。さらに留学僧として遣唐使に同行することを命じられ、入唐。青龍寺《せいりゅうじ》の恵果《けいか》のもとで密教の極意を学ぶこととなる。

空海は、わずか2年の滞在で『金《こん》剛頂経《ごうちょうきょう》』『大日経《だいにちきょう》』という二つの密教の奥義をマスターした。そして「伝法灌頂《でんぽうかんじょう》」という儀式を経て一人前の密教修行者として認められ、806年《大同元》に帰国し真言宗を開いた。

空海は今も生きている？

帰国後、7歳上の最澄から密教の教えを請われるなど交流があったが、やがて関係は途絶。両者は異なる道を歩むことになった。

最澄が南都仏教と対立する一方、空海は彼らと良好な関係を保った。また、嵯峨天皇の信任を得た空海は、紀伊《きい》（和歌山県）の高野山《こうやさん》に金剛《こんごう》峯寺《ぶじ》を建立する許可を得て、さらに平安京の東寺を下賜される。

空海は真言宗の開祖であるだけでなく、讃岐の溜池・満濃池《まんのういけ》の改修や、庶民にも開かれた教育機関・綜芸種《しゅげいしゅ》智院《ちいん》（京都府）の設立などの社会事業でも知られる。

835年《承和2》、空海は高野山奥之院《おくのいん》で没したが、空海は生きて奥之院で祈り続けているという入定《にゅうじょう》信仰が生まれ、現在でも高野山では空海に食事を届ける儀式が続いている。

政治 外交 社会 宗教
周縁 文化 武士 戦乱

空海が広めた密教はなぜ朝廷に重んじられたのか？

嵯峨天皇の帰依を受けた密教

空海が806年《大同元》に開いた真言宗は、**密教**の宗派である。密教と対比される旧来の仏教を顕教《けんきょう》といい、これは仏教の開祖・釈迦《しゃか》が人々にわかりやすく説いた教えだとされる。

一方、密教とは宇宙の中心に君臨する仏・**大日**《だいにち》**如来**《にょらい》が示した、言葉では表せない秘密の教えを指す。密教では、大日如来と一体化する**即身成仏**《そくしんじょうぶつ》を目的とし、師と弟子が対面する形でなければ教えを継承することはできない。

また、密教には**加持祈禱**《かじきとう》（儀式）を行うことで、人々に幸福をもたらすという**現世利益**《げんぜりやく》の考えがある。そのため時の権力者・嵯峨天皇は、この現世利益で国を保護できないかと期待し、密教を信仰するようになる。そして835年《承和2》、空海はついに大内裏に真言院《しんごんいん》（密教の儀式を行う施設）を建てる許しを得た。

最澄と空海の密教観の違い

最澄は、朝廷の期待に応えて密教を取り入れようと愛弟子・泰範《たいはん》を空海のもとに派遣するが、泰範はそのまま空海に帰依してしまった。最澄は書簡で「顕教も密教も優劣の差はない」と帰還をうながすが、空海は泰範に代わって「顕教は仮の教えに過ぎず、密教こそ真実の教えである」と返信し、最澄を批判した。こうして二人は決別し、最澄は、十分に密教を習得できずに終わる。

最澄の没後、弟子の**円仁**・**円珍**が唐に渡り、天台宗へ本格的に密教が導入されていくこととなる。以降、天台宗に取り入れられた密教を**台密**《たいみつ》、真言宗は**東密**《とうみつ》という。

天台宗・真言宗の発展に伴い、密教芸術も盛んになる。**曼荼羅**《まんだら》や**不動明王像**《ふどうみょうおう》といった密教ゆかりの仏像・仏画がつくられ、山間には**園城寺**や**室生**《むろう》**寺**《じ》などの寺院が建設された。

POINT!

密教では加持祈禱によって現世利益をもたらすとされた。これにより朝廷に広まった。

用語　「加持祈禱」

密教で行われる儀式のことで、これを通じて仏の加護を得て、即身成仏や現世利益をもたらす。儀式の方法は様々で、真言や陀羅尼（だらに）と呼ばれる独特の呪文を唱えたり、護摩木と呼ばれる木片を燃やしたりすることもある。

1200　1150　1100　1050　1000　950　900　850　800★　750

空海が開いた真言宗の教え

空海は唐で密教の奥義を学び、日本で真言宗を開いた。真言とは密教の呪文のことである。

即身成仏

元来、仏になるには輪廻転生を繰り返す必要がある（→P106）が、密教を極めると死なずして仏になれる。

現世利益

密教では、加持祈禱を通じて仏の加護を得ることで、人々に幸福（ご利益）をもたらすことができる。

➡嵯峨天皇を始め、朝廷は加持祈禱で平安京を守ろうとした

空海（774～835年）

真言宗の開祖として、日本に密教を持ち帰る。抜群の記憶力を持つ、水脈を探って温泉を見つけるなど、様々な伝説が語られている。

東京国立博物館蔵／ColBase

金剛峯寺

空海が高野山に開いた寺。空海が唐から投げた法具が高野山の松の木に引っかかったのが、高野山を根拠地にした理由とされる。

和歌山県高野町

密教を象徴する仏

真言宗・天台宗の拡大に伴い、密教独特の仏への需要が高まった。

大日如来

密教の頂点に君臨する仏。密教ではこの大日如来と一体化することで成仏できるという。

東京国立博物館蔵／ColBase

不動明王

明王は人々の煩悩（欲望）を焼き尽くし、成仏へと導いてくれる存在である。特に不動明王は大日如来の化身ともされ、人気を集めた。

東京国立博物館蔵／ColBase

豆知識　まだ親しかった頃に空海が書いた最澄への書状は「風信帖（ふうしんじょう）」と呼ばれている。冒頭に「風信雲書」と書かれているのがその由来である。

アート

両界曼荼羅

密教の世界観を表した二つの絵画

描く世界が異なる両界曼荼羅

曼荼羅《まんだら》とは、密教の世界観を図式化したものである。なかでも『金剛頂経《こんごうちょうきょう》』と『大日経《だいにちきょう》』という密教で最も重要な二つの経典をもとにした「両界曼荼羅」は、様々な儀式で使われている。

両方とも密教の頂点に立つ仏・大日如来を中心に描くが、『金剛頂経』をもとにした「金《こん》剛界《ごうかい》曼荼羅」は大日如来（仏）にいたるまでの道筋を表す。一方、『大日経』をもとにした「胎蔵界《たいぞうかい》曼荼羅」は、大日如来の慈悲の広がりを表している。

後七日御修法《ごしちにちのみしほ》

後七日御修法は国家安泰を祈る極秘の儀式で、大内裏内につくられた真言院という部屋で行われた。両界曼荼羅を部屋の東西に飾り、さらに五大尊や十二天といった多数の仏の像を飾った。

五大尊
左から大威徳明王・軍荼利明王・不動明王・降三世明王・金剛夜叉明王

金剛界曼荼羅

修行者が大日如来（仏）にいたる道程を表した曼荼羅。金剛とはダイヤモンドのことである。９分割で表され、センターに大日如来がいる他、上段中央には大日如来の拡大図が描かれている。

奈良国立博物館蔵／ColBase

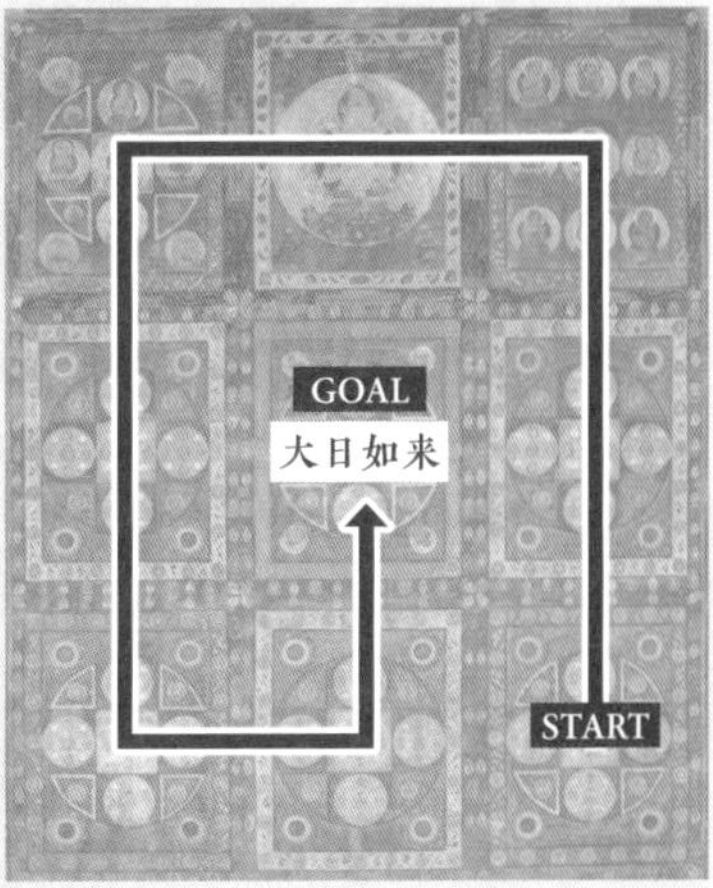

胎蔵界曼荼羅

中央にいるのが大日如来で、外側に向かっていくにつれて、描かれている仏のランクが下がっていく。これにより、大日如来の慈悲が下の階層へと広がっていくのを表現している。

奈良国立博物館蔵／ColBase

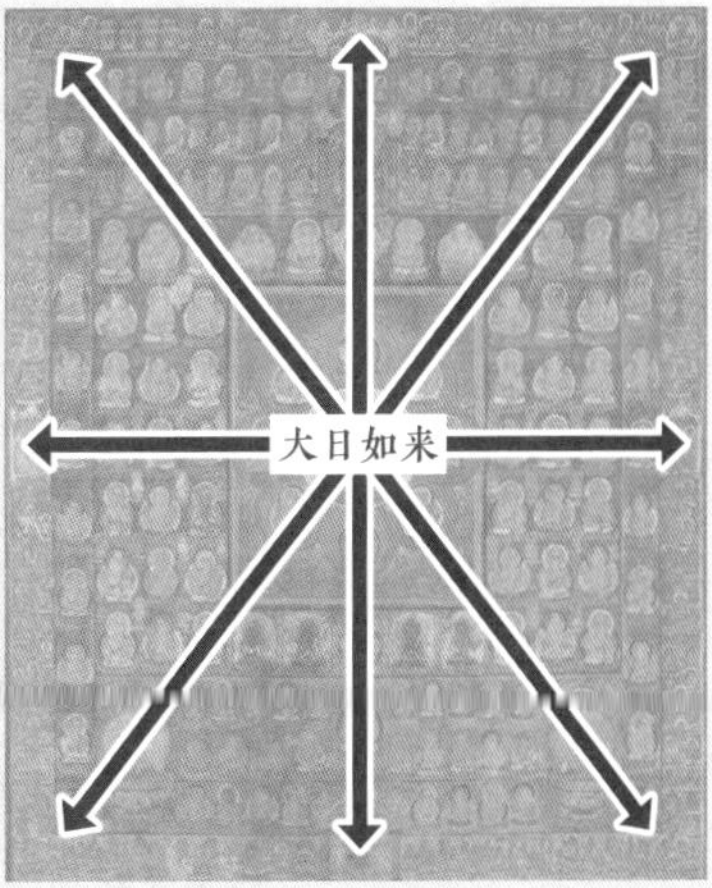

京都史跡ガイド

平安時代の始まり

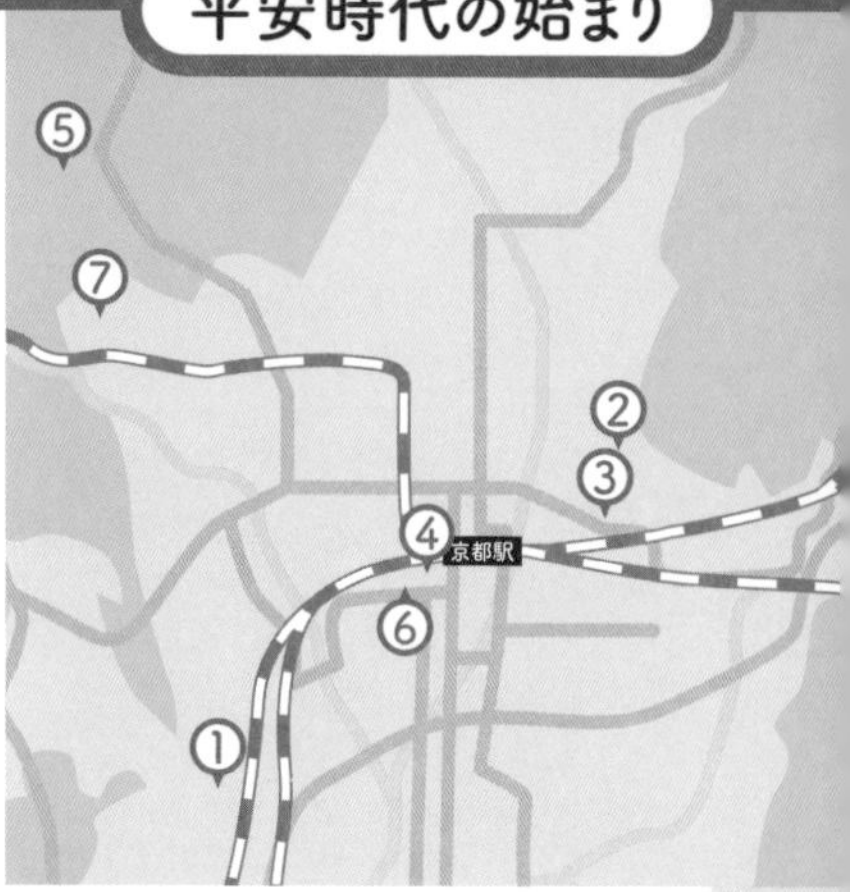

① 長岡宮跡《ながおかぐうあと》

向日市鶏冠井町

784年から10年間都となっていた長岡京。その内裏の跡地は、現在公園になっており、大極殿の柱などが復元されている。近隣の向日市文化資料館には、長岡宮跡で発掘された木簡などが展示されている。

向日市産業振興課提供

② 将軍塚《しょうぐんづか》

京都市山科区

京都の東山のうち、華頂山（かちょうざん）の山頂にある史跡で、京都市街を見下ろすビュースポット。和気清麻呂が桓武天皇をこの地に案内し、「ここが都にふさわしい」と進言したという。平安京を守るため、将軍の像を埋めたという伝説からその名がついた。

③ 清水寺《きよみずでら》

京都市東山区

平安京遷都以前からある寺院。坂上田村麻呂がここで僧侶と出会い、それに感動して清水寺の前身寺院を建てたという。田村麻呂が征夷大将軍として東国に向かう際も、清水寺で戦勝祈願をした。

④ 教王護国寺《きょうおうごこくじ》（東寺《とうじ》）

京都市南区

平安京遷都の時、平安京を鎮護するために建立された官寺（国立の寺院）。その後、嵯峨天皇が唐で密教を学んだ空海に託し、真言宗の道場として栄えた。五重塔は東海道新幹線からも見ることができ、現在も京都のシンボルとなっている。

⑤ 神護寺《じんごじ》

京都市右京区

和気清麻呂が国家安泰を願って建立した寺院。唐から帰ってきた空海が、密教に関する講和を行った場所で、最澄もこの地で空海と交流した。本尊の薬師如来（やくしにょらい）像は空海が活躍した平安時代前期のもので、国宝に指定されている。

⑥ 羅城門跡《らじょうもんあと》

京都市南区

羅城門は平安京の正門にあたり、メインストリートである朱雀大路の入り口にあった。創建当初は幅約35m の大きさを誇ったが、何度も倒壊し、980年の倒壊以降再建されることはなかった。現在その跡地は児童公園となっており、石碑が立つのみである。

⑦ 大覚寺《だいかくじ》

京都市右京区

平安時代初期に嵯峨天皇が建立した離宮・嵯峨院が前身の寺院。代々天皇や貴族が門跡（もんぜき。寺院の代表）を務めた格式の高い寺院。平安貴族が舟遊びをした大沢池（おおさわのいけ）があり、現在も龍頭舟（りゅうとうせん）などに乗っての月見行事などが開かれている。

第2章 藤原北家の台頭

年代	出来事
842	承和の変が起こり、橘逸勢・伴健岑が流罪になる ⬇P50
858	清和天皇が9歳で即位する ⬇P52
864	富士山が噴火する ⬇P59
866	応天門の変が起こり、伴善男が流罪になる ⬇P52
	藤原良房が摂政になる ⬇P52
876	藤原基経が摂政になる
878	元慶の乱が起こる ⬇P56
	藤原保則と小野春風が元慶の乱を収める ⬇P56
884	藤原基経が事実上の関白になる ⬇P58
887	宇多天皇が即位する
	藤原基経が阿衡の紛議を起こし職務放棄する ⬇P58
889	桓武天皇のひ孫・高望王に平姓が与えられる ⬇P70
891	宇多天皇が天皇親政を進める ⬇P58
	宇多天皇が菅原道真を蔵人頭に任命する ⬇P58
894	菅原道真の進言で遣唐使が中止となる ⬇P60

政治	藤原冬嗣が娘を仁明天皇に嫁がせて以来、藤原北家が出世していく。冬嗣の子・良房は摂政に、その養子・基経は実質的な関白に就任する。また橘氏や伴氏、菅原道真など、藤原氏の出世を阻む立場の者が陰謀によって排斥されていく。
外交	奈良時代から続いていた遣唐使だったが、唐が衰退したこと、また唐から学ぶことがないことを理由に、894年に菅原道真が中止を提言した。その後、遣唐使が派遣されることはなかった。
社会	律令制度で定められていた班田収授法は、荘園の拡大によって正しく機能していなかった。そこで、京から地方に派遣される役人・国司のトップに、より強い権力を持たせた。国司は受領と呼ばれるようになる。
宗教	平安貴族は陰陽師がつくる暦に信頼を寄せた。この暦にはいつ、どこで、何をするべきか、避けた方が良いのかなどが記載されており、貴族はこれにもとづいて行動した。また陰陽師は呪術の扱いにも長けていた。
周縁	878年、一時は朝廷に帰属したはずの蝦夷たちが反乱を起こした（元慶の乱）。朝廷は藤原保則と小野春風を派遣し、蝦夷を懐柔させることで反乱を鎮圧した。以降の東北に関する歴史は歴史書に記載されておらず、不明点が多い。
文化	遣唐使の廃止から、国風文化（唐の影響を受けない日本独自の文化）が花開く。その最たる例がかな文字で、かな文字を用いた和歌や、和様の書が書かれた。歌人・紀貫之や小野小町が活躍したのもこの時期である。
武士	皇族・貴族の中でも、武芸に秀でた者が「源」「平」などの姓を賜り、治安維持に努めた。特に中・下級貴族には地方の治安維持活動の末に、その地の有力農民と結びついて所領とする者が現れた。彼らを「武士」と呼ぶ。
戦乱	935年、関東では平将門が、四国では藤原純友が反乱を起こした（天慶の乱）。この反乱の鎮圧にあたった平氏や源氏は、帰京後に貴族に仕え、侍として都の警備にあたった。天慶の乱は武士の影響力が高まるきっかけとなった。

897	宇多天皇が醍醐天皇に譲位する ➡P59
899	菅原道真が右大臣になる ➡P60
	藤原時平が左大臣になる ➡P60
901	菅原道真が大宰府に左遷される ➡P60
	藤原時平が『日本三代実録』を完成させる
902	醍醐天皇が延喜の荘園整理令を施行 ➡P68
905	紀貫之が『古今和歌集』を撰集 ➡P66
907	唐が滅亡する ➡P60
909	菅原道真を失脚させた藤原時平が死去 ➡P60
920	高明親王に源姓が与えられる
939	平将門の乱が起こる ➡P72
	藤原純友の乱が起こる ➡P72
940	平貞盛・藤原秀郷が平将門を討つ ➡P72
941	小野好古・源経基が藤原純友を討つ ➡P72
	藤原忠平が関白になる ➡P69

政治　周縁　外交　文化　社会　武士　宗教　戦乱

藤原北家の台頭を招いた承和の変の黒幕は誰だったのか？

伴氏・橘氏の反乱未遂事件、承和の変

842年《承和9》、**藤原北家**《ふじわらほっけ》と関係を深めていた嵯峨《さが》上皇が崩御した。その2日後、宮中を揺るがす事件が発覚する。それは「**伴健岑**《とものこわみね》と**橘逸勢**《たちばなのはやなり》が皇太子の**恒貞親王**《つねさだしんのう》を奉じて東国で挙兵し、謀反《むほん》をたくらんでいる」というものだった。この情報は藤原北家の**藤原良房**《ふじわらのよしふさ》によって**仁明**《にんみょう》**天皇**に伝えられ、朝廷はただちに両名と関係者を捕らえた。二人は拷問にも屈しなかったというが、謀反の首謀者として流罪に。恒貞親王は廃嫡され、代わりに**道康**《みちやす》**親王**（のちの**文徳**《もんとく》**天皇**）が皇太子となった（**承和**《じょうわ》**の変**）。

ところがこの道康親王は、良房の妹・順子《じゅんし》の子。すなわち、良房の甥にあたる。また、事件の首謀者とされた伴健岑と橘逸勢には、反乱を起こすような理由はなかったと考えられている。つまり、承和の変の真相は、良房が甥の**道康親王を皇太子**にするために仕組んだ陰謀事件だというのだ。

良房の暗躍で対抗勢力を排除

当時、皇位は嵯峨上皇と**淳和**《じゅんな》**天皇**の二つの系統によって交互に継承されていた。嵯峨は弟の淳和に譲位し、淳和は嵯峨の子・仁明天皇に譲位。次は淳和の子である恒貞親王が天皇となるはずだった。一方で、朝廷に仕える官人たちもまた二つの勢力に分かれ、対立が生じていた。仁明・道康親王側には藤原良房が、淳和・恒貞親王側には伴健岑や橘逸勢らがいた。

良房は恒貞親王のグループを一掃することで、藤原氏の出世の道を妨げる伴や橘らの他氏を排斥し、さらに道康親王を即位させて**天皇の外戚**（天皇の母方の身内）として権力を握るために、承和の変を起こしたのではないかと考えられている。

また一説では、仁明の母・**橘嘉智子**《かちこ》が我が子や孫の安定政権を願って、良房と承和の変を共謀したともいわれている。

人物　**橘嘉智子**（786～850年）

嵯峨天皇の皇后。曽祖父は聖武天皇の側近であった橘諸兄、祖父は謀反を起こした橘奈良麻呂である。嘉智子は藤原北家と結びついて後宮のトップについた。仏教に深く帰依し、唐から僧を招いて檀林寺（だんりんじ）を開いたことから「檀林皇后」とも呼ばれる。

POINT！

貞和の変で恒貞親王が廃嫡。道康親王が皇太子となり藤原北家の良房は大納言となる。

1200　1150　1100　1050　1000　950　900　850 ★　800　750

承和の変に関与した人物

藤原良房は、甥の道康親王を皇太子にし、恒貞親王の側近である伴氏・橘氏を排除するため、承和の変を起こしたという。

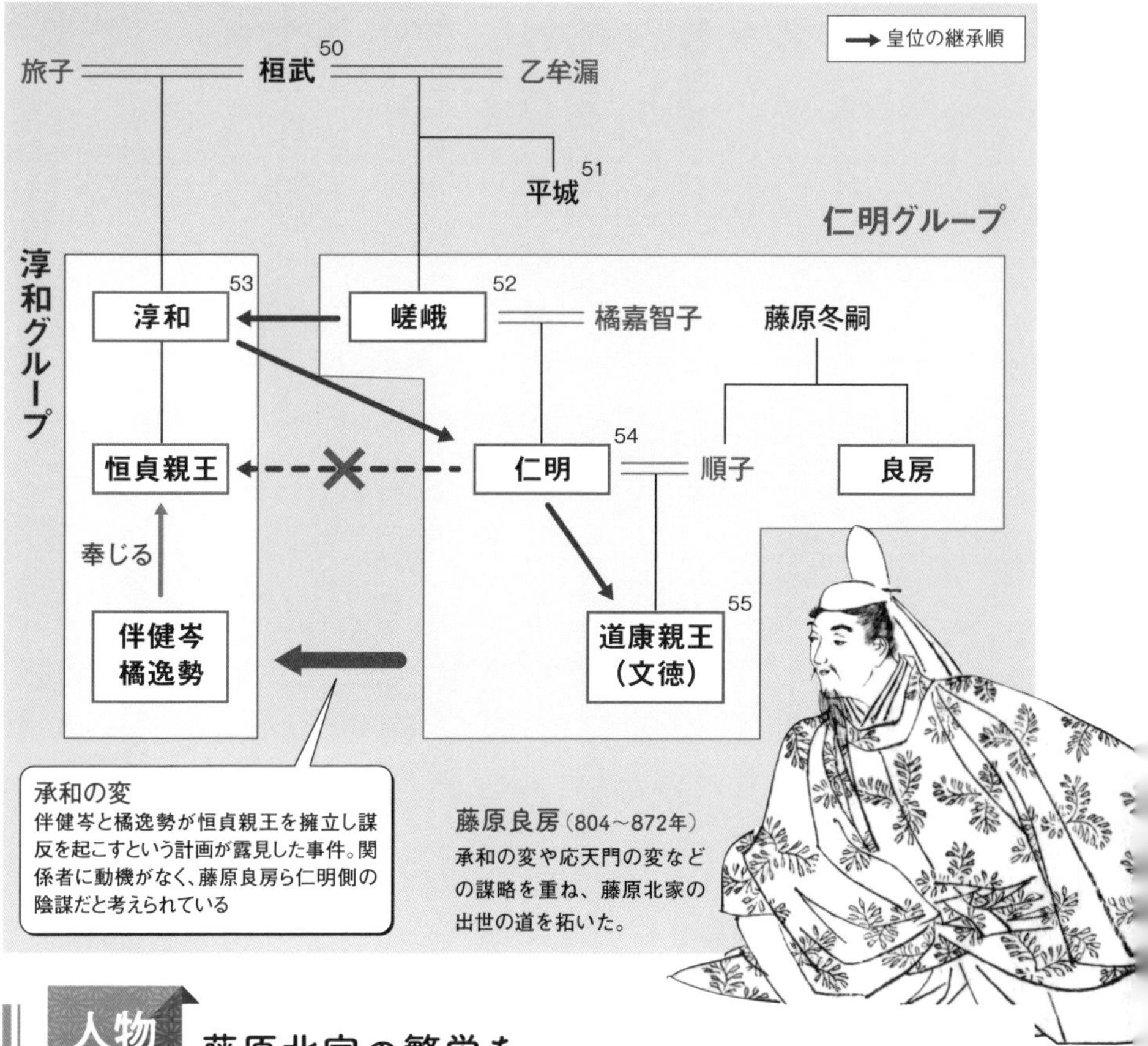

藤原良房（804～872年）
承和の変や応天門の変などの謀略を重ね、藤原北家の出世の道を拓いた。

人物を知る　藤原北家の繁栄を導いた藤原冬嗣

承和の変で暗躍した藤原良房。その父・藤原冬嗣は、藤原北家が繁栄する土台をつくった人物である。

平安時代初期は藤原式家が勢力を強めていた。そこで冬嗣は嵯峨天皇と組み、平城太上天皇と組む藤原式家を抑えることに成功（平城太上天皇の変、→P30）。

その後、冬嗣は嵯峨天皇のもとで左大臣まで出世し、娘を仁明天皇に嫁がせたのだ。以降、藤原北家は天皇家と姻戚関係を結ぶことで繁栄していく。

藤原北家の栄華の基礎をつくった藤原冬嗣。
国立公文書館蔵

その時世界は？　［843年／フランス］ヴェルダン条約でフランク王国が中部・東（のちのドイツ）・西（のちのフランス）の3つに分裂する。

政治　外交　社会　宗教
周縁　文化　武士　戦乱

藤原良房の摂政就任のきっかけは応天門の放火事件だった？

真相は藪の中？　応天門の変

866《貞観8》年閏3月の夜、**応天門**《おうてんもん》が何者かによって放火され、炎上するという事件が起きた。応天門は天皇が居住する大内裏にあり、**国政の中心地**で起こった放火事件は一大事であった。

最初に犯人の疑いをかけられたのは、左大臣・**源信**《みなもとのまこと》。事件直後、大納言《だいなごん》・**伴善男**《とものよしお》と右大臣・**藤原良相**《よしみ》の二人から告発を受けたからだ。源信は捕縛されたが、国政の事実上のトップを務める太政大臣の**藤原良房**（良相の兄）が異議を唱える。源信は無罪となったが事件は急展開。今度は告発した側の伴善男の息子が犯人として告発されたのだ。

伴善男の従者は厳しい取り調べを受け、伴善男とその息子が真犯人だと供述。彼らは源信を失脚させるため、嘘の告発をしたというのだ。伴善男親子は無実を訴えたが流罪となり、善男と仲が良かった良相も辞職した。

幼帝の陰で勢力を拡大する良房

この事件で漁夫の利を得た人物がいる。それは藤原良房だ。858《天安2》年、良房は外孫である**清和**《せいわ》**天皇**を即位させた。この時、清和天皇はわずか9歳。**幼帝**の誕生は史上初であった。そのため、天皇の政務は外祖父の良房によって代行された。

一方、真犯人とされた伴善男は、古代から続く名門貴族・**伴**（**大伴**）**氏**の生まれで、文人官僚として権勢を振るっており、良房にとっては邪魔な存在だった。また良相は良房の実の弟だが、良房とは不仲であったという。

良房は事件を通じて正式に**摂政**《せっしょう》（幼帝に代わり政治を行う役職）となり、ライバルを蹴落とすことにも成功。以降、藤原氏は代々天皇の摂政・関白《かんぱく》として政権を掌握していく。幼帝・清和天皇の出現以降、天皇は能力や資質をあまり問われなくなった。いわば**天皇の〝機関化〟**が進んだのだった。

POINT!

応天門の放火事件を機に、伴氏が失脚。政権を盤石化させた藤原良房は摂政となる。

用語　「大納言」

平安時代の役職の序列である「太政官制」の中で、太政大臣、左大臣、右大臣、内大臣に次ぐ役職。この下に中納言、参議がつく。伴善男はもともと学問に秀でた文人官僚であったのに加え、仁明天皇の信任を得て出世をとげ、大納言の地位まで上りつめた。

1200　1150　1100　1050　1000　950　900　★　850　800　750

応天門の変と藤原良房の権力拡大

応天門の変の結果、伴善男が放火犯として配流された。事件を解決させた良房は摂政の地位を得る。

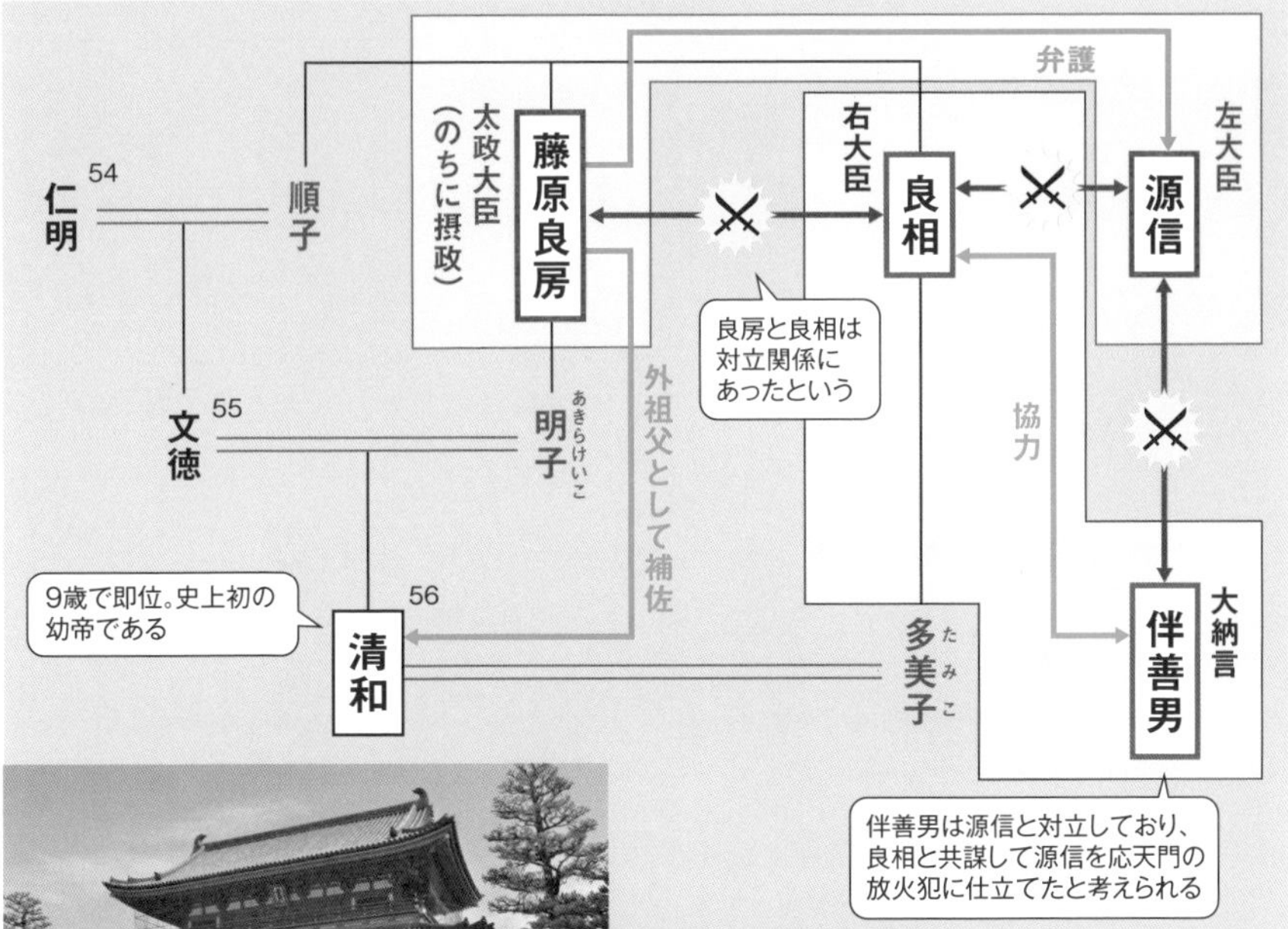

54
仁明
順子
太政大臣（のちに摂政）

伴善男は源信と対立しており、良相と共謀して源信を応天門の放火犯に仕立てたと考えられる

復元された応天門

炎上した応天門はすぐに再建されるも、たびたび炎上し、1177年以降再建されなくなった。現在は平安神宮に復元された応天門が建てられている。

京都市左京区

人物を知る 応天門の変の容疑者・伴善男

応天門の変は、かねてより伴氏を排斥したい藤原良房による陰謀とされてきた。しかし実際のところ、良房と伴善男は親しい関係にあった。例えば良房の家人が、伴善男のもとで伴氏に改姓したりしている。

そんな中で、伴善男は源信を蹴落とすために、応天門の変という大問題を起こした。良房もこれは見過ごせず、断罪したのではないかといわれている。もっとも、応天門は伴氏が代々守衛を任されてきた一族の象徴ともいえる門。善男が放火したとは考えにくい。

『伴大納言絵巻』（模本）に描かれた伴善男とされる人物。

豆知識 応天門の変後、首謀者とされた伴善男は伊豆へ流刑となり、藤原良相は辞職した翌年死去した。また源信も出仕しなくなり、その後の動向は不明である。

55
文徳
明子《あきらけいこ》
外祖父として補佐
56
清和
9歳で即位。史上初の幼帝である
良房と良相は対立関係にあったという
右大臣

多美子《たみこ》
弁護
左大臣

協力

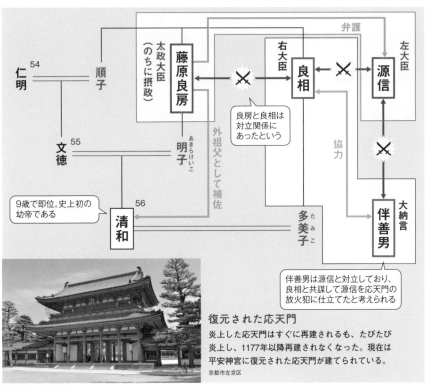

アート

伴大納言絵巻

絵巻に描かれた応天門の変の全容とは？

応天門の変をいきいきと描く

８６６年に起こった応天門の炎上とそれに伴う政変、応天門の変。これを絵画に落とし込んだのが、12世紀につくられた『伴大《ばんだい》納言《なごん》絵巻《えまき》』である。「伴大納言」とは応天門炎上事件の容疑者・伴善男を指す。上・中・下の全3巻で、門の炎上シーンに始まり、善男が屋敷で捕縛されるまでを描いている。

巻き上がる炎や、人々の驚きの表情などがいきいきと描かれる、絵巻の名品である。

応天門火災を見る人々

逃げ惑う人、大口を開けて唖然とする人、一人ひとりの表情が細かく描き込まれている。 出光美術館蔵

炎上する応天門

出光美術館蔵

国宝に指定されている『伴大納言絵巻』。その始まりは、放火された応天門が黒い煙を巻き上げ、大炎上しているシーンである。右側には火の粉が飛び散り、逃げ惑う人々が描かれている（本ページ右下）。この炎の表現は『平治物語絵詞』（→ P155）など、のちにつくられた多くの絵巻に採用された。

連行される大納言

（模本）

この絵巻は、真犯人の伴善男の邸宅に検非違使（京の治安維持部隊）が乗り込み、彼を連行するシーンで終わる。牛車の中にいるのが伴善男だ。このシーンには「われ大臣にならむとかまへけることの、かへりてつみせられけむ、いかにくやしかりけむ（私は大臣になろうと計画したのに、かえって罰せられた。なんと残念なことか）」という詞書（ことばがき）が添えられている。

東北の俘囚の反乱 元慶の乱はなぜ起きたのか？

政治 外交 社会 宗教
周縁 文化 武士 戦乱

苛政に反旗を翻した俘囚

東北地方の**蝦夷**《えみし》は、**坂上田村麻呂**《さかのうえのたむらまろ》らによる征討によって降伏させられ、朝廷は9世紀前半には東北地方の征服に成功する（→P28）。

しかし蝦夷は完全に屈したわけではなかった。878年《元慶2》、出羽国《でわ》（秋田県、山形県）の**俘囚**《ふしゅう》（**朝廷に帰順した蝦夷**）が蜂起し、**秋田城**《あきたじょう》などを焼き討ちにした。彼らが反乱を起こした背景には、この頃に続いた凶作に加え、秋田城司の**良岑近**《よしみねのちかし》による苛政があった。苦しめられたのは俘囚だけでなく、公民の3分の1までもが奥地に逃げ込んだほどの厳しい統治だったという。苛政に耐えかねた俘囚は、**秋田川（雄物川**《おものがわ》**）以北の独立**を要求した。

これに対し、朝廷は出羽国司に鎮圧を命じたが失敗。そこで朝廷は、良吏として名高い**藤原保則**《やすのり》を出羽権守に任じるが、俘囚は対立姿勢を崩さなかった。

俘囚に寄り添った保則と春風

陸奥国（青森県・岩手県・宮城県・福島県と秋田県の一部）から援軍を得た鎮圧軍は反撃を試みるも、俘囚の不意討ちで大敗。朝廷は**小野春風**《おののはるかぜ》を鎮守府将《ちんじゅふしょう》軍《ぐん》として派遣した。春風は幼い頃から父に従って陸奥国で暮らし、蝦夷の言葉にも通じた人物。単騎で反乱軍に入り、説得して回るという豪胆ぶりを見せた。

一方、保則は俘囚に食糧を支給するなどして懐柔策をとった。やがて一部の俘囚たちは**朝廷側に味方**するようになった。こうして硬軟とり混ぜた対応と、保則と春風による寛大な政策によって反乱はようやく終息した（**元慶**《がんぎょう》**の乱**）。

以降の東北の歴史は、平安時代末期までよくわかっていない。中央の貴族たちが地方政治に関心を持たなくなったことや、歴史書がつくられなかったことが理由である。

POINT!

878年、俘囚が秋田城を起点に反乱を起こす。朝廷は苦戦の末、俘囚の懐柔に成功した。

人物 藤原保則（825～895年）

藤原南家を出自とする公卿。飢饉に苦しむ備中・備前国（岡山県）の国司となり、善政をしいたことで「良吏」の評判を得た。元慶の乱では、秋田城司の非を認めて俘囚たちに降伏をうながした。その後は各地で国司を務め、その功績で宇多天皇に登用された。

1200 1150 1100 1050 1000 950 900 ★ 850 800 750

政治

東北で起きた大反乱・元慶の乱

一度は帰順したと思われた出羽の俘囚たちだったが、圧政に苦しみ再び朝廷に反乱を起こす。藤原保則や小野春風の懐柔策で、なんとか帰順させた。

秋田城

733年に設置された出羽国の政治の中心で、俘囚たちが秋田城を焼き討ちしたことが元慶の乱のきっかけ。10世紀後半には政治の中枢としての機能を失う　秋田県秋田市

小野春風（生没年不詳）
幼い頃から陸奥で暮らしていたため、蝦夷の言葉に精通。保則の言葉を訳し、蝦夷の説得に回った。
国立公文書館蔵

周縁

時代を読む

平安時代の北海道

平安時代の北海道は「渡島《わたりしま》」と呼ばれており、蝦夷が居住していた。朝廷とは朝貢、または交易を行う仲で、直接的な支配は受けていない地域だった。主な交易品は、クマやアシカ、アザラシの毛皮であった。また樺太とも交易を行っており、樺太で見られるものと同じアクセサリーの類が出土している。

元慶の乱の際は、藤原保則が渡島の蝦夷に対し、秋田の蝦夷と結託しないよう交渉したという。

その時世界は？　〔878年／イギリス〕イングランドのアルフレッド大王が、イングランドに襲来したデーン人を撃退する。

政治　周縁　外交　文化　社会　武士　宗教　戦乱

関白に就任した藤原基経を怒らせた阿衡の紛議とは？

最初の関白となった藤原基経

清和天皇が退位すると、その子・**陽成《ようぜい》天皇**が8歳で即位《876》。しかし成人した陽成は素行不良が目立ち、ついには近臣を殺害する事件を起こす。そこで摂政を務めていた太政大臣・**藤原基経《もとつね》**（良房の養子）は甥の陽成を退位させ、55歳の**光孝《こうこう》天皇**を即位させた《884》。光孝は血統的に即位できる立場ではなかったが、他の候補が辞退したことなどを理由に、基経が推挙したのである。即位後、光孝は基経に恩義を感じ、**天皇を補佐する役割**を任せた。これが成人後の天皇を支える役職「**関白《かんぱく》**」のルーツとされる。以降、藤原氏は摂政に加えて関白となって政権を握る**摂関政治《せっかんせいじ》**を始める。

なお、9世紀後半の日本では大きな災害が立て続けに起こっていた。光孝天皇の時、三十数カ国に及ぶ巨大地震が発生。巨大津波も起こり甚大な被害となった。

天皇より関白のほうが偉い？ 阿衡の紛議

続く**宇多《うだ》天皇**も、基経を関白に任じる勅書を出した。ところが勅書の中にあった「**阿衡《あこう》**」の文字が問題に。中国の古典では「阿衡」は実質的な職務を持たない職と聞いた**基経は職務放棄**してしまったのだ。政界は大混乱に陥り、宇多はやむなく勅書を撤回。天皇よりも関白のほうが強い権力を持つことを世間に知らしめる結果となった。この事件を**阿衡の紛議**《887》という。また、勅書の文章を書いたのは宇多の側近である**橘広相《たちばなのひろみ》**。彼は宇多の外戚だったため、事件を通して基経はライバルの排除に成功したのだった。

基経の死後、藤原氏を外戚としない宇多は、摂政・関白を置かない**親政《しんせい》を開始**（**寛平《かんぴょう》の治**）。機密文書を扱う**蔵人所《くろうどどころ》**を拡充し、その指揮下に宮中の警護にあたる**滝口《たきぐち》の武者《むしゃ》**を設置。蔵人頭（蔵人所のトップ）に学者・**菅原道真《すがわらのみちざね》**を抜擢した。

POINT！

藤原基経は光孝天皇を即位させ、関白に就任。阿衡の紛議で関白の権威を知らしめた。

用語　「阿衡」

中国・殷（いん）時代の宰相・伊尹（いいん）が任命された官職で、橘広相はこの故事になぞらえて関白を「阿衡」と表記したとされる。基経は学者・藤原佐世（すけよ）に「阿衡」の意味を聞き、「具体的な仕事がない閑職」と教えられた。

1200　1150　1100　1050　1000　950　900　★　850　800　750

物議をかもした「阿衡」の表記

藤原基経は光孝天皇を即位させた功績で関白に就任。しかし宇多天皇からは「阿衡」に任じられ、対立する。

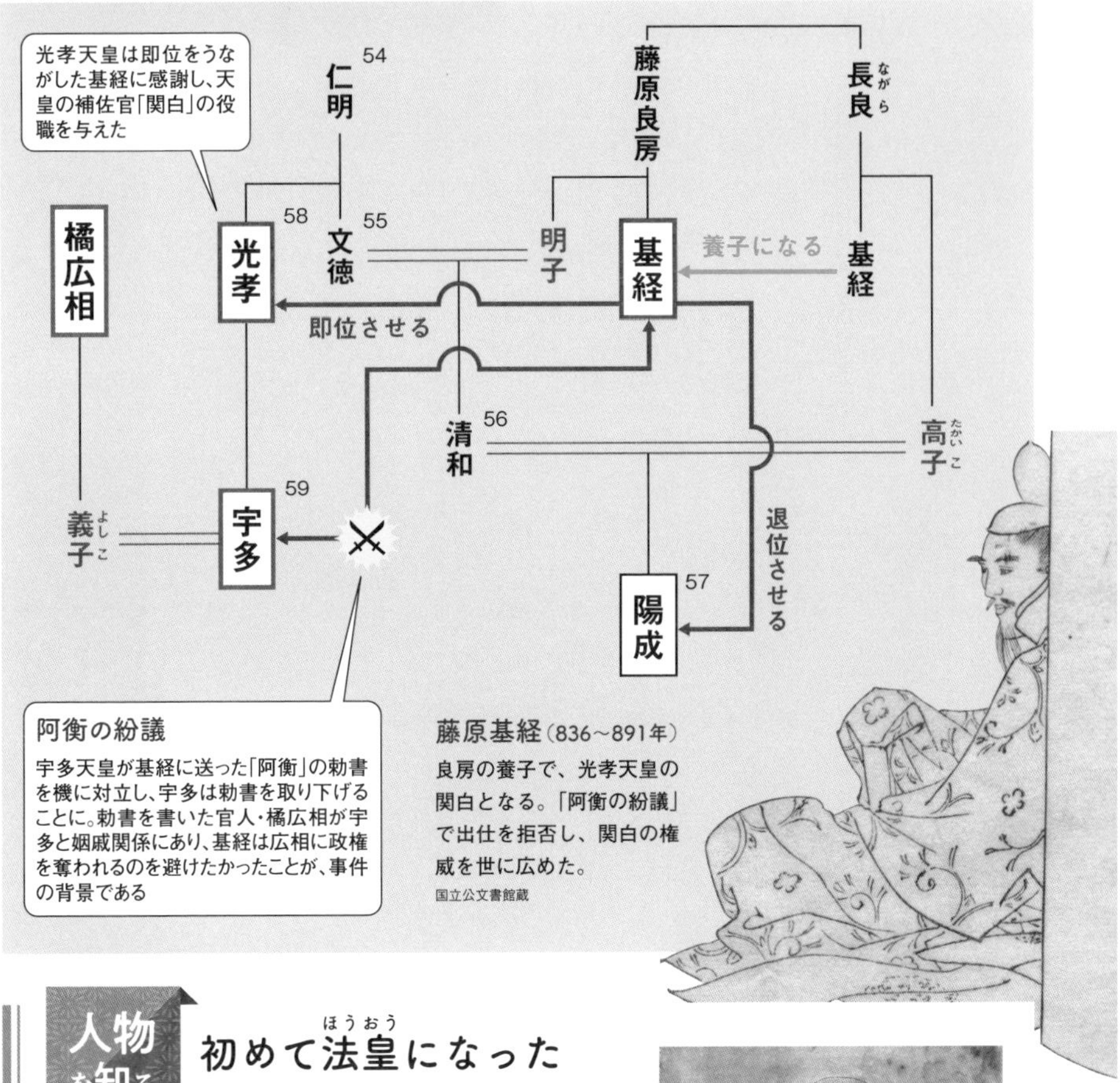

光孝天皇は即位をうながした基経に感謝し、天皇の補佐官「関白」の役職を与えた
54 仁明
藤原良房
長良《ながら》
58 光孝
55 文徳
明子
基経
養子になる
基経
橘広相
即位させる
56 清和
高子《たかいこ》
59 宇多
義子《よしこ》
退位させる
57 陽成
阿衡の紛議
宇多天皇が基経に送った「阿衡」の勅書を機に対立し、宇多は勅書を取り下げることに。勅書を書いた官人・橘広相が宇多と姻戚関係にあり、基経は広相に政権を奪われるのを避けたかったことが、事件の背景である

藤原基経(836~891年)
良房の養子で、光孝天皇の関白となる。「阿衡の紛議」で出仕を拒否し、関白の権威を世に広めた。
国立公文書館蔵

人物を知る 初めて法皇《ほうおう》になった宇多天皇

藤原基経の死後は摂政・関白を置かず「寛平の治」と呼ばれる親政を行った宇多天皇。じつは彼は史上初の法皇になった人物でもある。

法皇とは出家した太上天皇(上皇、譲位した天皇)のこと。宇多天皇は仏教に深く帰依し、897年に譲位したのちは仁和寺《にんなじ》(京都府)に移った。以降、1867年まで仁和寺の住職は皇室出身者が務めるようになった。

僧侶の装束を着た宇多法皇の肖像画。
東京大学史料編纂所所蔵模写

豆知識 9世紀後半の災害の例として、864年の富士山の噴火が挙げられる。この噴火で流れた溶岩流から植物が生え、青木ヶ原樹海が形成された。

宗教 社会 外交 政治
戦乱 武士 文化 周縁

遣唐使の中止を提言した菅原道真はどうして流刑となったのか？

POINT!

菅原道真は遣唐使の中止を提言。藤原時平の嫉妬を買い、陰謀によって大宰府へ流刑に。

約260年続いた遣唐使の廃止

遣唐使《けんとうし》（↓P32）も、平安時代になると2回しか派遣されなくなった。唐の政治制度や知識を学び終えていたこと、そして唐そのものが衰退を迎えていたことが理由だ。唐の最盛期は7~8世紀前半頃。しかし、平安時代前期にあたる9世紀後半から、**唐国内の反乱**により衰退していった。

ところがこうした背景の中、**宇多天皇**はおよそ60年ぶりの遣唐使派遣を命じた。〈894〉遣唐大使として白羽の矢が立ったのが、**菅原道真**。しかし、道真は「遣唐使を派遣するかどうか、もう一度検討を」と願い出た。その理由として、唐の衰退が著しいこと、航海が危険であることを指摘し、外交交渉を続ける必要はないと判断したのだ。進言の結果、遣唐使の派遣は中止。そのまま計画は再始動せず、**907年**《延喜7》**に唐も滅亡**したため、遣唐使は結果的に「廃止」ということになったのである。

異例の出世がもたらした不幸

宇多天皇は、**藤原基経**の嫡男・**藤原時平**《ときひら》が若輩であるうちに、藤原氏の介入を排除し天皇親政の基盤を固めようとした。その一環として、学者であった菅原道真を右腕として登用したのである。

宇多天皇は897年《寛平9》に**醍醐**《だいご》**天皇**へ譲位するが、その2年後、道真は右大臣に就任。時を同じくして時平も左大臣に就任した。藤原氏にとって、道真はまさに目の上のタンコブ。先の阿衡の紛議でも道真は藤原基経をいさめる意見書を出しており、藤原氏は道真へ強い警戒心を抱いていた。

そこで時平は「道真は自分の娘婿の**斉世親王**《ときよしんのう》を天皇にしようと画策している」と讒言《ざんげん》。その結果、道真は突如として**大宰府**《だざいふ》へ流されることになり、四人の息子も流罪になったのだった。〈901〉時平はすぐさま醍醐に妹・穏子《おんし》を嫁がせるが、道真の死から6年後に病死。〈909〉道真の祟りだとされた。

用語 「大宰府」

筑紫（つくし、福岡県）につくられた九州を管轄する地方行政機関。663年、唐・新羅連合軍に敗れた白村江（はくそんこう）の戦いを機に、九州防衛のために整備された。遣唐使の中止以降は対外貿易の管理を請け負った。

1200 1150 1100 1050 1000 950 900★ 850 800 750

菅原道真の左遷

宇多天皇は菅原道真を重用。藤原時平は藤原氏の復権のため道真を讒言で陥れる。

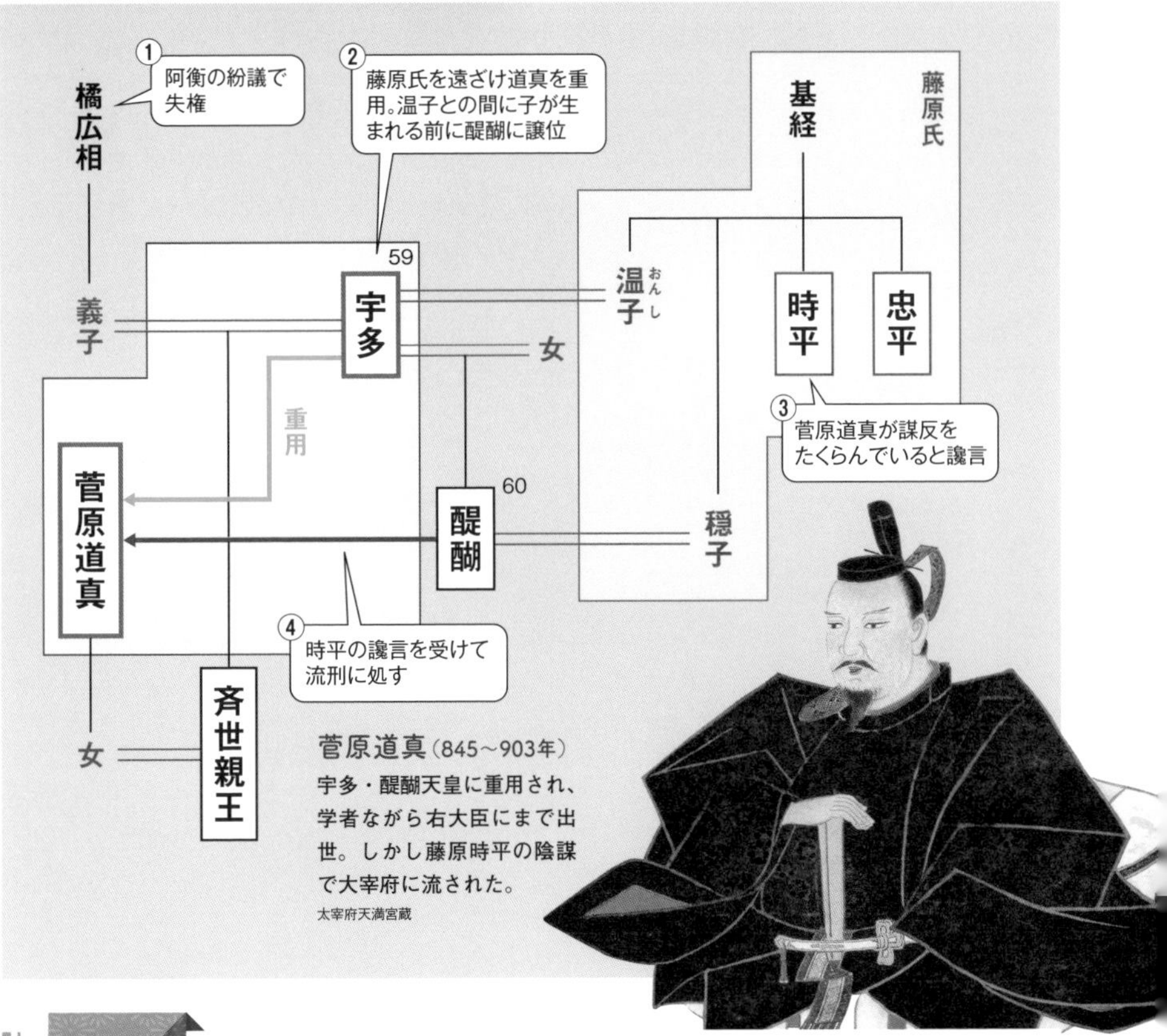

①阿衡の紛議で失権
②藤原氏を遠ざけ道真を重用。温子との間に子が生まれる前に醍醐に譲位
藤原氏
基経
橘広相
59
宇多
温子《おんし》
時平
忠平
義子
女
重用
③菅原道真が謀反をたくらんでいると讒言
菅原道真
60
醍醐
穏子
④時平の讒言を受けて流刑に処す
斉世親王
女

菅原道真（845〜903年）
宇多・醍醐天皇に重用され、学者ながら右大臣にまで出世。しかし藤原時平の陰謀で大宰府に流された。
太宰府天満宮蔵

人物を知る 道真を陥れた藤原時平とは？

時平は父・基経が35歳の時、待望の跡継ぎとして誕生。エリートとして順調に出世街道を上りつめた。政治的能力を高く評価された一方、派手好きで女性関係が問題になることも。

左大臣に任じられた当初、道真とは詩歌を交わす仲で、時平自身は道真の文才に敬意を表していた。道真を陥れる噂を流したのはライバルの時平というのが定説だが、近年では道真の異例の出世に反感を持った、多数の貴族による仕打ちだという見解がある。

『北野天神縁起絵巻』より
病床の藤原時平。
メトロポリタン美術館蔵

豆知識 時平の讒言を聞いた宇多法皇は、陰謀を止めるために醍醐天皇のもとへ裸足で駆けつけたという。しかし面会を拒否された。

平安人物伝

菅原道真《すがわらのみちざね》

生没年 845〜903年

身分 学者・公卿

波乱の生涯の末に「学問の神様」になった男

イラスト＝竹村ケイ

人物関係図

『北野天神縁起絵巻』
道真が天神になるまでを描いた絵巻。図は清涼殿に雷が落ちたシーンで、雲に乗っているのが雷神と化した道真である。
メトロポリタン美術館蔵

京を震え上がらせた怪異

菅原道真の出自は奈良時代より続く学者の家系。類《たぐい》まれな学才から宇多天皇に重用され、異例の出世をとげた。醍醐天皇の治世、ついには右大臣にまで上りつめる。

その一方で、中級貴族出身の道真の出世は周囲の嫉妬を買うことになった。栄華を極めたさなか、突然、あらぬ疑いをかけられて大宰府に左遷されてしまったのだ。道真は京に戻ることもかなわず、左遷から2年後、失意のうちに死去した。

京では道真の死後、異変が相次ぐようになる。道真を陥れた張本人とされる藤原時平が38歳で病死、時平に加担していた右大臣の源光《みなもとのひかる》が狩りの最中に事故死してしまう。

さらに、京には疫病が蔓延し、宮中では道真の怨霊の噂が取りざたされるようになった。

怨霊から学問の神となった道真

怪死は止まらず、醍醐天皇の周辺にも及び出した。皇太子・保明親王《やすあきらしんのう》が没したばかりか、代わって立太子した慶頼王《やすよりおう》（時平の外孫）までも没したのだ。醍醐天皇は道真の祟りを鎮めるため、贈位・復官などを行ったが後の祭り。ついに清涼殿《せいりょうでん》に突如雷が落ち、朝廷の要人の多くが死亡した。宮中は逃げ惑う人々で大混乱となり、体調を崩した醍醐天皇は譲位後まもなく没してしまった。

恨みを抱えて死んだ道真公は雷神となって天罰を下したのだ——と、人々に恐れられた道真は10世紀半ば、その霊魂を慰めるため北野天満《きたのてんまん》宮《ぐう》（京都府）に「天神《てんじん》」として祀られた。のちに道真は、その学才から、学問の神としての性格を帯びていき、今では受験生に親しまれる神様となったのである。

日本独自の文字、平がなと片かなはどのように生まれた？

革命的な「かな文字」の発明

9世紀後半から10世紀になると、それまで取り入れてきた唐の文化を吸収・消化して、日本の風土に合った**国風**《こくふう》**文化**が生まれるようになった。その象徴といえるのが「**かな文字**」の発達だ。

日本ではもともと中国から伝来した漢字を使用していた。しかし、そのままでは日本語の音韻を表すことはできない。そのため奈良時代には漢字の音や訓を用いて一字一音で表記し、その連続によって日本語を表す「**万葉仮名**《まんようがな》」が誕生した。

やがて、万葉仮名を崩すようになり（**草書体**《そうしょたい》）、さらに草書体を簡略化した「**平がな**」、漢字の一部分をとった「**片かな**」が9世紀頃から使われ始めるようになった。9世紀後半には、こうした日本独自の表音文字が広く使われるようになり、感情や感覚を日本語でいきいきと伝えられるようになったのだ。

日本独自のスタイルの書が完成

書道においても国風化が見られるようになる。書道ももとは中国で発達したもので、日本には筆や紙などとともに飛鳥時代頃に伝えられた。貴族には不可欠な教養で、平安時代初期には**嵯峨**《さが》**天皇**・**空海**《くうかい》・**橘逸勢**《たちばなのはやなり》の「**三筆**《さんぴつ》」が優れた書家として名を馳せた。なかでも空海と逸勢は唐に渡り、唐で流行していた書風を学んで日本に持ち帰った。彼らは唐の書風をベースに、独自の書法を築き、日本風に発展させた。

唐風の書は10世紀頃に変化を迎える。かな文字が広く使われるようになったことで、**和歌**《わか》の流行とあわせて**和様**《わよう》の書が生まれたのだ。和様の特徴は優美な曲線。かな文字と漢字を組み合わせて、漢字にも曲線的な柔らかさが備わるようになった。**小野道風**《おののみちかぜ》・**藤原佐理**《すけまさ》・**藤原行成**《ゆきなり》の「**三跡**《さんせき》」が活躍したことで、和様は完成したのだった。

人物 小野道風（894～966年）

三跡の一人。道風は書道を諦めかけた際に、柳の枝に飛び移ろうと飛び跳ねるカエルを見つける。道風は「自分はこのカエルほど努力していない」と思い、再び書の道を進むことにした。この逸話が江戸時代に広まり、柳と道風の組み合わせは花札の絵柄となった。

POINT！

9～10世紀頃、日本独自の平がな・片かなの形が定まる。また和様の書も発展した。

かな文字の成立

日本語の発音を表現するために、漢字をもとにした「平がな」と「片かな」が成立。文学や書の歴史に大きな影響を与えた。

平がなの成立

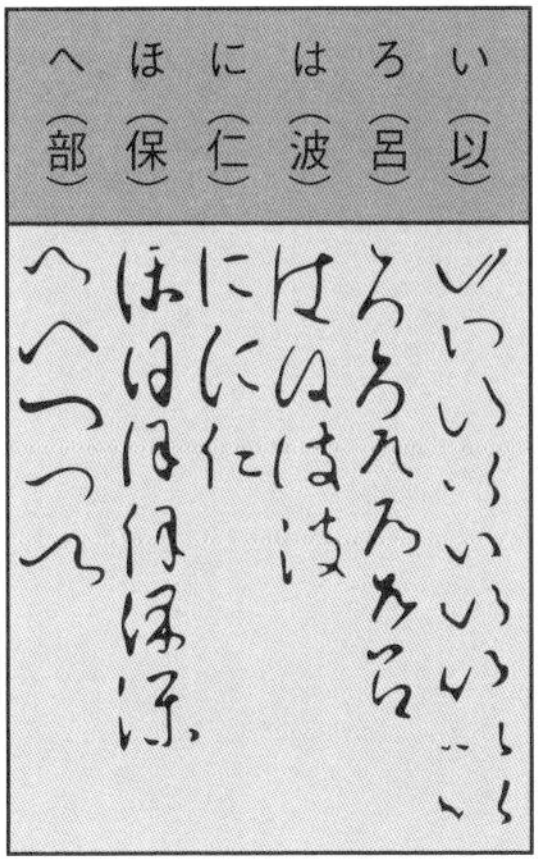

片かなの成立

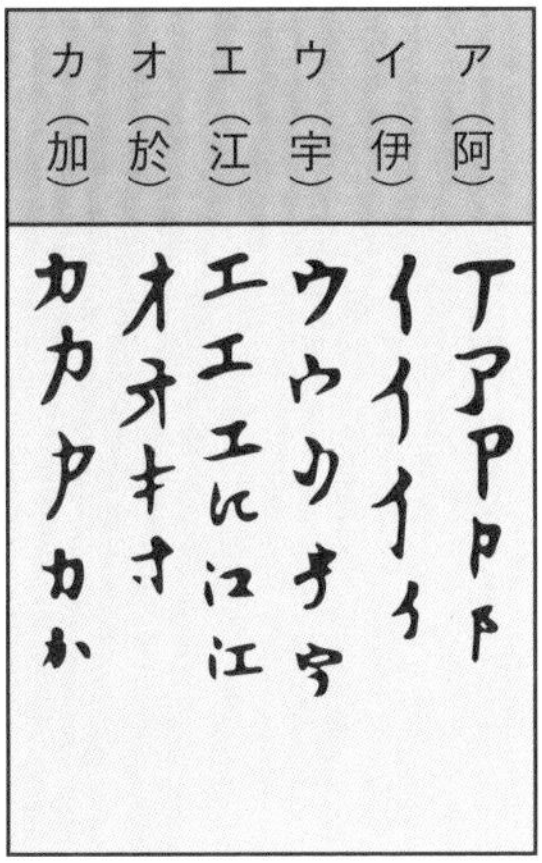

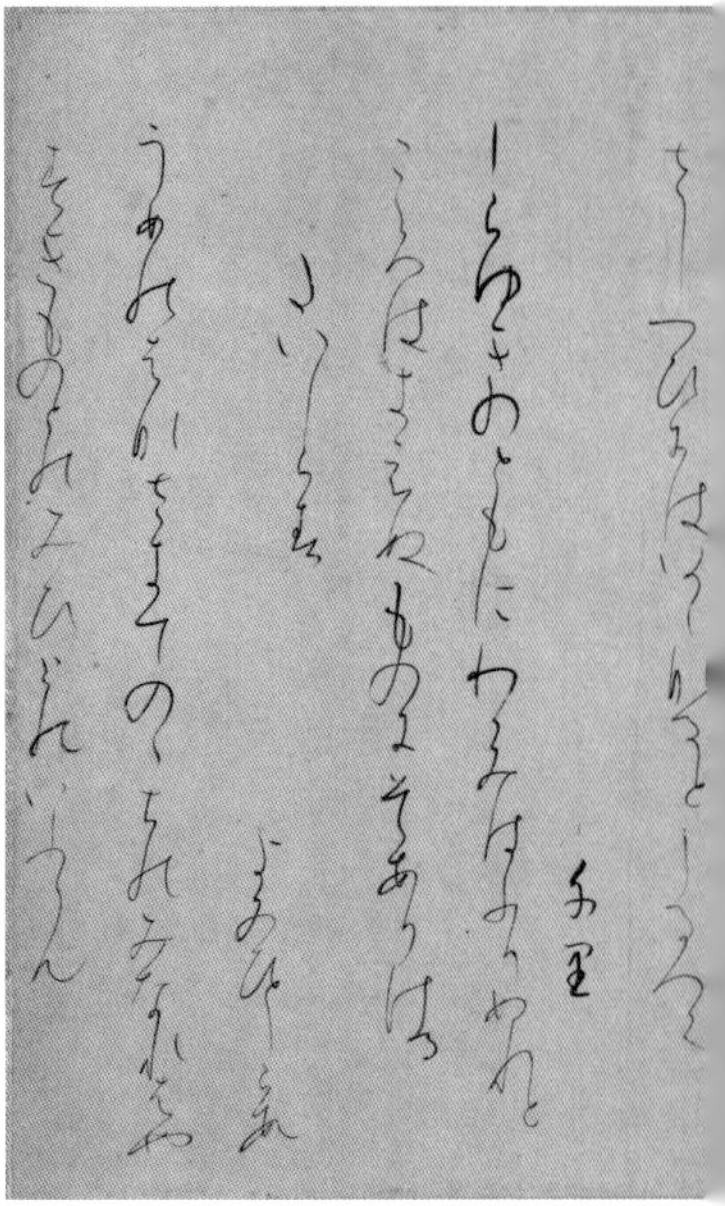

『古今和歌集《こきんわかしゅう》』の断簡

平安時代の和歌集『古今和歌集』の最も古い写本で、「高野切（こうやぎれ）」と呼ばれるもの。「の」など平がなが使われているのがよくわかる。

東京国立博物館蔵／ColBase

三筆と三跡

平安時代前期には三筆、中期には三跡と呼ばれる優れた書家が現れた。

三筆		三跡
9世紀	活躍時期	10〜11世紀
唐の流行を反映	特　　徴	かな文字にも対応した 優美な書風
嵯峨天皇・空海・橘逸勢	人　　物	小野道風・藤原佐理・藤原行成

文化

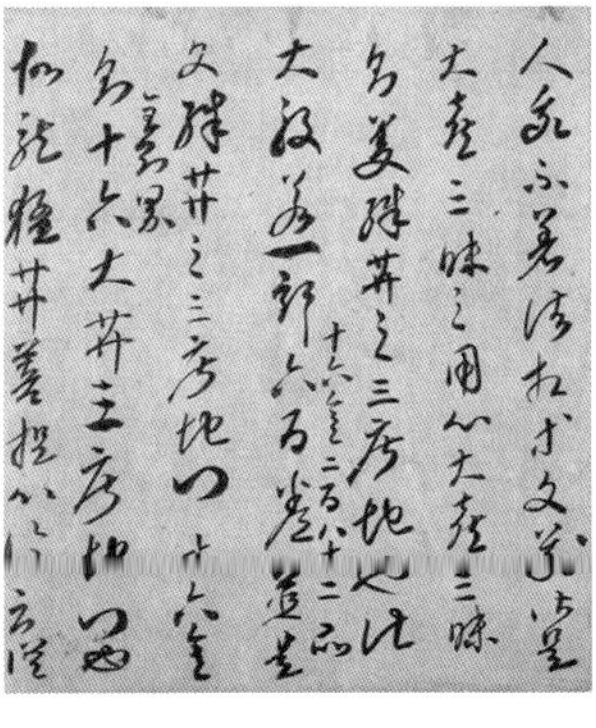

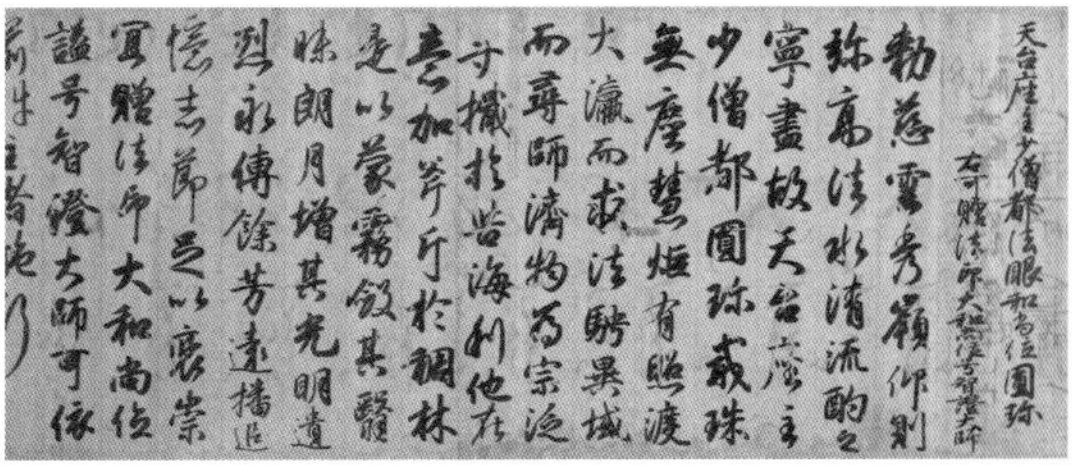

空海筆『金剛般若経開題残巻《こんごうはんにゃきょうかいだいざんかん》』

奈良国立博物館蔵／ColBase

小野道風筆
『円珍《えんちん》諡《し》号勅書等《ごうちょくしょとう》』

東京国立博物館蔵／ColBase

豆知識　橘逸勢は遣唐使として唐に渡り、帰国後官人として出世した。しかし藤原良房の陰謀事件・承和の変に巻き込まれ流刑となる。死後、怨霊になったともいわれる。

政治　外交　社会　宗教
周縁　文化　武士　戦乱

かな文字の発展や遣唐使停止で和歌が貴族の出世ツールとなった？

POINT！

かな文字の発展や遣唐使廃止によって和歌が発展。貴族にとって必須の教養となった。

和歌の先駆者となった六歌仙

9世紀後半頃には広く使われるようになった**「かな文字」**は、和歌の隆盛をもたらした。もともと和歌は、中国の漢詩に対し「日本でよまれた歌（やまとうた）」を意味する。奈良時代には**万葉仮名**（音や訓を漢字で表記）を使った最古の歌集**『万葉集《まんようしゅう》』**が編まれたが、公的な場で使われるのは**漢文**。宮廷では男性が漢詩文を競って学び、和歌は恋文など私的な場で生き続けていた。

しかし、かな文字の普及で和歌は脚光を浴び始める。平安前期には**在原業平《ありわらのなりひら》**や**小野小町《おののこまち》**ら**「六歌《ろっか》仙《せん》」**と呼ばれる六人の歌人が活躍。さらに894《寛平6》年の遣唐使中止を機に**国風（日本風）文化の地位が向上**。10世紀初頭には、**紀貫之《きのつらゆき》**によって最初の**勅撰《ちょくせん》和歌集**（天皇や上皇の命で編纂された和歌集）である**『古今和歌集《こきんわかしゅう》』**が成立した。以降、和歌は漢詩文と並ぶ宮廷文学として地位を獲得した。

ラブレターから出世の道具へ

和歌は五音と七音を基調とした詩で、平安時代以降は主に**短歌**（「五・七・五・七・七」の31文字）を指すようになった。この短い文章の中に、表現を豊かにし、言葉を効果的に使うための**「修辞法《しゅうじほう》」**という技法をこらす。修辞法には、一つの音（言葉）に二つ以上の意味を持たせる**「掛詞《かけことば》」**や、ある特定の語句を導き出すための飾り言葉である**「枕詞《まくらことば》」**など、10もの技巧がある。

やがて、宮廷では盛んに**歌合《うたあわせ》**（チームに分かれて和歌の優劣を競う遊び）が開催されるようになった。貴族にとって和歌が必須の教養となったのだ。貴族は古歌の教養や上手な歌を披露するだけでなく、とっさに和歌を返すことのできる臨機応変さも評価された。宮廷作法に不可欠となった和歌は、宮廷の中で出世していくために必要なツールとなったのだ。

用語　「六歌仙」

『古今和歌集』の序文「仮名序（かなじょ）」に名を記載された僧正遍昭（そうじょうへんじょう）、在原業平、喜撰法師（きせんほうし）、文屋康秀（ふんやのやすひで）、小野小町、大友黒主（おおとものくろぬし）の六人の優れた歌人たち。

1200　1150　1100　1050　1000　950　900　850　800　750

和歌の発展

和歌は六歌仙ら歌人の活躍や和歌集の編纂によって貴族の教養の一つとなった。

小野小町（生没年不詳）
平安時代前期に活躍した歌人。恋の歌を得意とし、『古今和歌集』には18首の和歌が掲載されている。
東京国立博物館蔵／ColBase

花の色は うつりにけりな いたづらに
わが身世にふる ながめせし間に
「降る長雨」「経（ふ）る眺め（＝物思い）」の掛詞

（口語訳）
花の色がすっかりあせてしまった。長い雨が降っている間に
そして、私の容姿もおとろえてしまった。物思いにふけっている間に

紀貫之（？～945年）
醍醐天皇の勅命で『古今和歌集』を編纂。その序文である「仮名序」には、漢詩文に対し和歌を盛り上げようという貫之の意志が書かれている。
東京国立博物館蔵／ColBase

やまと歌は、人の心をたねとして、
よろづの言の葉とぞなれりける
（「仮名序」より引用）

（口語訳）
和歌は人の感情を根幹に、さまざまな言葉の表現となっているものだ

人物を知る 平安時代を代表するプレイボーイ歌人・在原業平

平安時代の美男子代表で、恋に生きたプレイボーイといえば在原業平。伊勢神宮に仕える皇女との恋など、タブーとされる相手との悲恋が有名で、『伊《い》勢《せ》物語《ものがたり》』の主人公「昔《むかし》男《おとこ》」のモデルとされる。

六歌仙の一人に選ばれた業平の和歌には、数多の女性との情熱的な恋の様子が残されている。和歌を通して心を通わせ合う恋愛は風流なものと捉えられていた当時、恋に生きる業平はまさに風流を体現する人物だった。一方で、皇族（平城天皇の孫）に生まれながらも不遇だった。その身の上が風流に明け暮れた一因ともされる。

江戸時代の画家・俵屋宗達が描いた在原業平。
東京国立博物館蔵／ColBase

豆知識 小野小町は美女としても有名で、後世、彼女をテーマにした絵画作品や御伽草紙、「小町物」と呼ばれる能や歌舞伎の演目がつくられた。

政治　外交　社会　宗教
周縁　文化　武士　戦乱

強い権力を持った地方行政官受領はどのように生まれたのか？

国家体制の転換期に直面

10世紀前半から半ばにかけて、**醍醐天皇**と**村上《むらかみ》天皇**は摂政・関白をほとんど置かず、**親政**を行った。これを**延喜《えんぎ》・天暦《てんりゃく》の治**という。**『古今和歌集』**の編纂など、政治面だけでなく文化面でも活気がみられ、のちに「聖代《せいだい》」として讃えられた。

その反面、これまでの土地・徴税制度が崩壊し、国家体制の転換を迫られた時代でもあった。この頃の徴税制度は、**班田収授法《はんでんしゅうじゅのほう》**（戸籍をもとに口分田《くぶんでん》を農民に貸し与え、収穫物の一部を税として納めさせる制度）がとられていた。しかし浮浪・逃亡する者や、偽籍をつくる者が現れ、戸籍はめちゃくちゃに。さらにその農民を使役し、私有地（初期荘園《しょきしょうえん》、→P108）の拡大をねらう寺院や上級貴族も現れた。

そこで醍醐天皇は違法な土地所有を禁じ《902》（**延喜の荘園整理令《しょうえんせいりれい》**）、班田収授法の再建を目指したが、あまり効果はなかった。

貪欲な国司・受領の登場

こうした事態を受け、朝廷は国司のトップに、一定額の税を納入すれば**大きな権限を許す**ようにした。赴任先の任国で権力を持った国司は、やがて「**受領《ずりょう》**」と呼ばれるようになる。

受領は、徴収した税のうち朝廷への上納分を除いたものを収入とした。つまり、増税すればするほど自分の収入を増やすことができたのだ。受領は中央政府での昇進が望めない**中・下級貴族**にとって魅力的な役職となり、その地位を得るために**成功《じょうごう》**（いわゆる賄賂）が行われた。

受領の中には強欲な者もいて、**郡司《ぐんじ》**（国司の下につく役職）や農民から暴政を訴えられた例もあった。『今昔物語集《こんじゃくものがたりしゅう》』では、信濃《しなの》国（長野県）の藤原陳忠《のぶただ》という受領が谷へ転落した際に「受領は倒るるところに土をつかめ（受領は倒れてもただでは起きない）」と語ったと、受領の貪欲さを紹介している。

用語　「国司」

律令制度における地方行政官で、朝廷への報告なども行う。上から守（かみ）・介（すけ）・掾（じょう）・目（さかん）の四つの位があり、「受領」となった者の多くは守である。受領は国司と異なり朝廷への報告義務などもなくなり、各国で自治を行えた。

POINT!

醍醐・村上天皇が活躍した頃、国司（受領）に権力を与え徴税の円滑化を図った。

1200　1150　1100　1050　1000　950　900　850　800　750

延喜・天暦の治の背景

醍醐・村上天皇は摂政・関白を置かず親政を行う。二人の間に即位した朱雀（すざく）天皇は藤原忠平（ただひら）を摂政・関白とした。

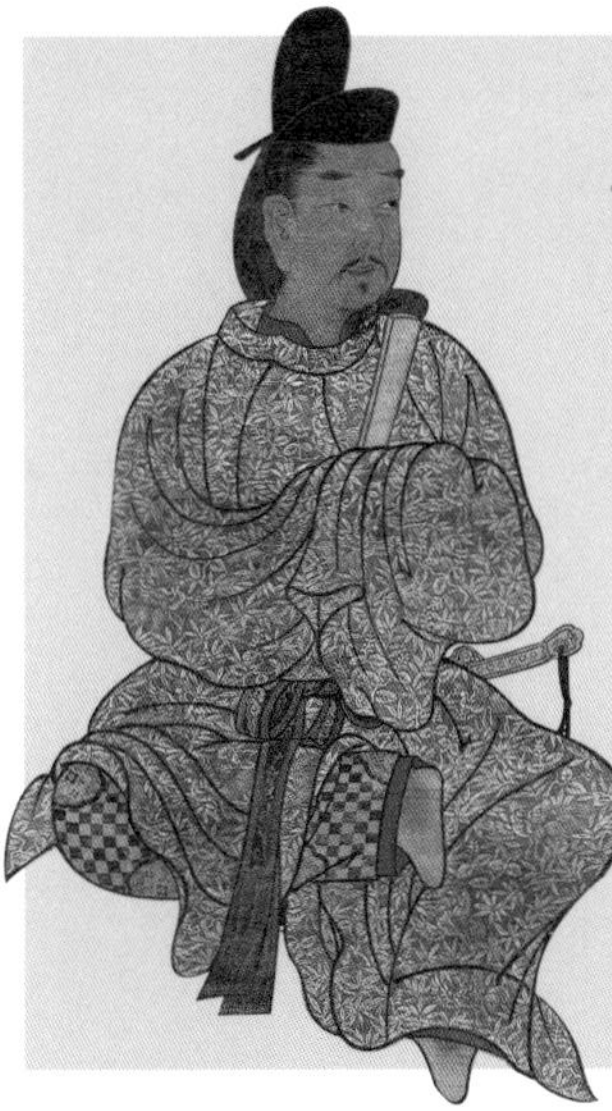

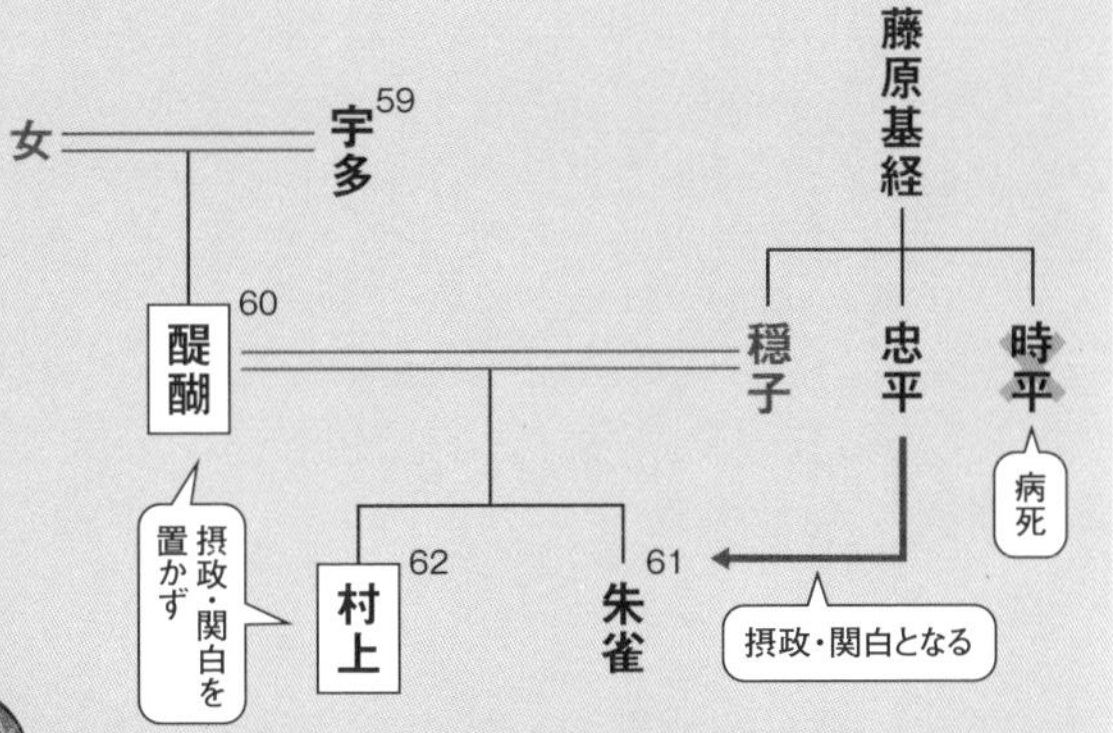

醍醐天皇（885～930年）
荘園整理令の発令や、『古今和歌集』編纂の勅命など、政治・文化両方面で積極的に活動した。
醍醐寺蔵

受領の登場

9世紀末～10世紀前半頃、これまでの徴税制度の見直しが行われ、国司のトップの権限が強まった。彼らを「受領」と呼ぶ。

律令制度の徴税の仕組み

朝廷は戸籍をもとに農民に口分田を貸し与え、収穫物の一部を納税させる。徴税は地元の豪族である郡司が担当。中央と地方をつなぐ立場として、中央から国司が派遣された。

しかし…　↓

生活苦から、逃亡や性別を偽る偽籍（女子のほうが負担が少ないため）などが横行し、口分田が正しく配られなくなっていく。さらに国司や郡司の職務怠慢や横領が起こり、朝廷にきちんと納税されなくなっていった。あわせて、寺院や上級貴族が私有地を拡大するために農民を抱え込むようになった。

そこで…　↓

受領の登場

朝廷は任国に赴任する国司のトップに地方の大きな権限と責任を与え、厳しく徴税させた。これを受領という。税の余剰は受領の収入となったため、受領は郡司や有力農民を使役して蓄財。出世を見込めない中・下級貴族の憧れの役職となった。

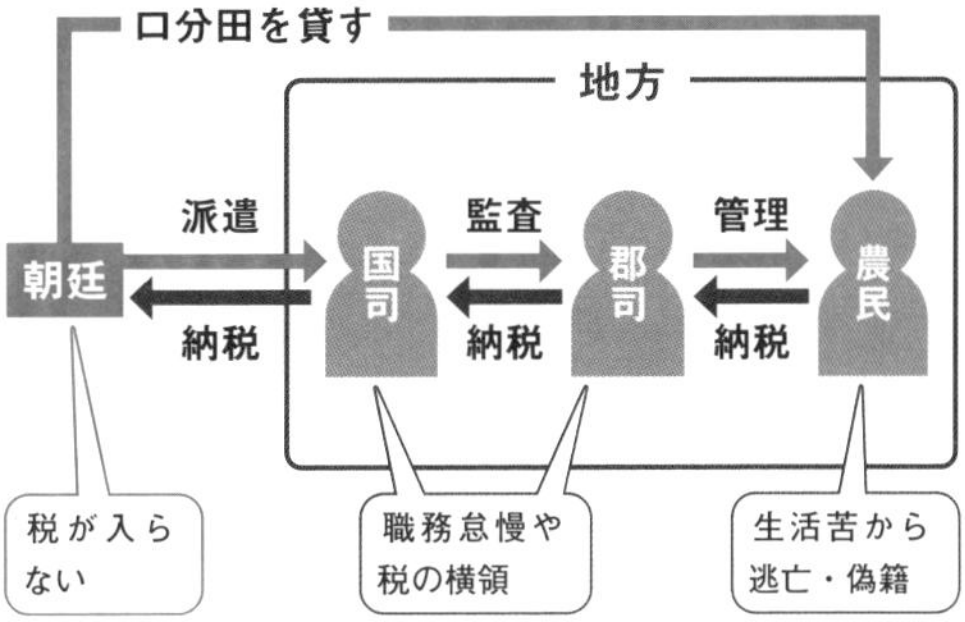

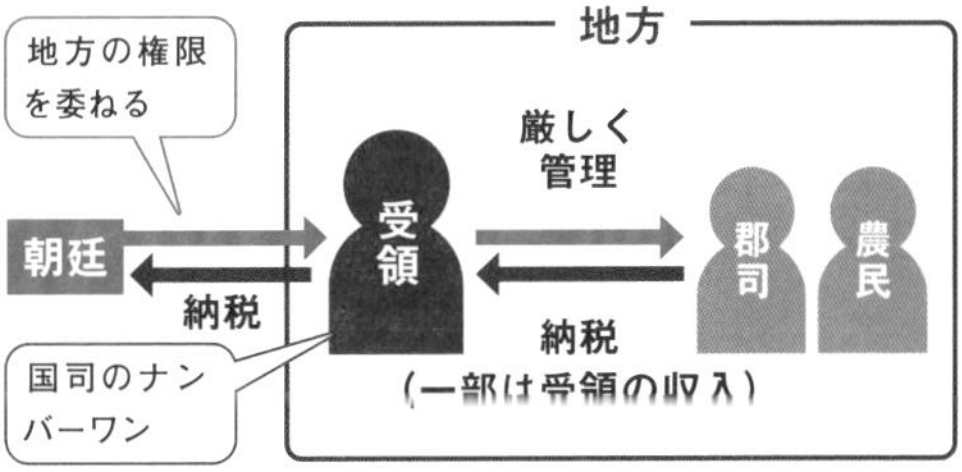

その時世界は?　［907年／中国］朱全忠（しゅぜんちゅう）が唐を滅ぼし、後梁（こうりょう）を建国。五代十国時代の始まりである。

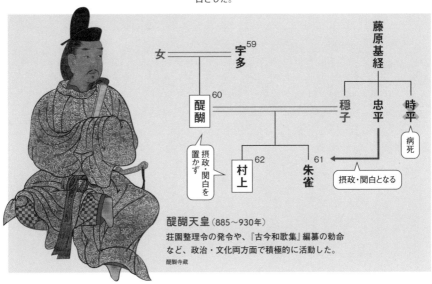

政治 外交 社会 宗教
周縁 文化 武士 戦乱

源氏や平氏といった武士団はどのように誕生したのか？

中央から「武士」を派遣

任国で強い権力を持った**国司**（**受領**）だが、国司は交代制であり、4年経つと新任者に財を引き継ぎ、京に帰る必要があった。すると、そのまま地方に根ざす国司が現れた。さらにこの国司の子孫や地方豪族たちが**勢力を維持・拡大するために武装**。各地で紛争が起きるようになった。

この鎮圧のために朝廷から派遣されたのが、**武芸に秀でた中・下級貴族**だ。彼らは**押領使**《おうりょうし》**・追捕**《ついぶ》**使**《し》という役職を任命され地方へ下向、反乱鎮圧や犯人逮捕に努めた。その中には、任務完了後もそのまま現地に残る者が現れた。

彼らは有力農民と結び所領を確保。さらに一族や従者を率いて抗争を繰り返し、国司にも反抗する有力な**武士**（**兵**《つわもの》）となった。ちなみに武士とは、本来は武芸をもって朝廷に仕えた武官を指すが、のちに地方の武装集団も指すようになる。

桓武平氏と清和源氏が台頭

武士たちは連合し、地方では国司の子孫などを中心に大きな**武士団**が形成された。通常の武士団の構成は、まず**棟梁**《とうりょう》（リーダー）である**主人**をトップに置く。武力集団をまとめる旗印として、天皇や貴族の子孫が棟梁に選ばれた。さらに一族の血縁者である**家子**《いえのこ》や従者の**郎等**《ろうとう》、その部下の**下人**《げにん》**・所従**《しょじゅう》によって構成された。

武士団の中でも特に有力になったのが、9世紀前半に**天慶**《てんぎょう》**の乱**（→P72）の鎮圧に奔走した**桓武**《かんむ》**平氏**《へいし》と**清和源氏**《せいわげんじ》だ。平氏は桓武天皇のひ孫・**平**《たいらの》**高望**《たかもち》を祖先とし、本拠地を東国とした。源氏は清和天皇の孫・**源**《みなもとの》**経基**《つねもと》を祖先とし、本拠地を畿内とした。

また、関東地方に有力な武士団が集中したのは、良馬の産地だったため機動力のある武士団の成長が著しかったからだ。

POINT!

地方の治安の乱れから、武士が各地に派遣されるようになる。のちに武士団が形成される。

用語　「平氏・源氏」

武芸者に与えられた姓。「平」は平安京が由来とされる。「源」は中国・北魏の皇帝が、隣国の礼儀正しい南梁王子・禿髪破羌（とくはつはきょう）に「源」の姓を与えたエピソードが由来とされている。

1200　1150　1100　1050　1000　950　900　850　800　750

武士団が生まれるまで

各地で紛争が起こると、朝廷から武芸に通じた中・下級貴族を派遣。彼らを中心に武士団が形成されていった。

	中央		地方
8世紀	**武芸の発展** 俘囚（朝廷に帰順した蝦夷）から騎馬戦などの戦術を学ぶ ➡武芸へと発展		**蕨手刀《わらびてとう》** 俘囚が使用していた反りのある刀。反りがあると馬の上からの攻撃でも力が強まる 東京国立博物館蔵／ColBase 
9世紀	皇族・貴族の中で武芸達者が現れる ➡「源」「平」「藤原」などの姓をもらう	下向 ➡	押領使・追捕使として下向し、治安維持に努める （例）天慶の乱
10世紀	地方での功績が認められ、朝廷・有力貴族に仕えるようになる	⬅ 帰京	武装した有力農民と結びつき地方に所領を持つ者も現れる ＝武士 ⬇ **武士団の発生**

武士団の構造

棟梁と呼ばれる主人（リーダー）を頂点に、武士団が形成された。基本的には一族単位で結束したが、一族の人物以外に地元の有力農民なども参加した。

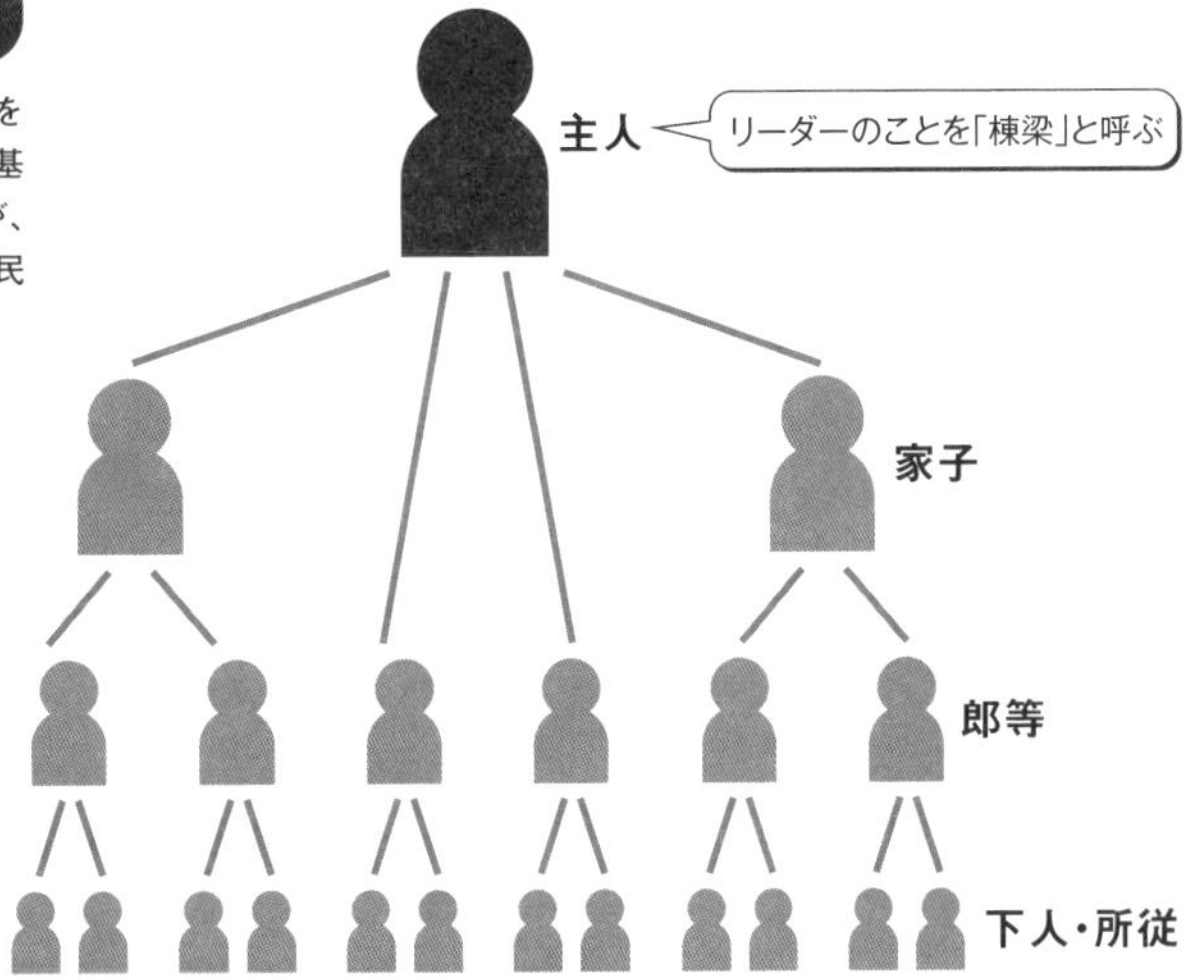

豆知識 棟梁とは、もともと建築物の重要なパーツである棟（屋根の頂点）と梁（はり）が由来。大工の親方を「棟梁」と呼ぶのはその名残である。

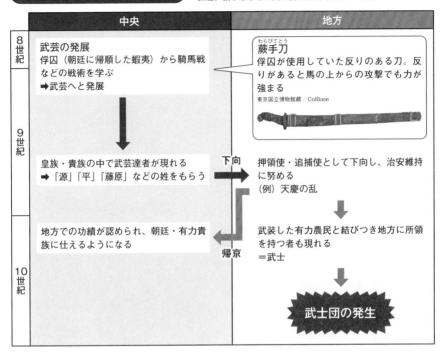

政治　外交　社会　宗教
周縁　文化　武士　戦乱

平将門と藤原純友の反乱が武士の出世を招いた？

新皇となり独立宣言した将門

939年《天慶2》、**平将門**《たいらのまさかど》が下総国《しもうさ》（千葉県）で反乱を起こした。きっかけは、将門の父の遺領をめぐり、伯父・**平国香**《くにか》らと対立したこと。将門は土地を奪還するため戦いを挑み、ついに国香を討ち取って領地を取り戻した。〈935〉しかし、この行動は朝廷に訴えられ、将門は京に召還されることに。ところが**朱雀天皇**の元服に際した恩赦で罪を問われず、その武名は逆に天下に轟《とどろ》くこととなった。

以来、関東武士の信奉を集め、将門のもとには朝廷に追われた豪族が庇護を求めて集まってきた。そこで将門は朝廷と対峙することを決意。朝廷の役所を次々と襲い、関東一円の支配に成功すると、「**新皇**《しんのう》」と名乗り、独立を宣言したのだった。

しかし翌年、朝廷の命を受けた**平貞盛**《さだもり》や**藤原秀郷**《ひでさと》らによって将門は討たれ、乱は終息。平貞盛は、将門によって殺された平国香の息子だった。

武士が朝廷を揺るがす存在に

一方、時を同じくして瀬戸内海では**藤原純友**《すみとも》が暴れていた。純友はもと伊予国《いよ》（愛媛県）の国司で、海賊討伐で功をあげた。しかしその恩賞への不満から、逆に海賊を率いて反乱。瀬戸内海沿岸を次々と襲い、大宰府を占領するほどの勢いをみせた。しかし、朝廷の命を受けた**小野好古**《おののよしふる》や**源経基**によって鎮圧された。東西同時に起こった未曽有の兵乱を「**天慶の乱**」と呼ぶ。

天慶の乱は、武士の台頭を決定づける事件となった。朝廷に反抗したのも武士ならば、それを鎮圧したのも武士。朝廷は武士の力を認めざるを得なくなったのだ。

天慶の乱の平定をきっかけに、源平両氏を中心とした**兵の家**《つわもの》（**軍事貴族**）が成立し、貴族たちは彼らを**侍**《さむらい》として奉仕させて、身辺警護や都の警備にあたらせたのだった。

POINT!

関東で平将門が、西国で藤原純友が反乱。武士が鎮圧し、武士の出世のきっかけになる。

人物　源経基（経基王、？～961年）

清和天皇の孫で、源の姓を与えられ武人として活躍した。938年に武蔵国（埼玉・東京など）の国司となり、平将門の謀反を朝廷に密告。反乱の鎮圧にあたった。将門の乱の鎮圧後は、藤原純友の乱の鎮圧にも駆けつけている。

1200　1150　1100　1050　1000　950　★　900　850　800　750

東西で起こった武士の反乱

東で平将門が、西で藤原純友が大規模な反乱を起こす。この鎮圧にあたった源氏・平氏は、これをきっかけに朝廷に重用されることとなる。

藤原純友（？～941年）

瀬戸内海の海賊を率いて反乱を起こした伊予国司。かつて拠点としていた伊予国府のほか、九州統治の拠点・大宰府を攻め落とす。

人物を知る　平将門を討伐した藤原秀郷の伝説

平将門の乱を鎮圧した藤原秀郷。彼は「俵藤太《たわらのとうた》」の別名で様々な伝説が語られた。有名なのが『御伽草子《おとぎぞうし》』に書かれた近江国（滋賀県）の大ムカデ退治だ。

藤太が瀬田の唐橋《からはし》の上に横たわる大蛇を踏みつけると、大蛇はその勇敢さを見込んで、「一族を苦しめる大ムカデを退治してほしい」と依頼する。藤太はさっそくムカデ退治に向かい、神仏に祈りを捧げながら矢を射ると、見事ムカデの眉間に命中。すると藤太の前に龍神が現れ、彼に金の太刀や鎧、釣鐘を授けた。大蛇の正体は、琵琶湖を守る龍神だったのだ。

大ムカデと対峙する「俵藤太」こと藤原秀郷。

東京都立中央図書館特別文庫室蔵

豆知識　藤原純友の乱鎮圧にあたった武士・小野好古は、能書家で知られる小野道風（→P64）の兄。歌人としても才能があった。

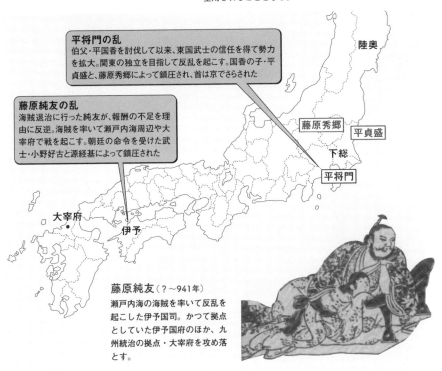

平安人物伝

平《たいらの》将《まさ》門《かど》

生没年　?～940年

身分　武士

「新皇」を名乗り討伐されるも神となった猛将

イラスト＝竹村ケイ

国立公文書館蔵

東京都千代田区

さらされた将門の首と将門塚

将門の首は空を飛んで関東に帰ってきたという。また、首が落ちた場所には将門塚が建てられ、現在も丁重に祀られている。

血で血を洗う一族間の戦いに勝利

朝廷に対し武士による初めての反乱を起こした平将門は、桓武天皇のひ孫で、桓武平氏の祖である平高望の孫にあたる。若い頃に上京して藤原忠平に仕えたが、希望の職につけずに帰国。ところが故郷に戻ってみると、父の遺領は伯父の平国香らに奪われていた。

領地を取り戻し一族間の争いに勝利した将門は、関東最強の豪族の名声を得た。将門は巧みな騎馬戦術を展開したといわれ、これに対応できる者はいなかったという。

将門は、国司に反抗する豪族を助けたことで朝廷の敵に。常陸国府（茨城県）を焼き払い、自らを「新皇」と称した。関東一円を制圧した将門の目指すところは、関東の独立。朝廷の重税に苦しんでいた庶民は、喜んで将門に協力したともいう。

怨霊・平将門は庶民の味方？

しかし、将門は従兄弟・平貞盛らに討ち取られ、首は京の七条河原にさらされた。ところがその首は、夜な夜な「私の胴体はどこにあるのか。首をつないでもう一戦しよう」と叫び続けた。ある時、首は突然舞い上がり、胴体のある関東に向かって飛び去った。途中で力尽き、首の落ちた場所が東京・大手町の将門塚（首塚）。この将門塚は壊すと祟りが起こるとして恐れられている。

『将門記《しょうもんき》』によれば将門は弱さを助ける性格であったという。「権力者に反旗を翻した庶民の味方」という将門像は受け継がれ、将門を祀る神社は関東に少なくない。江戸幕府を開いた徳川家康《とくがわいえやす》は関東独立を語った将門に思うところがあったのか、将門を祀る神社・神田明神《かんだみょうじん》を江戸の総鎮守《そうちんじゅ》（守り神）とした。

政治　外交　社会　**宗教**
周縁　**文化**　武士　戦乱

貴族の生活に欠かせなかった陰陽道と陰陽師たち？

吉凶を知るための陰陽道

平安貴族は毎日**暦**《こよみ》を確認し、その日の吉凶を確認してから生活していた。その暦は**陰陽道**《おんみょうどう》にもとづいて作成された。

陰陽道とは、古代中国で生まれた**陰陽五行説**《いんようごぎょうせつ》を起源として、日本独自の発展をとげた天文《てんもん》や占いの技術体系のこと。陰陽師たちは陰陽五行説や**十**《じっ》**干十二支**《かんじゅうにし》（干支《えと》）、星の動きや方位を組み合わせて、その日の吉凶や天地の変異などを判定する。朝廷で重要な決断を行う際には、陰陽道による占いの結果にもとづくことが習わしとされた。

陰陽道を司る役所が**陰陽寮**《おんみょうりょう》だ。そこには陰陽博士、暦博士、天文博士、漏刻《ろうこく》博士（時刻を知らせる官吏）といった専門家が所属し、**卜占**《ぼくせん》（占い）や暦の作成、天体の観測などを行った。のちに、陰陽寮に所属する役人たちを「**陰陽師**《おんみょうじ》」と呼ぶようになった。

陰陽師に左右された平安貴族

陰陽師がつくった暦には、**凶日**《きょうじつ》（災が起こる日）も書かれていた。そのため貴族は、身を清めて家にこもる**物忌**《ものいみ》や、悪いとされる方位を避けて別の家に泊まる**方違**《かたたがえ》など、暦に従って行動を制限することもあった。なかでも、藤原氏の全盛期を過ごした**藤原道長**《みちなが》（↓P96）は、仏像をつくる日取りを陰陽師・**安倍晴明**《あべのせいめい》に相談するなど、陰陽師の暦をかなり信頼していたようだ。

また、陰陽師たちは**呪術**《じゅじゅつ》にも精通していた。**藤原実資**《さねすけ》の日記**『小右記』**《しょうゆうき》には「陰陽師に、これから住む家に（霊をとり祓う）呪術をかけてもらった」という記述がある。

こうして陰陽師たちは貴族と関係を深めて隆盛していく。特に先述した安倍晴明と、その師にあたる**賀茂忠行**《かものただゆき》**・保憲**《やすのり》父子は、陰陽師の世襲化を進め、以後、両家が陰陽道を牽引していく。

POINT!
占いや呪術を扱う陰陽師。彼らがつくった暦は貴族にとって欠かせないものだった。

人物　**賀茂忠行・保憲**（忠行：生没年不詳、保憲：917～977年）
朝廷に仕えた陰陽師で、二人とも安倍晴明の師（保憲は兄弟子とも）。忠行は天慶の乱を事前に察知したことで名をあげたとされる。保憲は幼い頃から父の鬼神（陰陽師が使役する使い魔）を見通すなど才能を持ち、「陰陽道の手本」と評されたという。

1200　1150　1100　1050　1000　950　900　850　800　750

陰陽道の基礎知識

陰陽道は様々な思想を取り込み日本で発展した独特の思想である。下記はその一例である。

陰陽五行説

物事は「陰」と「陽」に分けられ、さらに五行（5つの属性）を持つという考え方。

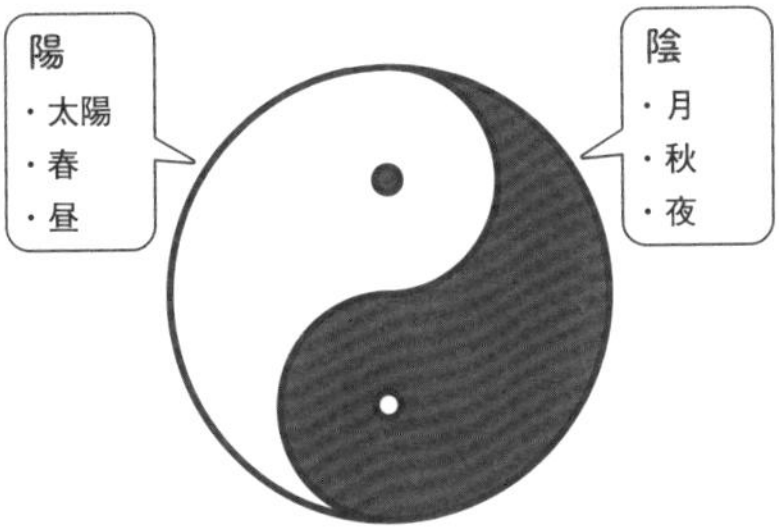

この世のすべての文物は「陰」と「陽」に分けられるという二元的な考え方。

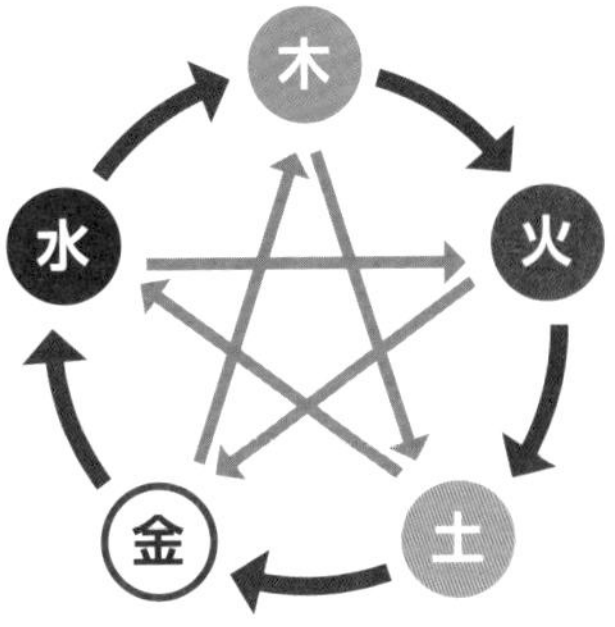

物事は木・火・土・金・水の要素を持ち、それぞれが相関関係（例：火は木を燃やして大きくなる）にあるという考え方。

十干十二支（干支）

十干は五行を陽（兄）と陰（弟）に分けて年月を表したもの。十二支は春分を起点に天球を12等分し、動物で呼び表したもの。十干十二支を組み合わせていくと60組生まれ、これを年月日に当てはめて吉凶を占った。

五行	木		火		土		金		水	
十干 五行を兄（陽）と弟（陰）に分ける	兄（甲《きのえ》）	弟（乙《きのと》）	兄（丙《ひのえ》）	弟（丁《ひのと》）	兄（戊《つちのえ》）	弟（己《つちのと》）	兄（庚《かのえ》）	弟（辛《かのと》）	兄（壬《みずのえ》）	弟（癸《みずのと》）

十二支	子	丑	寅	卯	辰	巳	午	未	申	酉	戌	亥

干支										
	1 甲子	2 乙丑	3 丙寅	4 丁卯	5 戊辰	6 己巳	7 庚午	8 辛未	9 壬申	10 癸酉
	11 甲戌	12 乙亥	13 丙子	14 丁丑	15 戊寅	16 己卯	17 庚辰	18 辛巳	19 壬午	20 癸未
	21 甲申	22 乙酉	23 丙戌	24 丁亥	25 戊子	26 己丑	27 庚寅	28 辛卯	29 壬辰	30 癸巳
	31 甲午	32 乙未	33 丙申	34 丁酉	35 戊戌	36 己亥	37 庚子	38 辛丑	39 壬寅	40 癸卯
	41 甲辰	42 乙巳	43 丙午	44 丁未	45 戊申	46 己酉	47 庚戌	48 辛亥	49 壬子	50 癸丑
	51 甲寅	52 乙卯	53 丙辰	54 丁巳	55 戊午	56 己未	57 庚申	58 辛酉	59 壬戌	60 癸亥

干支と歴史的事件

歴史的事件には、発生年の干支にもとづいた名で呼ばれる場合がある。例えば飛鳥時代の「乙巳の変」や「壬申の乱」、幕末の「戊辰戦争」、中国史では「辛亥革命」など。また、兵庫県の甲子園球場は、甲子の年につくられたためその名がついた

絵巻に描かれた陰陽師

絵巻『たま藻のまへ』より。右側の白い装束を着た人物が陰陽師。占いの結果、上皇の寵姫・玉藻前（たまものまえ）の正体が、狐の妖怪であったことを報告しているシーン。

京都大学附属図書館蔵

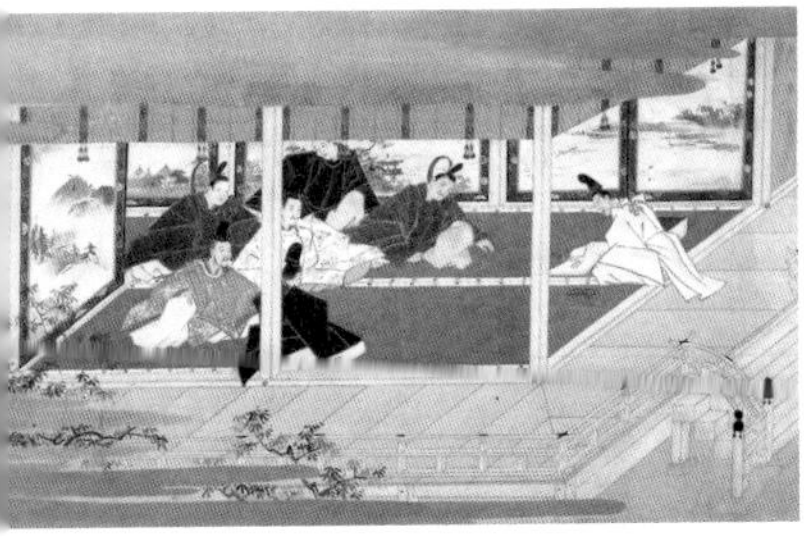

宗教

文化

豆知識 うなぎを食べる風習のある「土用の丑の日」の「土用」とは、陰陽道で土を動かしてはいけない日のこと。夏だけでなく、春・秋・冬の土用もある。

平安人物伝

安《あ》倍《べの》晴《せい》明《めい》

生没年　921?～1005年

身分　陰陽師

妖怪退治にライバルとの対決…
伝説となった天才陰陽師

晴明神社

晴明を祀る神社。鳥居に掲げられた五芒星（ごぼうせい）のマークは、陰陽道の「五行」の象徴として晴明が用いた紋とされる。

京都市上京区

儀式を行う晴明

『不動利益縁起絵巻』より。黒い服を着た晴明の下には式神が座っており、祭壇の向かい側には鬼が現れている。

東京国立博物館蔵／ColBase

実は大器晩成型の陰陽師

安倍晴明は、10世紀頃に実在した当代随一の陰陽師だ。数多くの神秘的な説話が伝えられるが、その生涯は謎につつまれている。

記録によると、晴明の人生は意外にも遅咲きだったことがうかがえる。文献に初めて現れたのは、平安時代中期の960年《天徳4》。40歳頃に天文《てんもん》得業生《とくごうしょう》（陰陽寮の学生）であったという。翌年には陰陽師に任じられ、51歳頃に陰陽寮の天文部門のトップである天文博士に就任。83歳で亡くなるまで活躍したという。

晴明昇進のきっかけは、陰陽道における最高位の家系である賀茂忠行・保憲父子への弟子入りだった。説話集『今昔物語集《こんじゃくものがたりしゅう》』には賀茂忠行に同行していた晴明が鬼を見て、寝ていた忠行を起こして事なきを得たという話がある。

時代を超えたスーパーヒーローに

陰陽頭であった忠行は、我が子・保憲と弟子・晴明という二人の非凡な後継者が出たため、保憲には暦道を、晴明には天文道を伝授した。以降、陰陽道は賀茂家と安倍（土御門《つちみかど》）家に分担されるようになった。

そんな晴明に特にあつい信頼を寄せたのが、時の権力者である藤原道長だ。ある時、晴明が折り畳んだ紙を投げると、それは鶴に変化し、道長に呪詛をかけた陰陽師・蘆屋道満《どうまん》のもとへ飛んで行った。道長は晴明に命を救われたという。

他にも政敵に騙された花山《かざん》天皇を、式神《しきがみ》（使い魔）を用いて助けようとしたなど、虚実ないまぜとなって晴明の活躍は伝えられている。その伝説は御伽話や小説、ドラマ、ゲームなど様々なメディアを通じて現代まで語り継がれている。

政治 外交 社会 宗教
周縁 **文化** 武士 戦乱

平安京でうごめく鬼と、鬼退治の伝説の始まり？

POINT!
平安京には「鬼」がうごめいていたという。やがて鬼退治の説話が語られるようになる。

人知の及ばない存在の「鬼」

鬼《おに》といえば思い描く姿は、角が生え、鋭い牙を持ち、裸に虎柄のふんどし、肌の色は赤や黒、青といった姿だろう。平安時代の人々にとって、鬼とはどのような存在だったのだろうか。

鬼の語源となる「**隠**《おん》」は、「隠れていて人の目に見えないもの」という意味。鬼という言葉はもともと中国から入ってきたもので、中国における鬼とは、祀られない死者の霊のことを指す。子孫に祀られない霊魂は遊鬼となり、災いをもたらすと考えられていたのだ。そのため日本でも、最初は「鬼」といえば霊魂を指していた。

現代につながる鬼のイメージは平安時代頃につくられた。その原因は、仏教の**地獄**《じごく》**の概念**が広まり、死後の恐怖を鬼の形で表現するようになったからだろう。日本最古の仏教説話集**『日本霊異記**《にほんりょういき》**』**では地獄の獄卒《ごくそつ》として角を生やした鬼が登場する。

姿を得たことで鬼は弱体化？

平安京には鬼が跋扈《ばっこ》していたといい、鬼や怪異にまつわるエピソードが数多く残っている。

まず、平安京の正門にあたる**羅城門**《らじょうもん》には鬼が住みつき、都に出ては女や財宝を奪い、人々を恐怖に陥れたという。また、一条戻橋では美女に化けた鬼が人に襲いかかってきたという。

一方、そんな**鬼を退治する武者**たちの伝説も描かれるようになった。なかでも有名なのが**酒呑童子**《しゅてんどうじ》伝説。大江山《おおえやま》（京都府）に住む酒呑童子は平安京に下っては女を拉致した。見かねた朝廷は、**源頼光**《みなもとのよりみつ》（→P134）らに退治を命じ、神仏の助けを借りてこれを退治した。

鬼や鬼退治の物語は、**『今昔物語集』**や**『宇治拾遺物語**《うじしゅういものがたり》**』**などの説話集によって語られ、室町時代には御伽草子や能の題材に、江戸時代には歌舞伎や浮世絵の題材となって民衆から人気を得た。

用語 『今昔物語集』
平安時代末期に成立した説話集で、「今は昔（むかしむかし）～」という語り口がタイトルの由来である。インド・中国・日本の仏教に関する説話が収録されている。小説家・芥川龍之介は『今昔物語集』をベースに短編小説『鼻』『羅生門』などを書き上げた。

1200 1150 1100 1050 1000 950 900 850 800 750

平安時代に起こった!?　怪事件

平安時代は鬼や妖怪にまつわる伝説が数多く残されている。怪異の多くは陰陽師や武士によって退治された。

大江山の酒呑童子

大江山に住む鬼・酒呑童子は夜な夜な平安京の女を拉致していた。そこで朝廷は源頼光らに鬼退治を命じる。途中で一行は山の神に出会い、毒酒と兜を授かる。頼光は毒酒で鬼を酔わせ首を斬る。首だけとなった鬼は頼光の頭に噛みつくが、頼光は兜をかぶっていたので助かった。

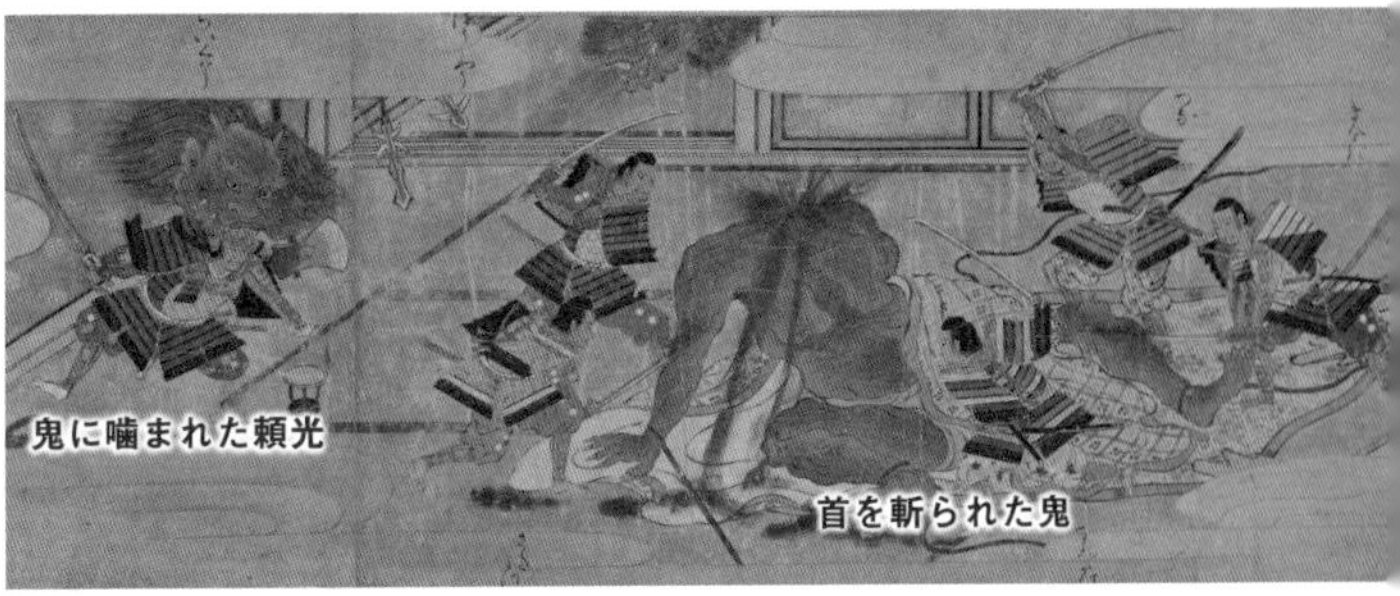

東京国立博物館蔵／ColBase

朱雀門の鬼

朱雀門で楽器の名手・源博雅（ひろまさ）が笛を吹いていると、笛を吹く貴人がやってきた。二人はその後毎晩笛のセッションを楽しみ、ついに笛を交換することに。その正体は朱雀門に住む鬼で、もらった笛からは不思議な音が聞こえたという。

東京都立中央図書館特別文庫室蔵

羅城門の鬼

平安京の入り口・羅城門には鬼が住むという噂があり、真相を確かめるべく渡辺綱（わたなべのつな）が向かう。すると鬼が襲いかかり、綱はとっさに鬼の腕を切った。鬼は空を飛んで逃げていった。

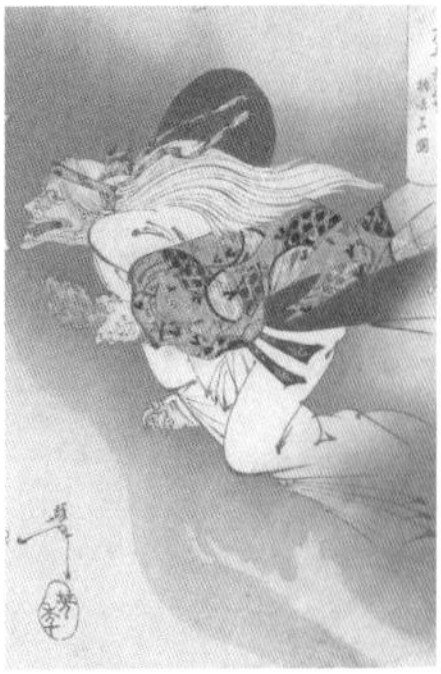

東京都立中央図書館特別文庫室蔵

人物を知る　妖怪バスターズ!?　源頼光と四天王

源頼光は藤原道長に仕えた武士で、文武両道の人物だった。そんな頼光と部下の渡辺綱・坂田金《さかたのきん》時《とき》（御伽話『金太郎』のモデル）・碓井貞光《うすいさだみつ》・卜部《うらべの》季武《すえたけ》の４人は数々の妖怪退治伝説を残している。

酒呑童子退治と並んで有名なのが土蜘蛛《つちぐも》退治である。妖怪・土蜘蛛は頼光が病で伏しているところに奇襲をかけるも、返り討ちに遭い逃走。血痕をたどった四天王がみごと退治したという。

土蜘蛛は病床の頼光の動きを糸で封じようとするも勘づかれて失敗した。

東京都立中央図書館特別文庫室蔵

豆知識 鬼が牛のような角を持ち、虎柄のふんどしをつけているのは、陰陽道で「丑寅（うしとら）」の方角（北東）が、災いをもたらす鬼門とされたことが由来といわれている。

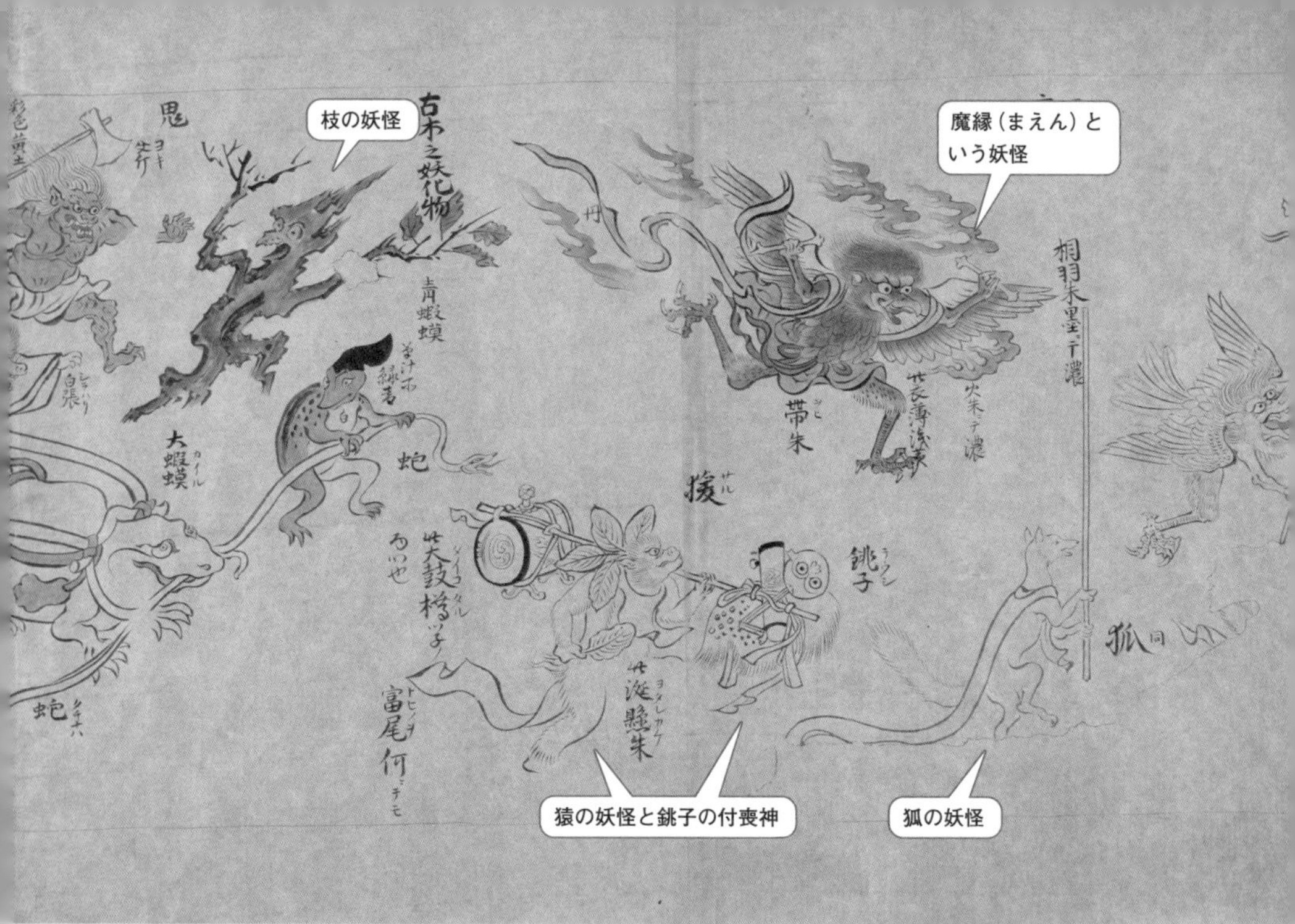

アート

百鬼夜行図

平安京に現れた？妖怪のパレード

妖怪のイメージはいつつくられた？

平安京には、夜な夜な鬼や妖怪が行進する「百鬼夜行《ひゃっきやぎょう》」が現れたという伝説が残る。しかし、行列にどんな姿の妖怪がいたのかは、記録からはわからない。

そんな「百鬼夜行」のイメージがつくられたのは室町時代以降のこと。御伽話や能といった妖怪をモチーフにした新たなカルチャーの発展とともに、『百鬼夜行図』が描かれるようになっていった。

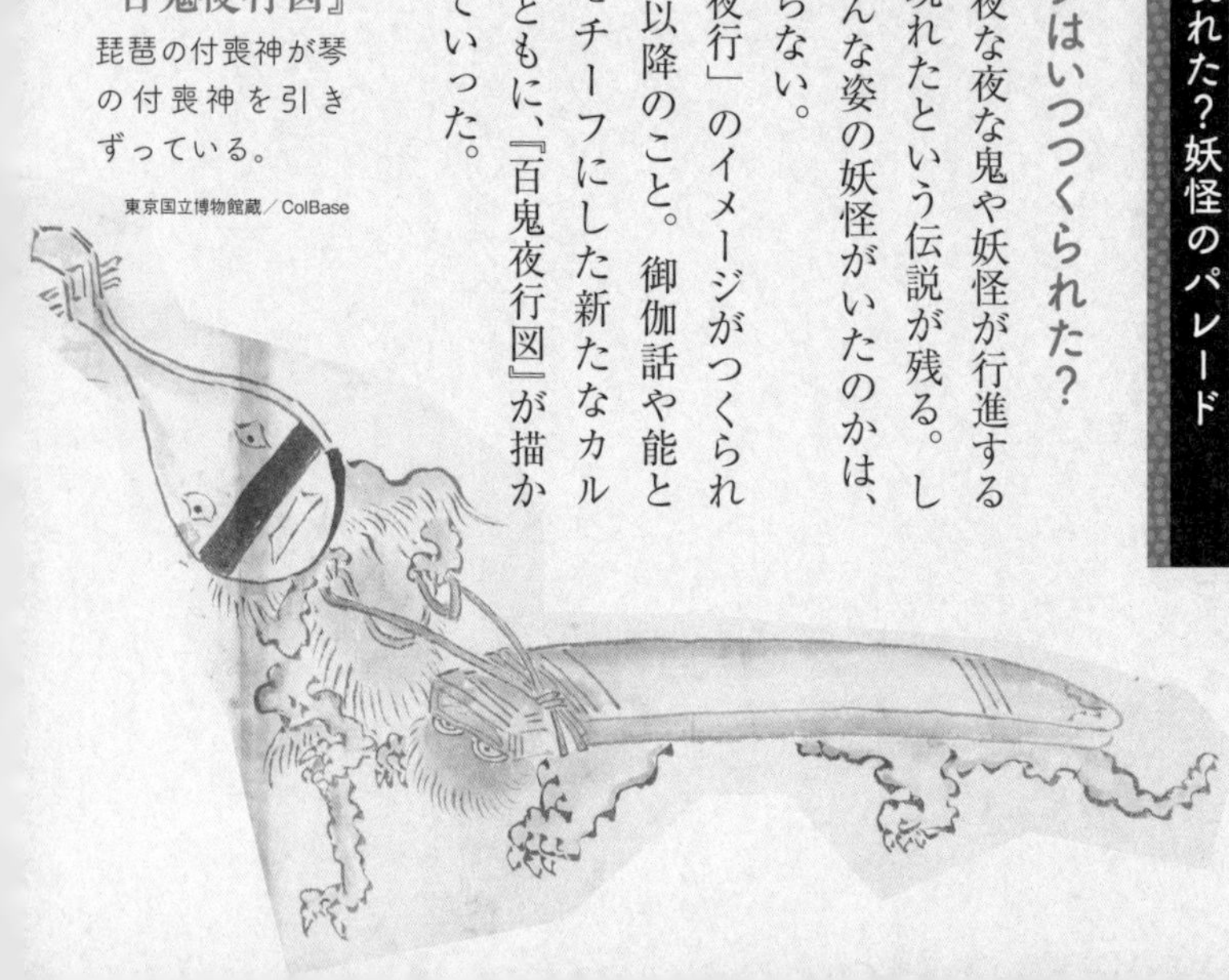

『百鬼夜行図』
琵琶の付喪神が琴の付喪神を引きずっている。
東京国立博物館蔵／ColBase

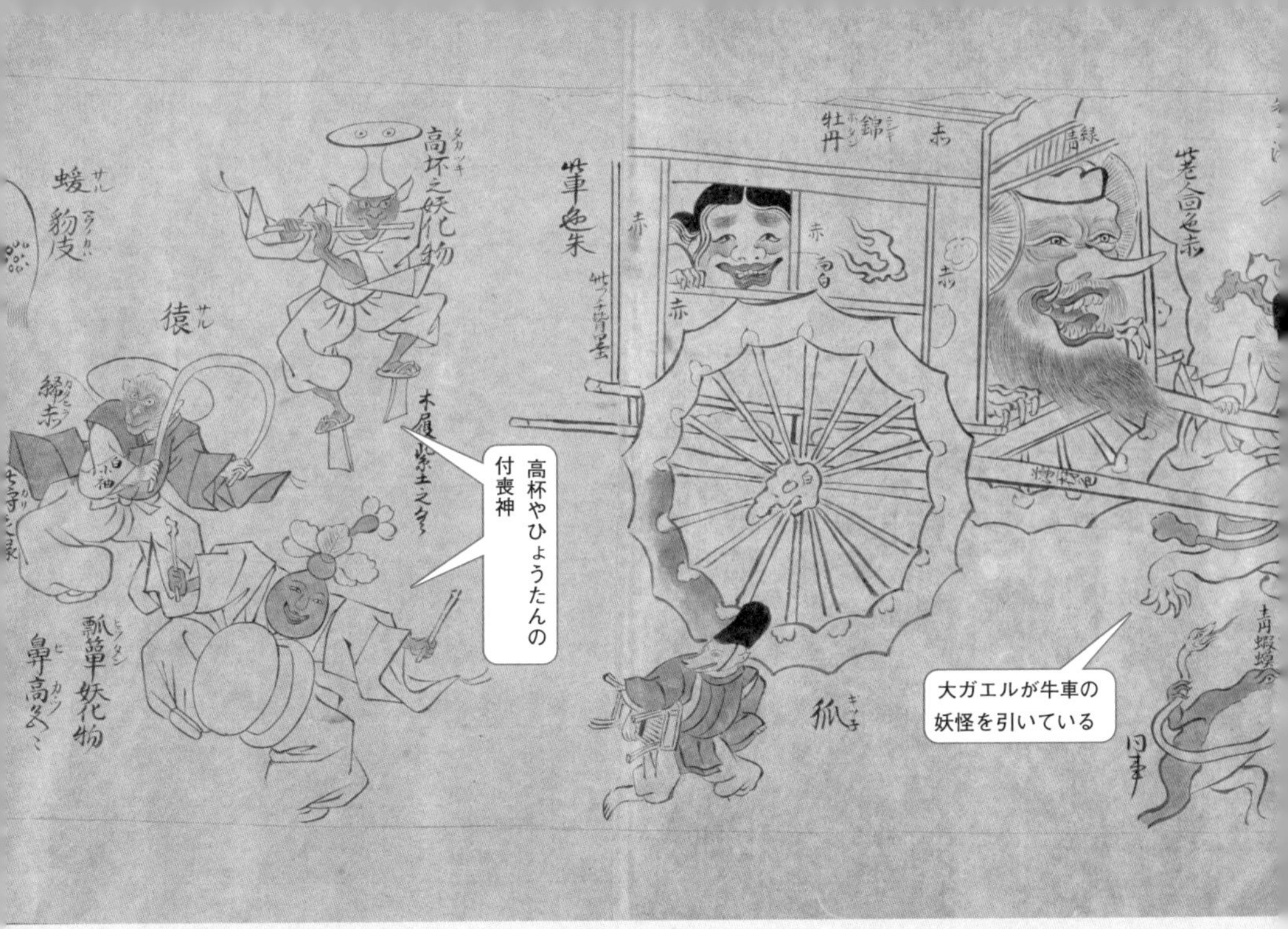

『百鬼夜行図（異本）』

百鬼夜行図の古例とされる形式を描いた、江戸時代の百鬼夜行図。古道具に魂が宿る「付喪神（つくもがみ）」や、『鳥獣人物戯画』（→ P162）のようなカエルや狐の擬人像が描かれている。

東京国立博物館蔵／DNP

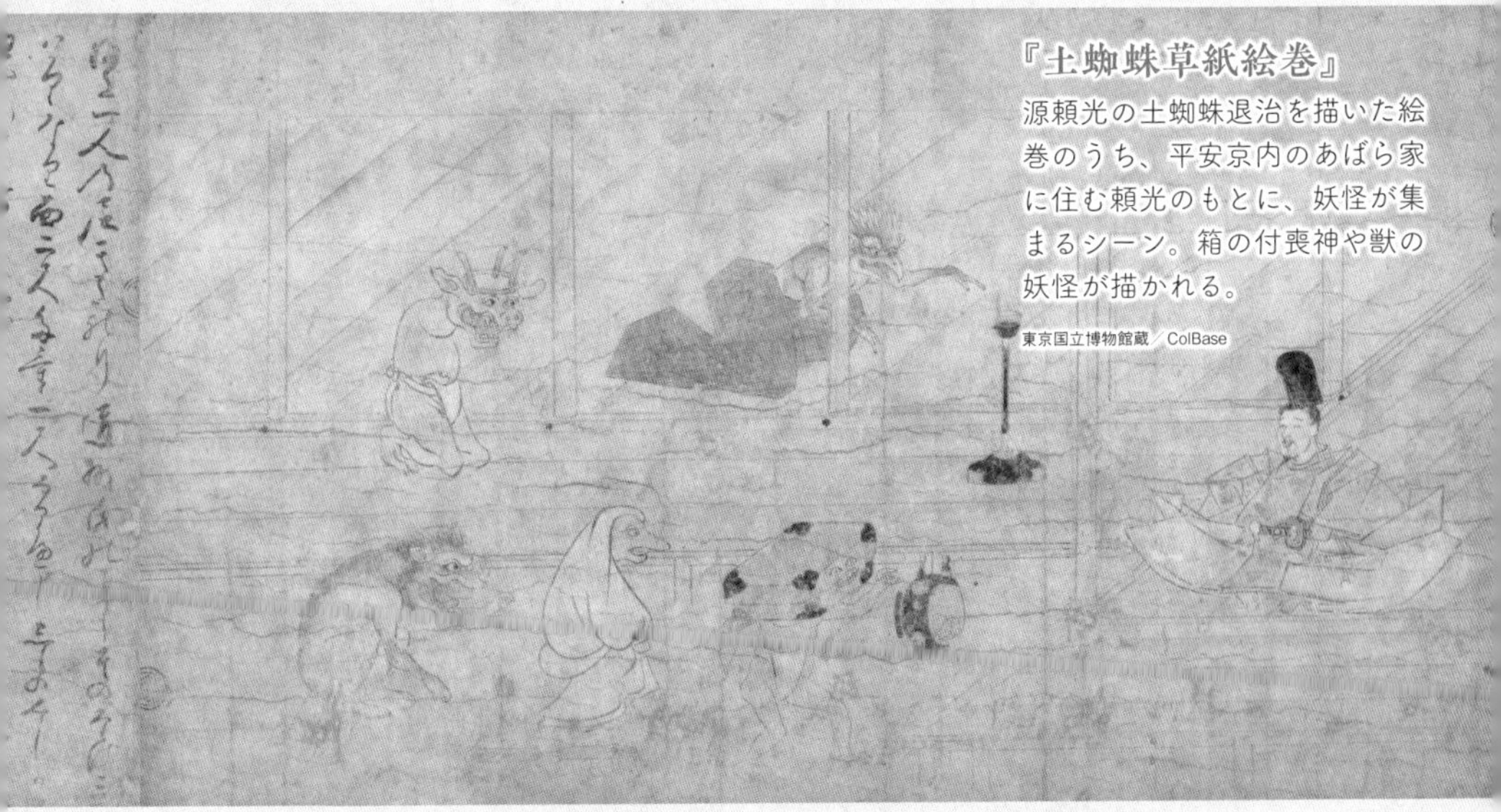

『土蜘蛛草紙絵巻』

源頼光の土蜘蛛退治を描いた絵巻のうち、平安京内のあばら家に住む頼光のもとに、妖怪が集まるシーン。箱の付喪神や獣の妖怪が描かれる。

東京国立博物館蔵／ColBase

京都史跡ガイド

藤原北家の台頭

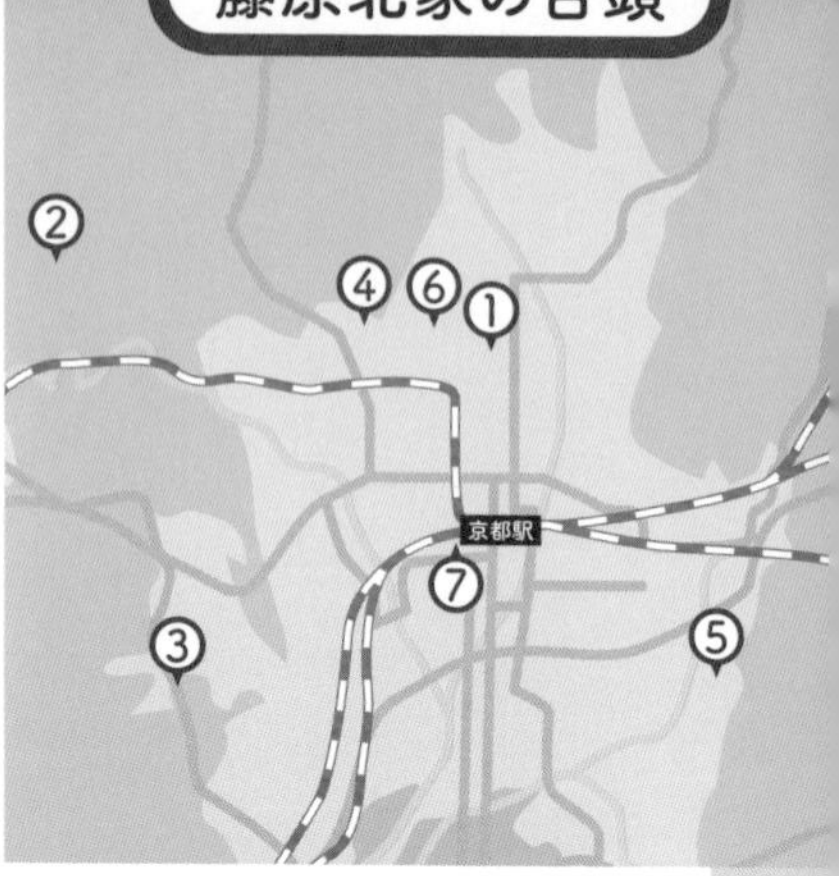

①一条戻橋《いちじょうもどりばし》

京都市上京区

平安京造営の際、平安京の北の境界にあたる堀川（ほりかわ）にかけられた橋。わずか6mの小さな橋だが、安倍晴明が式神を隠した、渡辺綱が鬼女と遭遇した、死者が蘇った、など数々の伝説が残る。現在も当時と同じ場所にある。

②水尾山陵《みずのおやまのみささぎ》

京都市右京区

清和源氏の祖でもある清和天皇の陵墓。27歳で子・陽成天皇に譲位した清和天皇は、仏門に入り修行。京都の北西にある水尾の地が気に入り、ここを終焉の地と定めた。遺言によってこの地に埋葬された。

③十輪寺《じゅうりんじ》

京都市西京区

文徳天皇が皇后の安産祈願のため、地蔵（じぞう）を安置した寺院。歌人・在原業平が晩年を過ごした地としても知られ、境内に植えられた樹齢約200年の桜は「なりひら桜」と呼ばれている。

④仁和寺《にんなじ》

京都市右京区

宇多天皇が初の法皇となって暮らしたことから、「御室（皇室の住居）」とも呼ばれる。応仁（おうにん）の乱で建物の多くが焼失するが、戦火をまぬがれた仏像が残っている。桜や紅葉の名所としても知られる。

5 醍醐寺《だいごじ》

京都市伏見区

平安時代初期、空海の孫弟子の聖宝（しょうぼう）が開山した真言宗の寺院。子宝に恵まれず悩んでいた天皇が、醍醐寺の観音菩薩に祈ったところ子が誕生。以来その天皇は仏像を奉納するなど醍醐寺に深く帰依し、崩御した際には「醍醐天皇」という諡号がつけられた。

6 北野天満宮《きたのてんまんぐう》

京都市上京区

非業の死を迎えた菅原道真の御霊を祀る神社。現在道真は学業の神様として信仰を集めており、北野天満宮は受験生も多く訪れる。境内にある「なで牛」は、なでるとご利益があるといわれている。これは道真が丑年生まれで、牛にまつわる逸話が数多く残っていることが由来である。

7 六孫王神社《ろくそんのうじんじゃ》

京都市南区

清和天皇の六男を父とすることから「六孫王」と呼ばれる源経基を祀る神社。かつては経基の邸宅があり、亡くなる際、子孫の繁栄を祈るのでここに葬るよう遺言した。そのため「清和源氏発祥の宮」といわれる。

第3章
藤原摂関家の栄華

年代	出来事
938	空也が都で布教活動を行う↓P104
967	藤原実頼が関白になる↓P88
969	安和の変が起こり、源高明が失脚する↓P88
970	藤原伊尹が摂政になる
972	藤原兼通が関白になる
976	藤原道綱母が『蜻蛉日記』を執筆↓P114
977	藤原兼通が弟・兼家を降格させる
985	源信が『往生要集』を発表↓P104
986	藤原兼家が摂政になる↓P92
990	藤原道隆が関白になる↓P92
995	藤原道兼が関白になる↓P92
	藤原道長が内覧になる↓P92
996	藤原道長が左大臣になり、藤原氏の全盛期が始まる↓P92
	この頃、清少納言が『枕草子』を執筆↓P114
1000	藤原道隆の娘・定子が一条天皇の中宮になる↓P92

政治	藤原氏は安和の変で藤原氏以外の有力貴族を排除し、政界を独占。娘を天皇に嫁がせて摂政・関白となり政権を握る摂関政治を行った。なかでも藤原道長は4人の娘を天皇家に嫁がせて、藤原氏の栄華をもたらした。
外交 戦乱	1019年、中国大陸北東部で暮らす女真が北九州を襲撃した（刀伊の入寇）。大宰権帥の藤原隆家率いる日本軍は、騎馬戦法によって刀伊軍を撃退。中央が地方の問題に無関心であることが露呈した事件でもあった。
社会	朝廷は安定収入を得るために、人単位ではなく土地単位で税を課す負名体制へ転換した。負名（農民）の中には、自ら土地を開発する開発領主となり、受領に取り入ったり、開発した土地を貴族に寄進したりする者もいた。
宗教	1052年に仏教世界の終末である「末法」が訪れるという末法思想が流行。人々を極楽に導く阿弥陀如来を信仰する浄土教が盛んになった。また死後の世界を描く阿弥陀来迎図や地獄絵、阿弥陀如来像を置く阿弥陀堂がつくられた。
文化	かな文字が定着したことで、後宮の女性たちによる文学作品が生まれた。清少納言の『枕草子』や紫式部の『源氏物語』がよく知られる。彼女たちは天皇の妃である皇后や中宮に教養を授けた。

1000	藤原道長の娘・彰子が一条天皇の中宮になる ⬇P92
1003	この頃、紫式部が『源氏物語』を執筆 ⬇P114
1012	藤原道長の娘・妍子が三条天皇の中宮になる ⬇P92
1017	藤原頼通が摂政になる ⬇P94
	藤原道長が太政大臣になる
1018	藤原道長の娘・威子が後一条天皇の中宮になる ⬇P92
1019	藤原道長が出家する ⬇P97
	刀伊の入寇が起こる ⬇P98
	藤原頼通が関白になる ⬇P100
1021	藤原道長が『御堂関白記』を執筆 ⬇P94
1028	平忠常の乱が起こる ⬇P100
1032	藤原実資が『小右記』を執筆 ⬇P92
1052	末法の世が始まるといわれた年 ⬇P104
1053	藤原頼通が平等院鳳凰堂を建てる ⬇P100
	この頃、菅原孝標娘が『更級日記』を執筆 ⬇P114

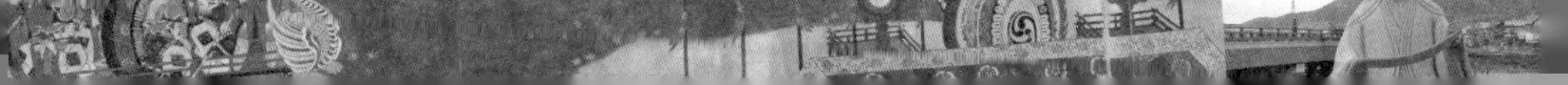

政治　外交　社会　宗教
周縁　文化　武士　戦乱

藤原氏の覇権を決定付けた安和の変とは？

POINT！
安和の変で藤原氏による他氏排斥が完了。摂関政治により藤原氏全盛時代となる。

摂関政治とはどんなシステムなのか

摂関《せっかん》**政治**とは、幼少の天皇の政務を代行する**摂**《せっ》**政**《しょう》と、成人した天皇を補佐する**関白**《かんぱく》が政務を主導する政治システムである。平安時代以降に置かれた令外官《りょうげのかん》（令制《りょうせい》にない官職→P30）で、藤原良房《ふじわらのよしふさ》が清《せい》和《わ》天皇の摂政に、その養子・基経《もとつね》が光孝《こうこう》天皇の関白に任じられて以来、代々、**藤原北家**《ほっけ》**の当主**（氏《うじの》長者《ちょうじゃ》）**が就任**した。醍醐《だいご》天皇の延喜《えんぎ》の治（→P68）の後、20年以上にわたって摂関を務めた**藤原忠平**《ただひら》の時、天皇の幼少時は摂政、成人後は関白になる慣例が定着した。忠平の死後、村上《むらかみ》天皇は**摂関を置かず親政**（天暦《てんりゃく》の治）をしいたが、９６７《康保4》年、忠平の長男・**藤原実頼**《さねより》が**冷泉**《れいぜい》**天皇**の即位により関白となり、続いて幼帝として即位した**円融**《えんゆう》**天皇**の摂政に就任して以降、摂関は常置《じょうち》された。以後、**藤原道長**《みちなが》**・頼通**《よりみち》父子が絶大な権力を振るった10〜11世紀半ばを摂関政治の時代と呼ぶ。

安和の変で源高明が失脚

摂関政治が本格的に始まるきっかけとなったのが**安和**《あんな》**の変**といわれている。９６９《安和2》年、橘繁延《たちばなのしげのぶ》と源連《みなもとのつらぬ》が謀反を企んだという密告を受けて逮捕され、左大臣・**源高明**《たかあきら》**が大宰府に左遷**された。罪状は皇太子・守平《もりひら》親王（円融天皇）を廃し、高明の娘婿となっていた為平《ためひら》親王（守平の兄）を皇位に就けようとしたというものであった。

高明は醍醐天皇の子で、関白太政大臣・藤原実頼に次ぐ政権ナンバー2の地位にあった。高貴な血統と『西宮記《さいきゅうき》』という儀式書を編んだ高い学識を備えた人材であったため、為平が即位して高明が天皇の外戚となることを恐れた右大臣・**藤原師**《もろ》**尹**《まさ》、中納言・**藤原兼家**《かねいえ》（道長の父）らによって仕組まれた**陰謀事件**であったと考えられている。

この事件の結果、醍醐源氏や橘氏が失脚し、**藤原氏による政界独占の基盤が確立**したのである。

人物　**源高明**（914〜982）

源姓を与えられ臣籍に下った醍醐天皇の10男。左大臣まで出世するが、安和の変で失脚する。その後、罪を許されて帰京。子の俊賢（としかた）や経房（つねふさ）の活躍により、子孫は高明流として栄えた。娘の明子は藤原道長と結婚。寛子などを生んでいる。

1200　1150　1100　1050　1000　★　950　900　850　800　750

藤原氏と源氏の権力争い

政治の実権を掌握したい藤原氏にとって、太政官のトップとして君臨する源高明の存在は、排除するべき対象だった。

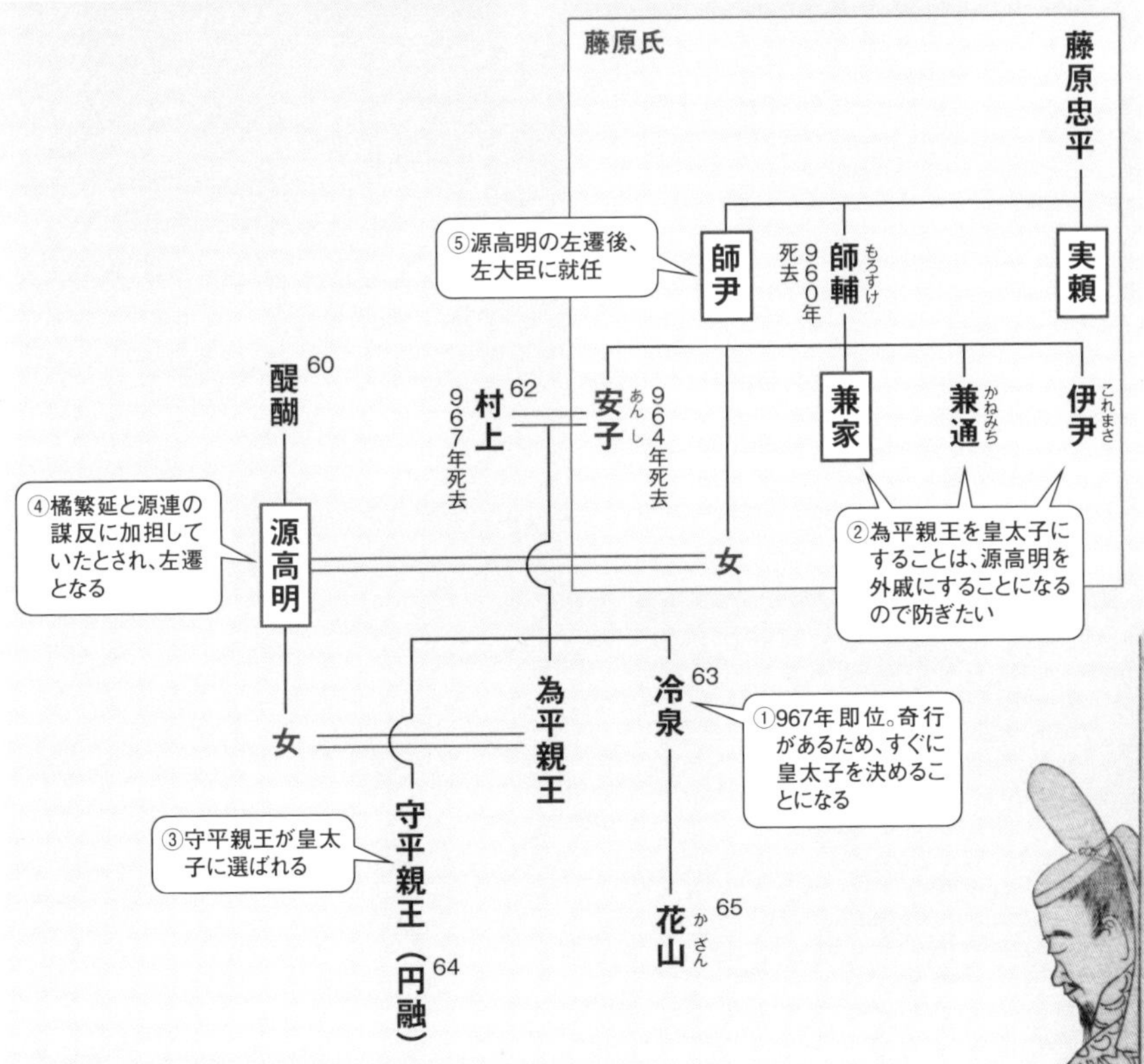

藤原忠平

④橘繁延と源連の謀反に加担していたとされ、左遷となる
女
②為平親王を皇太子にすることは、源高明を外戚にすることになるので防ぎたい
冷泉 63
①967年即位。奇行があるため、すぐに皇太子を決めることになる
為平親王
女
守平親王(円融) 64
③守平親王が皇太子に選ばれる
花山《かざん》 65

藤原北家による他氏排斥と公卿の数

天皇	北家	年代	事件	排斥された人物	公卿数
嵯峨	冬嗣	810	平城太上天皇の変(薬子の変)	平城太上天皇 藤原仲成(式家) 薬子(式家)	北家4 北家以外2 他氏7 ※811年
仁明	良房	842	承和の変	伴健岑 橘逸勢	―
清和	良房	866	応天門の変	伴善男	北家6 他氏9
宇多	基経	887	阿衡の紛議	橘広相	北家5 北家以外2 他氏9
醍醐	時平	901	道真の左遷	菅原道真	北家6 他氏8
冷泉	実頼	969	安和の変	源高明	北家11 他氏7

藤原兼家(929～990年)
兄の兼通をこえて従三位となった翌月、安和の変が起こる。兼家もこの事件に関わっていたとされる。
国立公文書館蔵

その時世界は? ［979年／中国］宋の2代皇帝・太宗が中国大陸を制圧。これにより五代十国時代が完全に終わる。

師輔《もろすけ》
960年死去
師尹
⑤源高明の左遷後、左大臣に就任
伊尹《これまさ》
兼通《かねみち》

安子《あんし》
964年死去
醍醐 60
村上 62
967年死去

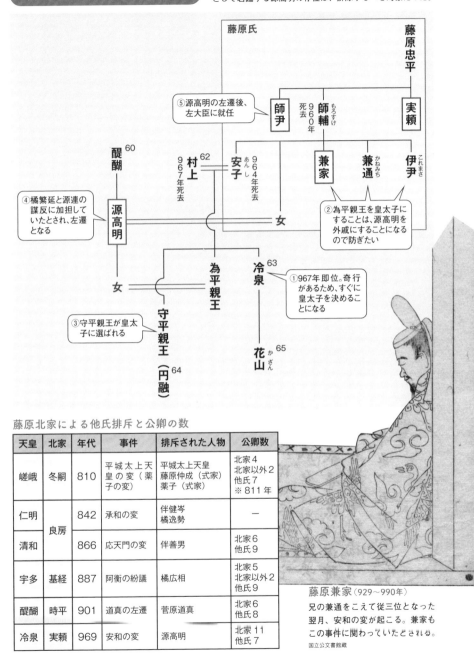

復元イラスト

清涼殿

儀式の場でもあった天皇の御殿

イラスト＝青山邦彦

内裏にある天皇の生活の場

清涼殿《せいりょうでん》は、平安京の内裏《だいり》（↓P26）の中にある建物で、天皇が居住する御殿であった。平安時代中期以降になると、天皇が幼少であるなど様々な理由から、天皇が政務を行う場所としての機能も持つようになり、政治の中心となっていく。

清涼殿は1227年《嘉禄3》の火災で焼失。現在、京都御所に平安時代の清涼殿が復元されている。

A 昼御座《ひのおまし》

厚畳を2枚敷いた上に褥（しとね）を置き、天皇が座るところ。日中を過ごす場所のことも指す。清涼殿の母屋（もや）の南半分、及び儀式などの時には東庇（ひがしびさし）に設けられた。天皇の休憩場所となる御帳台（みちょうだい／四方を垂れ幕で囲われた空間）がある。天皇は昼になると大床子（だいしょうじ）といわれる台に座り、女官が運んできた昼食を頂く。

B 御手水間《みちょうずのま》

清涼殿の西庇にある、天皇が手や口を清め、装束を整えるところ。起床するとまずここで手洗いやうがいをし、正装に着替えた。

C 石灰壇《いしばいのだん》

石灰の間、壇の間ともいい、清涼殿の東庇の南端にある二間。天皇が毎朝、皇祖神である天照大神（あまてらすおおみかみ）を祀る伊勢神宮の方向に向かって祈る場所。床の板敷の高さまで土を盛り上げ、石灰で塗り固めて、地面に見立てている。

D 朝餉間《あさがれいのま》・台盤所《だいばんどころ》

天皇が朝食を食べる場所。朝食は昼食

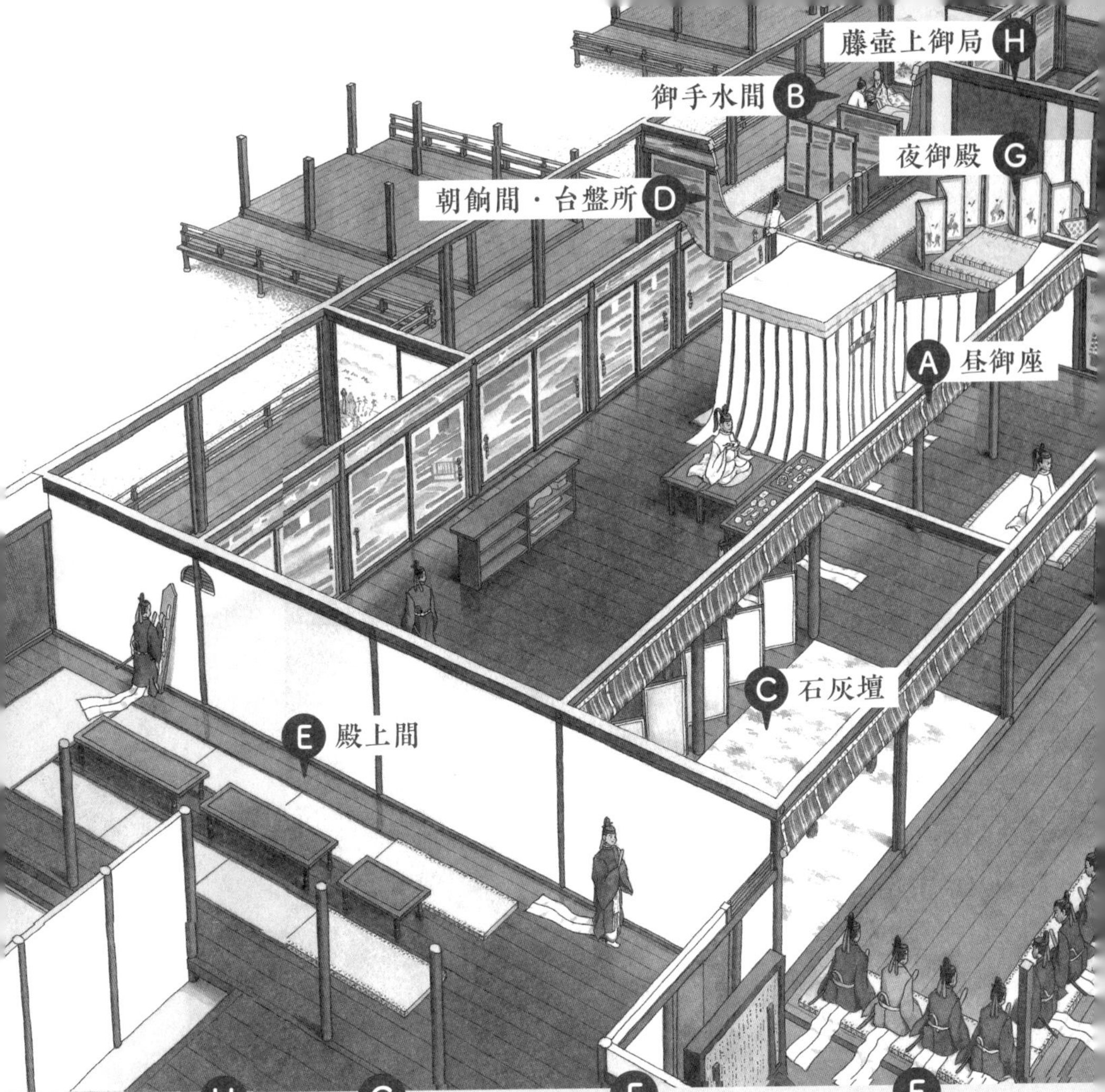

より簡易なものであった。その隣の部屋である台盤所は女官が料理を用意するキッチン。

E 殿上間《てんじょうのま》

公卿や高位の貴族が使う部屋。この部屋に入れることから、高位の貴族を「殿上人（てんじょうびと）」と呼ぶ。図中で壁に立てかけられている板（日給簡（にっきゅうのふだ））は現在のタイムカードのようなもので、出勤した貴族はこの板に名札を貼った。

F 孫庇《まごひさし》・簀子《すのこ》

政務や儀式を行う公的なスペース。昼御座に天皇が着座すると、臣下はここに座り、儀式が行われた。孫庇の外縁は簀子と呼ばれる廊下がついており、東庭に出られる。東庭でも重要な儀式が行われた。

G 夜御殿《よるのおとど》

天皇の寝室。屛風に囲まれている。皇位継承の証である「三種の神器」のうち、剣と璽（じ／まが玉）もここに置かれた。

H 藤壺上御局《ふじつぼのうえのみつぼね》・弘徽殿《こきでん》上御局

天皇の寝所に呼ばれた中宮（皇后）・女御が使用する控室。

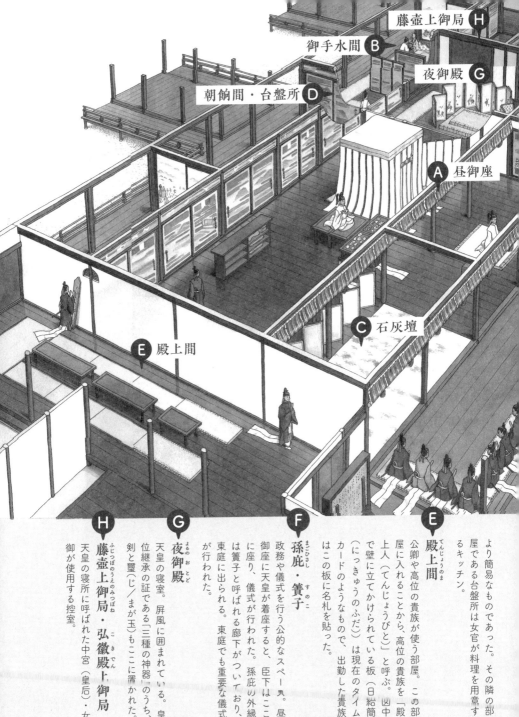

政治　周縁　外交　文化　社会　武士　宗教　戦乱

藤原道長の栄華はどのように築かれたのか？

兄たちの早世により氏長者になった道長

摂関政治の全盛期を築いた**藤原道長**は**兼家**の五男である。兼家は先に摂関となった**兄・兼通**《かねみち》と対立し長らく出世を阻まれたが、兼通の死後、娘の**詮子**《せんし》が生んだ**一条天皇**を即位〈986〉させ、天皇の**外祖父**、及び摂政として実権を握った。兼家の後を継いだ長男・**道隆**《みちたか》も関白となり、娘・**定子**《ていし》を一条天皇の**中宮**《ちゅうぐう》（妃）とし、嫡男・**伊周**《これちか》を21歳で内大臣に就けるなど栄華を誇った。しかし、道隆は深酒が原因で早世し、関白を継いだ弟・**道兼**《みちかね》も、大流行した天然痘により就任十日ほどで亡くなった。

兄たちの早世によって後継候補に挙げられたのが、内大臣・伊周と権《ごん》大納言・道長である。官位は伊周が上だが、道長の姉で一条の母后にあたる詮子の強い推薦により、道長が**内覧**《ないらん》（天皇の文書を事前に見る職）かつ左大臣となり、一躍、政権のトップに躍り出る。

未曽有の「一家三后」を実現

道長の権勢を支える大きな力となったのが婚姻政策である。一条天皇の中宮となった長女・**彰子**《しょうし》は、敦成《あつひら》親王・敦良《あつなが》親王という皇子を生み、後年、二人が**後一条天皇・後朱雀**《ごすざく》**天皇として即位**し、摂関家にかつてない栄華をもたらすこととなる。

一条天皇に代わって即位した**三条天皇**の中宮も、道長の娘・**妍子**《けんし》であった。しかし、三条は**道長を敵視**し、たびたび対立した。そこで道長は、三条の病につけこんで退位を迫り、**孫の後一条天皇を即位**させて摂政に就任〈1016〉。皇太子には敦良が立てられ、道長は天皇と皇太子の外祖父となった。

1018年〈寛仁2〉には、三女・**威子**《いし》が後一条の中宮に、次女・妍子が皇太后となり、太皇太后となっていた彰子とあわせて、未曽有《みぞう》の**一家三后を実現**し、道長の栄華は頂点に達した。道長が有名な「望月の歌」を詠んだのはこの時である。

POINT!

姉の強い推薦により家督を継いだ道長は、娘の3人を天皇の后にして権力を握った。

用語　「一家三后」

威子を後一条天皇の中宮に立てた1018年、藤原実資の日記『小右記（しょうゆうき）』（同年10月18日条）に「一家立三后、未曾有」と記されたことによる。「この世をば我が世とぞ思う望月の欠けたることもなしと思えば」の歌は、威子立后の宴席で歌ったもの。

1200　1150　1100　1050　1000　950　900　850　800　750

藤原道長の婚姻政策

3代の天皇の外祖父となることで藤原道長は権力を手に入れ、藤原氏全盛時代を築きあげた。

一条天皇(980～1011年)

円融天皇と藤原兼家の娘である詮子の子。6歳で即位して25年間在位した。平安時代で2番目の長さである。

早稲田大学図書館蔵

敦成親王の生誕50日を祝う藤原道長。 東京国立博物館蔵／ColBase

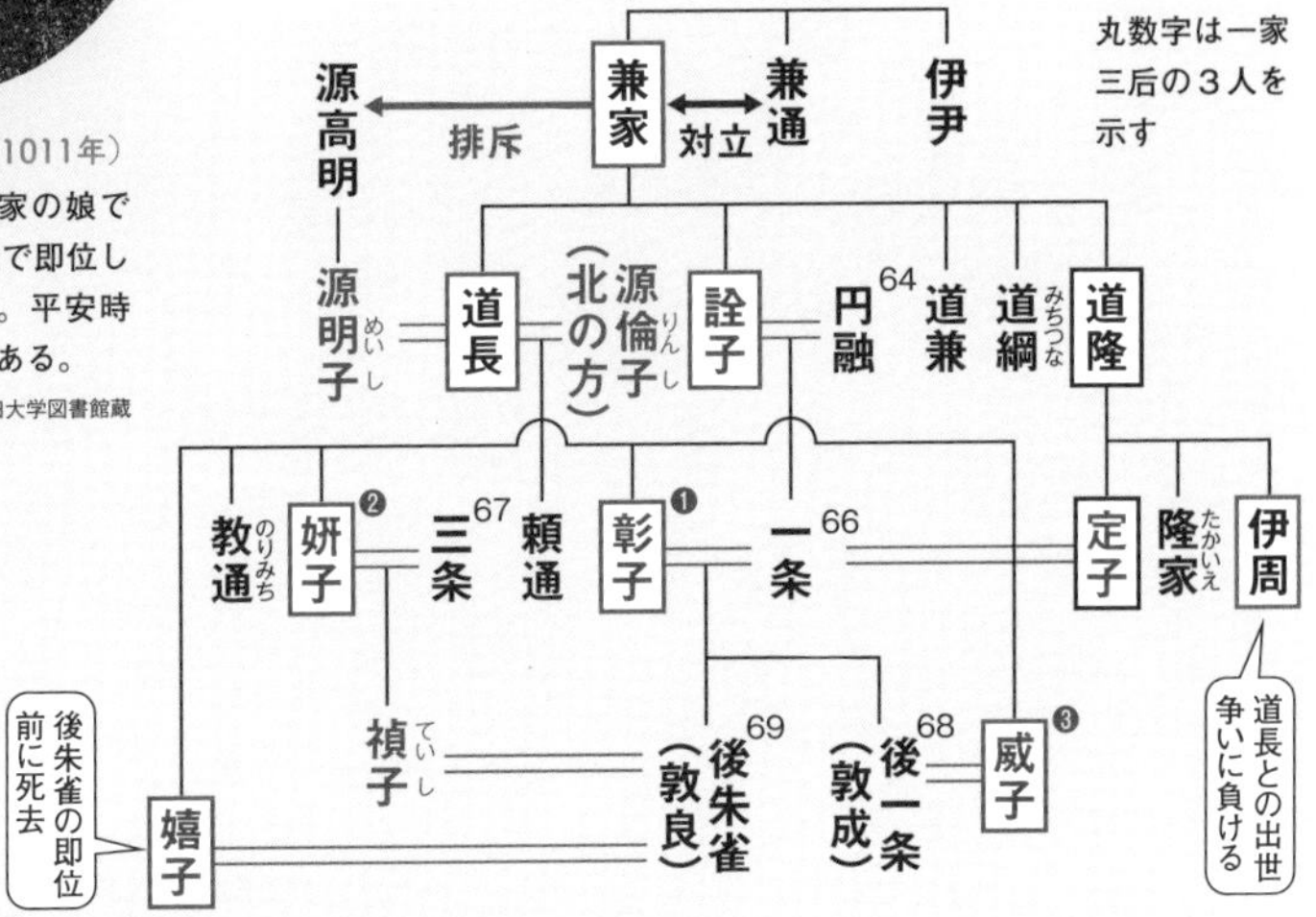

人物を知る 藤原道長のブレーンを勤めた藤原行成《ゆきなり》

小野道風《おののみちかぜ》・藤原佐理《すけまさ》とともに三跡《さんせき》と称される藤原行成は有能な官僚でもあり、藤原斉信《ただのぶ》・公任《きんとう》、源俊賢《としかた》らと一条天皇を支えた「寛弘《かんこう》の四納言」に数えられている。道長のブレーンでもあり、彰子の立后を後押ししたのも行成であった。彰子が入内した時、一条には皇后・定子がおり、本来なら中宮は立てられないはずだった。しかし、故実に通じた行成は、先例を調べて彰子の立后を正当化し、前代未聞の一帝二后を実現し、道長に栄華の道を開いたのである。

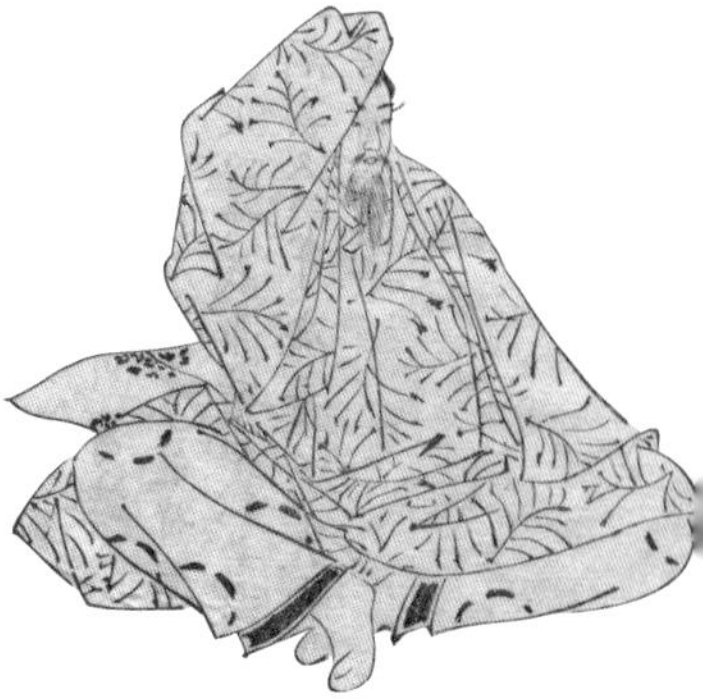

『前賢故実』に描かれた藤原行成。

国立公文書館蔵

豆知識 藤原道長は、妻の外出の支度が遅かったことに怒り、担当者を小屋に監禁したことがある。この時、道長は50歳近い年齢だった。

宗教　社会　外交　政治
戦乱　武士　文化　周縁

絶大な権力を誇った藤原道長が関白に就任しなかった理由とは？

内覧として朝廷を支配する

１０１７年《寛仁1》、**藤原道長**は摂政を嫡子・**頼通**に譲った。摂関政治の全盛期を築いた道長であるが、実は摂政を務めたのは**後一条天皇**の即位後1年間だけであり、**関白には一度も就任していない**。道長は**一条・三条両天皇**の20年にわたって、**内覧《ないらん》・左大臣**として政務をとった。

内覧は天皇に奏上《そうじょう》する文書や天皇が太政官に下す文書に、事前に目を通す役職で、本来は摂関に属する権限であった。摂関は天皇を補佐するため、**陣定《じんのさだめ》などの公卿会議**に出ることができない。そのため道長は、内覧となって摂関と同等の権力を保ちながら、筆頭公卿である左大臣として**会議を直接掌握**しようとしたのである。加えて、道長は太政官の決済を経ず事務方から直接、奏上を受け決済する**奏事《そうじ》**というシステムをつくり、摂関・内覧の権力を強化したといわれている。

大殿として実権を掌握

摂政辞任から2年後、かねてから病に悩まされていた道長は出家した。その後も、**太閤《たいこう》**（元摂関）・**大殿《おおとの》**として政治の実権を握り、若き摂政・頼通を通して**国政に影響力**を及ぼし続けた。こうした政権掌握の手法は、上皇が政治を主導する院政《いんせい》（↓Ｐ１４６）の先がけになったともいわれている。

この頃の天皇家・摂関家は、政治力のある娘・**彰子**が幼い後一条天皇の母后として**天皇大権を代行**し、道長は実質的な摂関として重要事項を決定し、後一条と頼通の政権を支えていたのである。

１０２０年《寛仁4》、道長は壮麗な伽藍《がらん》をもつ**無量寿院《むりょうじゅいん》**（**法成寺《ほうじょうじ》**）を創建した。疫病が流行する中での大規模な造営事業に批判の目を向ける公家もいた。栄華を極めた道長であったが、晩年は子どもたちに次々と先立たれ、病にも苦しめられるなど不遇であったといわれる。

POINT!

道長は太政官のトップである左大臣、関白の代わりの内覧を兼務して、権力を維持した。

用語　「陣定」

内裏の左右近衛陣に公卿が集まって重要な政務を審議する合議制度。内裏にある清涼殿の殿上間で行われる際は殿上定という。最終決定は天皇または摂関の決断を仰いだ。道長の時代は月に2、3回行われたという。

1200　1150　1100　1050　1000　950　900　850　800　750

摂関政治の構造

摂政や関白、内覧という朝廷の要職についた藤原氏は、政務を独占した。

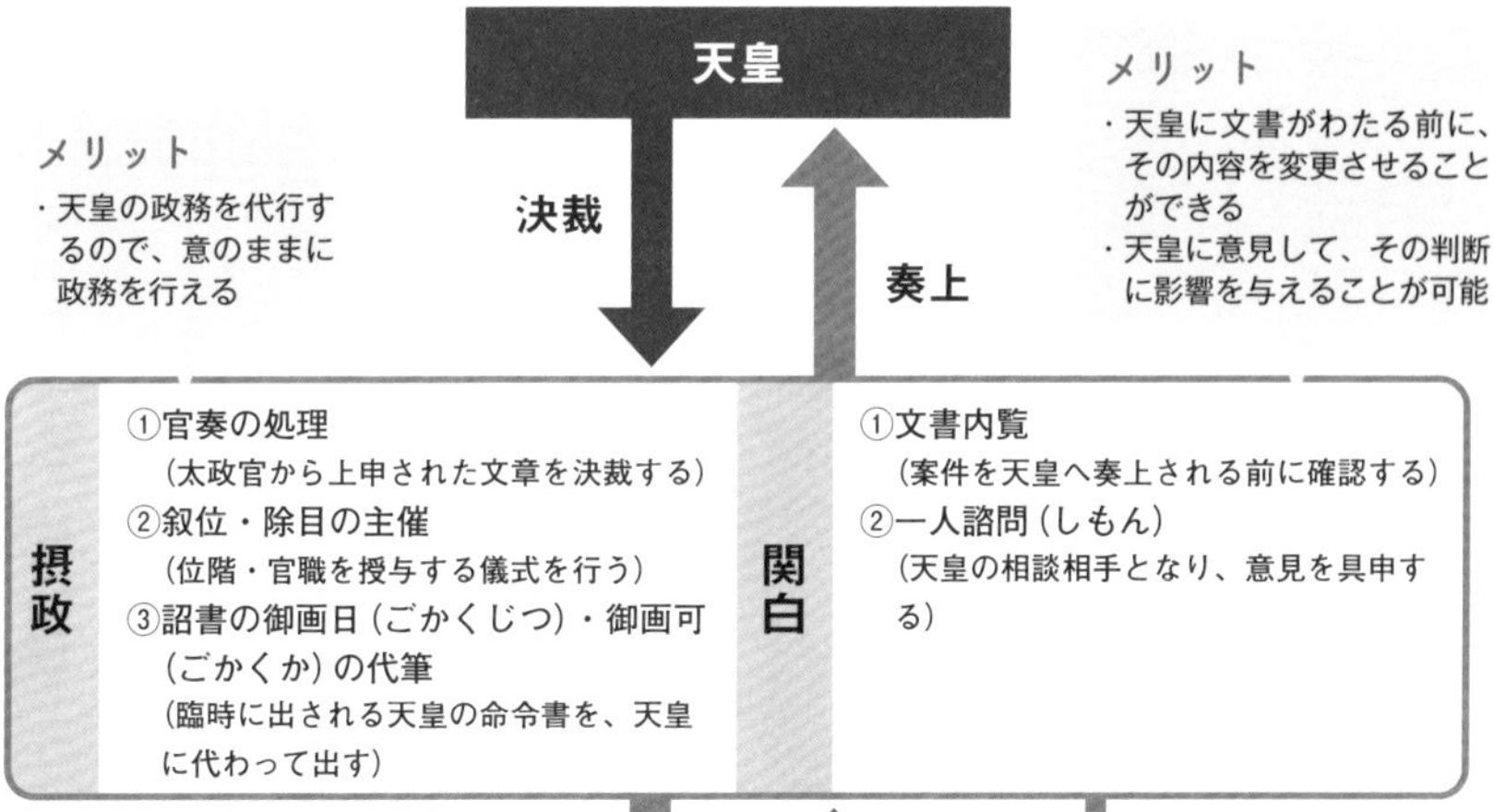
天皇
メリット
・天皇の政務を代行するので、意のままに政務を行える
決裁
奏上
メリット
・天皇に文書がわたる前に、その内容を変更させることができる
・天皇に意見して、その判断に影響を与えることが可能
摂政
①官奏の処理
（太政官から上申された文章を決裁する）
②叙位・除目の主催
（位階・官職を授与する儀式を行う）
③詔書の御画日（ごかくじつ）・御画可（ごかくか）の代筆
（臨時に出される天皇の命令書を、天皇に代わって出す）
関白
①文書内覧
（案件を天皇へ奏上される前に確認する）
②一人諮問（しもん）
（天皇の相談相手となり、意見を具申する）

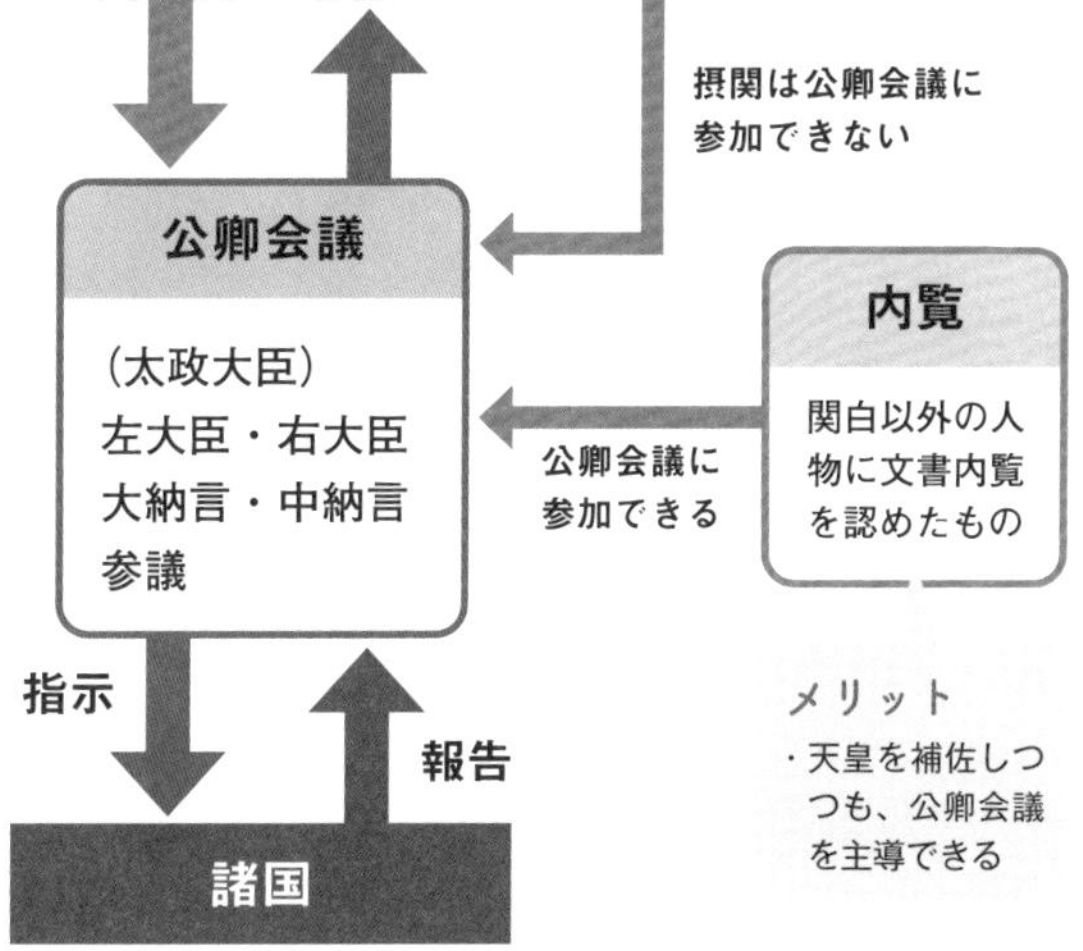
摂関は公卿会議に参加できない
公卿会議
（太政大臣）
左大臣・右大臣
大納言・中納言
参議
内覧
関白以外の人物に文書内覧を認めたもの
公卿会議に参加できる
メリット
・天皇を補佐しつつも、公卿会議を主導できる
指示
報告
諸国

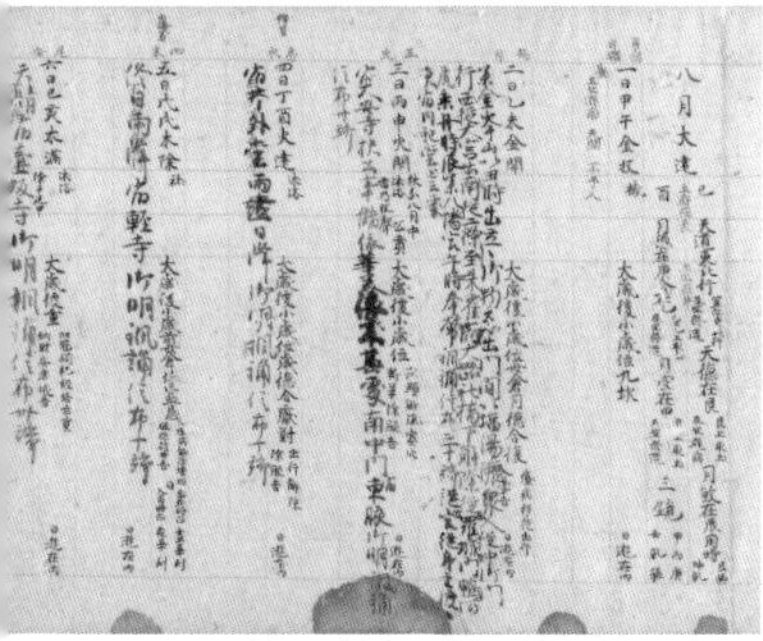

『御《み》堂《どう》関白《かんぱく》記《き》』
藤原道長33歳から56歳までの日記。世界最古の政治家の自筆日記といわれ、14巻が現存している。　陽明文庫蔵

時代を読む

現存最古の自筆日記『御堂関白記』

平安時代の貴族の日記は、朝廷の公事や儀式の内容、作法を子孫に伝えるための公的な記録でもあった。多くの貴族が日記を残したが、なかでも、道長の『御堂関白記』は現存する世界最古の自筆日記として貴重であり、2013年にはユネスコの「世界の記憶」に登録された。貴族の日記は詳細なものも多いが、道長の日記は内容が大雑把で、誤記や脱字、あて字も多く、細かいことにこだわらない大らかな性格を表しているといわれる。

その時世界は？　［1016年／デンマーク］デーン人のクヌート王がイングランドを制圧する。デーン朝の始まり。

平安人物伝

藤原《ふじわらの》道長《みちなが》

生没年 966〜1027年

身分 貴族

権勢を極めた御堂関白も病に苦しめられて仏教に傾倒

イラスト＝竹村ケイ

人物関係図

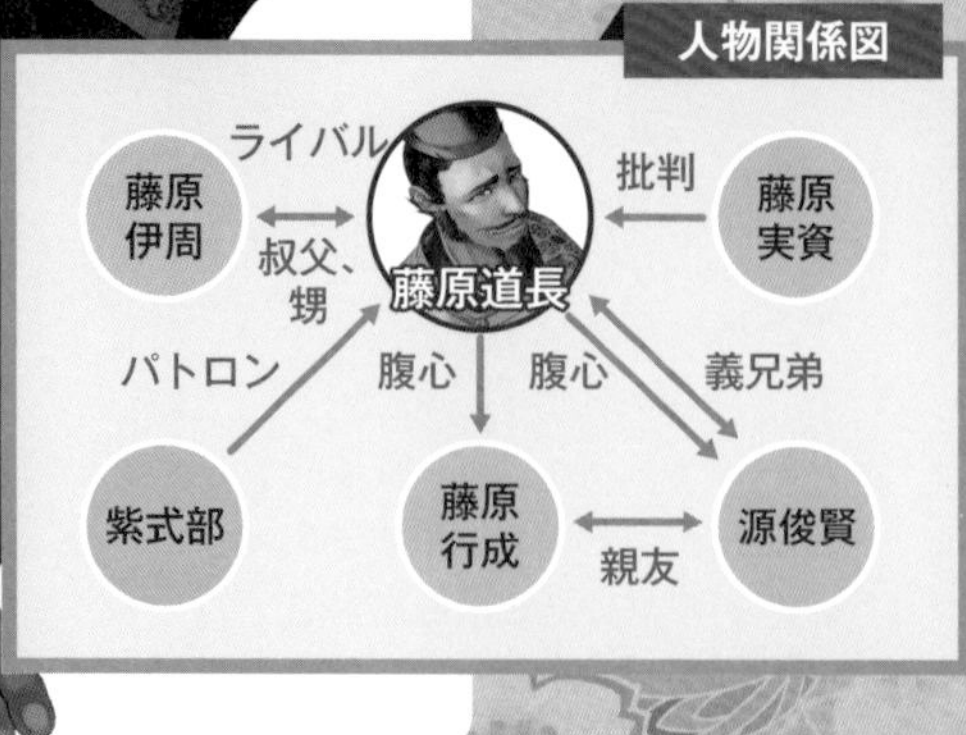

闇夜の肝試し

藤原道長は剛毅な性格だった。摂関家の栄華を描いた『大鏡《おおかがみ》』に次の逸話がある。雨が降る不気味な夜、清涼殿にいた花山《かざん》天皇が肝試しを提案した。道隆・道兼・道長の兄弟が、それぞれ決められた場所へ向かったが、兄たちが恐れて引き返したのに対し、最も遠い大極殿《だいごくでん》に行った道長だけが、柱の一部を切り取り証拠として持ち帰ったという。

一方で道長は高い教養と公事作法を身につけた一流の政治家でもあった。祖父・師輔《もろすけ》や源高明の儀式書から学び、2000余巻の漢籍を蒐集していた。道長が執り行う公事は、内容も時間も正確そのものであったという。単なる権勢欲の権化ではなく、為政者としての責任感も備えていたのである。

藤原道長金銅経筒《きょうづつ》

藤原道長が埋納した日本で最も古い経筒（経典を納める筒）。筒の表面には金が塗られ、511文字が刻まれている。この筒は藤原道長が、金峯山で供養法要を行った際に埋めたもので、これ以降、経筒の埋納が各地で行われるようになった。　金峯神社蔵／京都国立博物館提供

晩年は仏教に傾倒した藤原道長

道長は文化面でも大きな足跡を残した。仏教を信仰し、1007年寛弘4、自筆の経文を吉野《よしの》の金峯山《きんぷせん》（奈良県）に埋納した。出家後は荘厳な法成寺を造営した他、盛んに法会を主催した。一連の宗教政策は、のちの院政期の仏教興隆の先がけになったといわれる。

また、紫式部ら一流の文人を娘・彰子の女房として仕えさせたことで、『源氏物語』などの傑作が生まれた。平安文学の最盛期を築いたのも道長の功績である。

権勢を極めた道長だが、病気には終生悩まされた。持病の腰痛に加え気管支喘息や胃腸病もあった。54歳で出家した時、すでに老僧のようだったという。仏教の信仰も病気平癒のためだったが、最後は悪性の腫れ物に苦しみ61歳で世を去った。

宗教　社会　外交　政治
戦乱　武士　文化　周縁

平安時代最大の危機 刀伊の入寇はなぜ起きた？

女真が北九州を襲撃

刀伊《とい》の入寇《にゅうこう》は平安時代、唯一最大の対外危機であった。1019年《寛仁3》3月、対馬《つしま》・壱岐《いき》が刀伊の兵船50艘（約3000人）の襲撃を受け、壱岐守・**藤原理忠《まさただ》**をはじめ、島の役人や住民が虐殺された。その後、賊船は**北九州沿岸を次々と襲撃**。山野をかけめぐり、牛馬を殺し、老人や子どもを斬殺し、4～500人もの成人男女を連れ去ったという。

刀伊は中国東北部一帯（のちの満洲）に勢力を張るツングース系の**女真《じょしん》**という精強な一族で、朝鮮半島の高麗《こうらい》で「蛮族」を意味するdoiを漢字で表したものである。10世紀、女真は**宋《そう》**との貿易で発展したが、契丹《きったん》が立てた**遼《りょう》**の勢力拡大により貿易路を絶たれた。さらに、遼が朝鮮半島へ侵攻を開始したため、その混乱に乗じて女真は**朝鮮半島の東岸を荒らす**ようになり、その一部が**北九州へ進出**したと考えられている。

大宰権帥・藤原隆家の活躍

刀伊襲来の報は、すぐに**大宰府《だざいふ》**に伝えられた。対応にあたったのは、大宰権帥《ごんのそち》として赴任していた**藤原隆家《たかいえ》**である。隆家は道長と氏長者の地位を争った**伊周の同母弟**で、道長の権勢に押されて失脚した人物であった。剛毅で気骨のある隆家は、4月上旬に刀伊軍が博多の警固所《けいごしょ》を襲撃すると、隆家は自ら指揮をとり、府官や豪族を動員して防衛にあたらせた。日本軍は得意の**騎馬戦法で刀伊軍を翻弄《ほんろう》**し、捕虜の逃走を助けた。やがて、強風で刀伊軍の活動が停滞すると、日本軍は兵船を整えて反撃を開始。各地で激戦を繰り広げ、1週間ほどで**刀伊を撃退**した。

この間、京の朝廷では寺社に祈禱を命じただけで、撃退後の論功行賞も形式的なものに終わった。刀伊の入寇は平安貴族の**対外危機や地方行政への無関心が露呈した事件**でもあった。

POINT!

朝鮮半島を荒らしていた女真。その一部が海賊として北九州に進出。藤原隆家が撃退した。

人物　藤原隆家（979～1044年）

さがな者（乱暴者）と表された隆家。35歳の時、自ら大宰権帥への任官を望み九州へ下向した。眼病の治療が目的だったという。5年後に刀伊の入寇が発生。大宰府の責任者として武士や在地の豪族を統率し、屈強な刀伊を撃退した。

1200　1150　1100　1050　★　1000　950　900　850　800　750

刀伊の入寇

中国北東部の女真が海賊化し、朝鮮半島を経由して北九州に侵攻した。

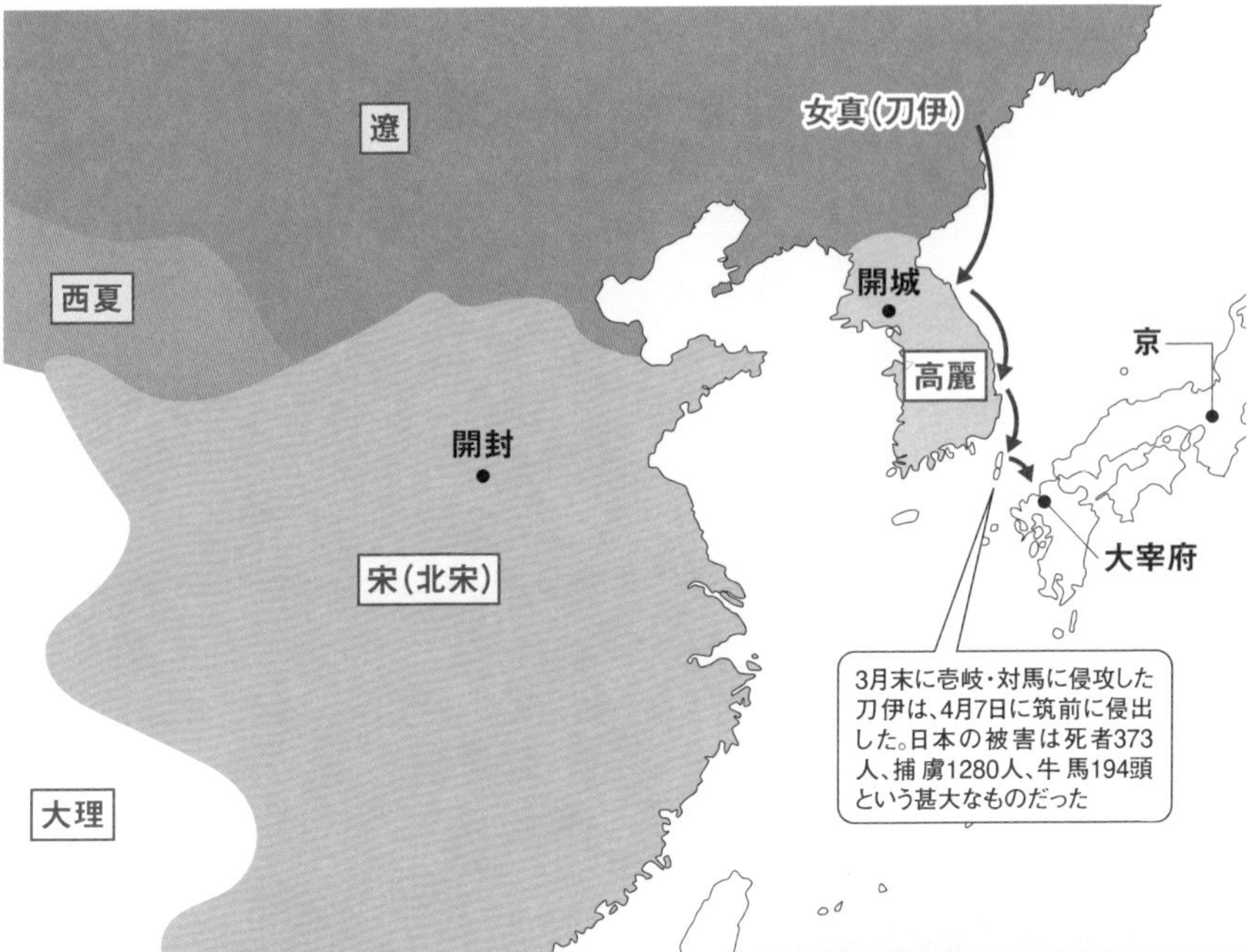

西夏
大理
開封
宋（北宋）
女真（刀伊）
開城
高麗
京

3月末に壱岐・対馬に侵攻した刀伊は、4月7日に筑前に侵出した。日本の被害は死者373人、捕虜1280人、牛馬194頭という甚大なものだった

大宰府跡

大宰府は九州の政治・文化の中心だった。刀伊を迎撃した藤原隆家は大宰府のリーダーである大宰府帥に着任していた。 福岡県太宰府市

時代を読む

金の建国と女真のその後

契丹による遼の建国後、その支配から逃れた女真の一部は、11世紀後半、完《ワン》顔《ヤン》阿《ア》骨《グ》打《ダ》のもとで勢力を拡大して、1115年に金を建国した。やがて宋と結んで遼を滅ぼした金は、宋を圧迫して江南に追い、中国全土に影響力を及ぼした。しかし1234年、金はモンゴル帝国に滅ぼされ、続く明でも支配を受けたが、17世紀、ヌルハチ・ホンタイジ父子のもとで再び中国大陸を統一して後金（のちの清《しん》）を建国。清は1911年まで存続した。

豆知識　上陸した刀伊軍の中には、日本の武者が放つ鏑矢の音に動揺して逃げる者もおり、戦いには有効だったという。

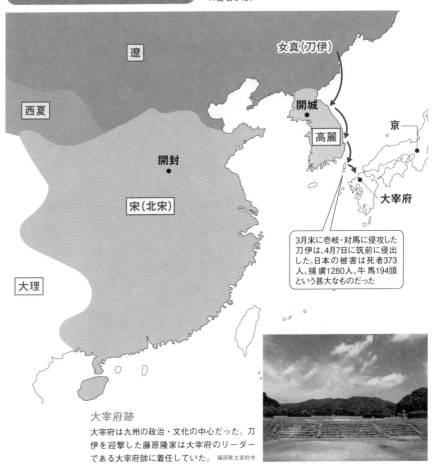

政治 周縁 外交 文化 社会 武士 宗教 戦乱

藤原氏の栄華を終わらせた藤原頼通の外戚政策失敗

摂関政治の終焉

道長の後を継いだ嫡男・**藤原頼通**は、当時最年少の25歳で摂政となって以後、後一条・後朱雀《ごすざく》・後冷泉《ごれいぜい》の3天皇、50年にわたって摂政・関白を務め、摂関在任の最長記録を打ち立てた。

従来、頼通の時代は、道長の政権の延長線上に位置付けられ、高い評価は受けてこなかった。理由の一つに**外戚政策の失敗**がある。入内《じゅだい》した娘が皇子を生まなかったため、天皇との新たな外戚関係を築けず、**摂関家の衰退**を招いた。

政策の面でも多くの課題を抱えていた。道長死去の翌1028年《長元1》、関東で**平忠常《たいらのただつね》の乱**（→P134）が勃発した。頼通が最初に任命した追討使《ついとうし》・平直方《なおかた》が鎮圧に失敗したことから、反乱は3年間も続き**房総半島は荒廃**した。また、中央でも延暦《えんりゃく》寺《じ》と園城寺《おんじょうじ》の対立が激化するなど、宗教政策においても厳しい対応を迫られた。

頼通がもたらした中世の幕開け

一方、近年は頼通の治世を再評価する声も高い。例えば、頼通は**歌壇《かだん》の庇護者**として歌合《うたあわせ》を催すなど文化面で主導的な役割を果たした。また、宇治の別荘を改めて創建した**平等院鳳凰堂《びょうどういんほうおうどう》**は、建築史において重要な位置を占めている。

50年に及ぶ長期政権により、道長・頼通の子孫が、天皇との外戚関係に関わりなく摂関となる慣例が生まれ、**名実ともに摂関家が成立**したのもこの時代だ。以後、豊臣《とよとみ》氏の武家関白を除いて、明治維新まで頼通の子孫が**摂関を継承**した。

この時代は荘園の増加により財政が悪化したため、たびたび**荘園整理令**が出されたが、頼通政権が示した基準は以後の整理令にも適用された。また、内裏再建費用などの財源を公領と荘園から一律に課税する**一国平均役**も始まった。来るべき中世は、頼通の時代に準備されていたのである。

POINT!

長期政権を担った藤原頼通だが、外祖父になれず、頼通の代で摂関政治は終わりを迎えた。

用語 「園城寺」

天台宗寺門派の総本山。通称は三井寺（みいでら）。天台宗は平安時代に円珍と円仁の仏教解釈の違いから、寺門派（円珍を祖とする園城寺）と山門派（円仁を祖とする比叡山延暦寺）に分かれて争った（→ P39）。

1200 1150 1100 1050 1000 950 900 850 800 750

政治

藤原頼通の治世

頼通の治世は、父の道長とともに築きあげた藤原氏の全盛期であり、摂関家衰退の始まりの時期でもあった。

藤原頼通木像

江戸時代初期に制作された藤原頼通の像。座高は34.5cm。

平等院浄土院蔵

藤原頼通の治世下で起きた主な出来事

1017年	藤原頼通が摂政になる
1020年	藤原道長が法成寺を建立
1019年	刀伊の入寇が起こる
1027年	藤原道長が死去
1028年	平忠常が反乱を起こす
1040年	長久の荘園整理令
1045年	寛徳の荘園整理令
1051年	前九年合戦が始まる
1053年	頼通が平等院鳳凰堂を建立
1055年	天喜の荘園整理令
1068年	後三条天皇が即位

『駒競行幸《こまくらべぎょうこう》絵巻《えまき》』　1024年に藤原頼通の邸宅である高陽院（かやのいん）で行われた駒競（競馬）の様子を描いた絵巻。後一条天皇とその弟・敦良親王が行幸した。　東京国立博物館蔵／ColBase

その時世界は?　［1054年／トルコ］キリスト教のローマ＝カトリック教会とギリシア正教会が、互いに破門し合い、キリスト教世界が分裂する。

平等院鳳凰堂　数少ない平安時代の建築物。屋根に1対の鳳凰が飾られていること、またはお堂の形が羽を広げた鳳凰のように見えることから、「鳳凰堂」のあだ名が付いた。

アート

平等院鳳凰堂

藤原頼通が夢見た極楽浄土

安らかな阿弥陀如来の世界

　十円硬貨の表面にも刻まれている平等院《びょうどういん》鳳凰堂《ほうおうどう》。平安時代のみならず、日本を代表する建築である。この美しい堂の発願者は、「宇治関白」藤原頼通である。

　鳳凰堂を正面から望む際、人々は池を隔てて西向きに立つことになる。このことから鳳凰堂は、西方にある極楽浄土を表現した建築物であるとされる。

　また、鳳凰堂の中には仏師・定朝《じょうちょう》（→P110）がつくった阿《あ》弥陀《みだ》如来《にょらい》坐像《ざぞう》が安置され、周囲には雲に乗った菩薩《ぼさつ》像が装飾されている。阿弥陀如来の来迎をイメージしたものであろう。

すべて平等院蔵

雲中供養菩薩像《うんちゅうくよう》（南 21 号）

鳳凰堂内部の壁面には、雲に乗った菩薩（如来を目指す修行者たち）の像が52躯（く）も飾られている。菩薩たちは楽器を演奏したり、舞を踊ったりと、好き好きにポーズをとり、極楽浄土の美しさを表現している。本像は雅楽で使う楽器・笙（しょう）を手にしている。

阿弥陀如来坐像

仏師・定朝がつくったもので、像高は277cmもある。穏やかな表情やなだらかな衣のひだ、見上げた時に美しく見えるようバランスの取れた体つきなど、いたるところに工夫が凝らされており「仏の本様（理想像）」と呼ばれる傑作である。なお、阿弥陀如来は人々を浄土に導いてくれる存在で、藤原氏から篤い信仰を集めていた。

仏教世界の終末・末法の訪れで浄土教が広まった理由とは？

きっかけは『往生要集』

末法思想《まっぽうしそう》とは、釈迦《しゃか》の入滅《にゅうめつ》後、秩序ある社会が維持される**正法**《しょうぼう》、仏教が衰えていく**像法**《ぞうぼう》を経て、人の心が荒れ悪行が広まり、仏道修行の効果がなくなる**末法**が到来するという考え方である。

期間については諸説あるが、釈迦入滅の年を紀元前949年とし、正法・像法を各1000年とする考えが平安中期に定着し、**1052年**《永承7》**に末法が始まる**と信じられた。

末法思想が広まる契機となったのは、延暦寺横川《えんりゃくじよかわ》の僧・**源信**《げんしん》が985年《寛和元》に著した**『往生要集』**《おうじょうようしゅう》である。この中で源信は、**極楽浄土**《ごくらくじょうど》と**地獄**《じごく》の様子を描き、**浄土教**（極楽浄土を目指すという教え）の重要性を説いた。これは、**阿弥陀如来**《あみだにょらい》に帰依し、**念仏**《ねんぶつ》を行うことで、の考えは、折からの疫病や反乱などの社会不安に揺れる人々の心を掴み、末法の到来が信じられるようになったのである。

貴賤を問わず尊崇された聖たち

浄土教にもとづいて、貴族たちは死後の極楽往生を願い、さかんに寺院や仏像を建立し、念仏を唱えた。『栄花物語』《えいがものがたり》によると、藤原道長も臨終の際、阿弥陀如来を拝し、仏の手から引いた糸を握りしめ、念仏を唱えながら亡くなったという。

浄土教は民間の宗教者である**聖**《ひじり》によって一般の民衆にも伝えられた。聖は特定の寺院・宗派に属さず、草庵で修行を積んだり、諸国をめぐり歩いて布教した人々である。その代表者が「**市聖**《いちのひじり》」と呼ばれた**空也**《くうや》である。京を拠点として、架橋や井戸掘りなどの土木工事を行いながら阿弥陀仏を唱えて各地をめぐった。摂関期には「**皮聖**《かわのひじり》」と呼ばれた**行円**《ぎょうえん》が現れ、藤原道長など上級貴族からも帰依された。

末法思想は、貴賤を問わず多くの人々を巻き込んだ一大宗教ムーブメントだったのである。

用語　「念仏」

浄土教において、「阿弥陀如来を信仰する」という意味の「南無阿弥陀仏（なむあみだぶつ）」という言葉を唱えること。阿弥陀如来は、一度でも帰依すれば人々を極楽浄土へと導いてくれるとされ、浄土教で最重要視されている仏である。

POINT!

1052年に末法が訪れるという思想から、念仏を唱えて救いを求める浄土教が生まれた。

1200　1150　1100　1050★　1000　950　900　850　800　750

宗教

浄土教の成立

末法思想の広まりによって、死後に極楽浄土への往生を目指す浄土教が大流行した。

「阿弥陀来迎《らいごう》図」
阿弥陀如来は臨終の際に現れ、人々を極楽浄土へ導いてくれるという。極楽は良い香りがたちこめ、美しい音色が聞こえる安楽の世界だという。
東京国立博物館蔵／ColBase

著書『往生要集』の中で
・1052年に末法が訪れ、仏教世界の終わりがくる
・人々は地獄に落ち、責苦を受けねばならない
➡阿弥陀如来に帰依し、念仏を唱えることで、死後、極楽浄土に往生できる

源信（942～1017年）
通称「恵心僧都（えしんそうず）」。比叡山で修行を積んだ天台宗の僧侶。『往生要集』を通じて浄土教の基礎をつくる。往生とは「死後、浄土に往（い）き、生まれ変わる」という意味。

人物を知る　閻魔《えんま》に仕えていた!? 奇抜な文人貴族・小野篁《おののたかむら》

小野篁は小野妹子《いもこ》の末裔で、三跡（→P64）の道風《みちかぜ》の祖父にあたる。養老律令《ようろうりつりょう》の注釈書『令義解《りょうのぎげ》』の序文を書いた一流の文人で、能書家としても知られた。一方、奇行が多く「野狂《やきょう》」と呼ばれ、遣唐使への参加を拒否して配流された経歴を持つ。説話集には、篁が現世と冥界を往復し、閻魔大王の裁判を補佐したという伝説が記されており、六道珍皇寺《ろくどうちんのうじ》（京都府）には、篁が冥府に通う際に通ったとされる井戸が残されている。

地獄の裁判官・閻魔を補佐したという小野篁。
国立公文書館蔵

豆知識　行円はつねに鹿の皮を身につけていたため「皮聖」と呼ばれた。伝説では、お腹に子がいる母鹿を射殺した後悔から鹿皮を身につけたとされている。

地獄絵

アート

『往生要集』に書かれた地獄の姿

『地獄草紙』（奈良博本）

12世紀に描かれた地獄絵で、国宝に指定されている。本図は盗みをはたらいた者が落ちる「鉄鎧所（てつがいじょ）」と呼ばれる地獄で、罪人が鬼たちによって鉄の臼ですり潰されている。

奈良国立博物館蔵／ColBase

人々が恐れた地獄のイメージ

仏教では、生物は六道輪廻《ろくどうりんね》（死後六道のいずれかに転生すること）を繰り返し、悟りを得て仏になれば解脱《げだつ》（輪廻から脱出）できるとされている。六道は上から天・人間・修羅《しゅら》・畜生《ちくしょう》・餓鬼《がき》・地獄の六つである。

源信が書いた『往生要集』は六道の特徴を冒頭に記しており、特に地獄でどんな目に遭うかを具体的に説いている。そんな地獄を図像化したのが地獄絵だ。人々は地獄絵を見て、地獄に落ちないよう浄土教を熱心に信仰したのだろう。

成仏

仏となり、一切の苦しみから解放される。仏教の最終目標にあたる

← 悟りを得る

極楽浄土

阿弥陀如来が導いてくれる苦しみのない世界。ここで修行を積み、成仏を目指す

↑ 悟りを得て解脱　　↑ 往生

高 ↑ 低

天	六道の中では最高ランクの世界で苦しみはないが、来世は下のランクに落ちるかもしれないという不安を抱き続ける
人間	今私たちが生きている人間の世界。老・病・死という苦しみがある
修羅	戦いが絶えない世界。仏教の戦神・阿修羅（あしゅら）はこの世界に住んでいる
畜生	動物たちの弱肉強食の世界。慈悲の心を持たないものは鳥や虫、獣に生まれ変わることとなる
餓鬼	飢えと渇きに苦しむ世界。嫉妬や物欲にまみれたものが落ちるという
地獄	最も過酷な世界で、鬼によってつねに責苦を受けることとなる

『地獄草紙』
（東博本）

左図は焼けた石が降ってくる「雨炎火石（うえんかせき）地獄」で、右下には血でできた川が流れている。右図は大火が罪人を燃やす「雲火霧（うんかむ）地獄」。地獄に落ちた者は責苦を受けたあと蘇生され、また同じように責苦を受けるという。

東京国立博物館蔵／ ColBase

『餓鬼草紙』

餓鬼道に落ちた者の姿を描いた絵巻。体は痩せ細り、腹部だけが太っている。図は平安京の道端で、人の糞尿をむさぼる餓鬼たち。

奈良国立博物館蔵／ ColBase

『十王図』より「閻魔王」

浄土教の広まりとともに、人々を六道のどれに転生させるか裁判を行う十王への信仰が始まった。なかでも閻魔王はインド神話のヤマ神にルーツを持ち十王で最古の神であることから特に人気を集めた。

奈良国立博物館蔵／ ColBase

政治　外交　社会　宗教
周縁　文化　武士　戦乱

土地に税が課される負名制度で貴族への荘園の寄進が進んだ？

人単位から土地単位へと転換した税制

律令制度において土地と人民は国有で、国家が性別・年齢に応じて人民に班田（口分田《くぶんでん》）を分配して租税を徴収する**班田収授法**が基本であった。平安時代になると、天災が多発し疫病が流行。人口は減少し農村は荒廃した。こうした混乱の中、**田堵**《たと》と呼ばれる有力農民が台頭し、零細な農民を集めて大規模な農地（**荘園**《しょうえん》）を経営した。9世紀以降は荘園が増加し、税収は激減、国家財政は危機に瀕した。朝廷は違法な荘園を禁じる**荘園整理令**（→P68）を出したが効果は小さかった。

そこで朝廷は、土地を「**名**《みょう》」という単位で田堵に分け与え、名単位で税を徴収する現実的な方策に切り替える。名を耕作し納税を請け負った田堵のことを**負名**《ふみょう》という。この負名体制によって、成人男性に課税する律令制度の原則は崩れ、**土地に課税する税制**への一大転換となった。

貴族の権力を支えた寄進地系荘園

負名から税を回収する役割は国司のトップである**受領**《ずりょう》が担った。11世紀になると、地方豪族や負名の中には自ら土地の開発を行う**開発領主**《かいはつりょうしゅ》が現れる。その多くは受領に取り入り、**在庁官人**《ざいちょうかんじん》という役職で行政に参加するようになった。

一方で、税の負担から逃れるため、中央の権力者に所領を荘園として寄進する開発領主もいた。そのため、天皇家や摂関家、有力寺社などに多くの荘園（**寄進地系荘園**）が集積され、各々の政治的権力を支える基盤となった。

寄進を受けた権力者たち（**本家**《ほんけ》）は、荘園の租税を免除する**不輸**《ふゆ》、受領の立ち入りを拒否する**不入**《ふにゅう》の特権も朝廷から与えられるようになる。1069年《延久1》には**延久**《えんきゅう》**の荘園整理令**（→P132）が出され、荘園と公領が明確になり、両者が並立する**荘園公領制**が確立した。

POINT!

徴税が人単位から土地単位へと移行。それを嫌がる開発領主が貴族に荘園を寄進するように。

用語　「田堵」

有力農民のこと。名をたくさん請け負ったものは「大名田堵」、少ないと「小名田堵」と呼ばれた。大名田堵の中でも余裕があった者が開発を行い、開発領主となっていく。なお、「大名田堵」の「大名」こそ、所領を多く抱えた者を指す「大名」の由来である。

1200　1150　1100　1050　1000　950　900　850　800　750

負名体制の始まり

安定した税収が得られなくなった朝廷は、土地を名として田堵に配り、名の大きさに応じた税を納める負名体制を実施した。

Before 班田収授法

一人ひとりに納税義務が課され、税となる収穫物は国から貸し出された区分田を使用した。

After 負名体制

土地（名）単位で税額が定められた。大きい名を持つ田堵（農民）は大名田堵と呼ばれ、下人（隷属農民）を従えて土地の開発を進めた。

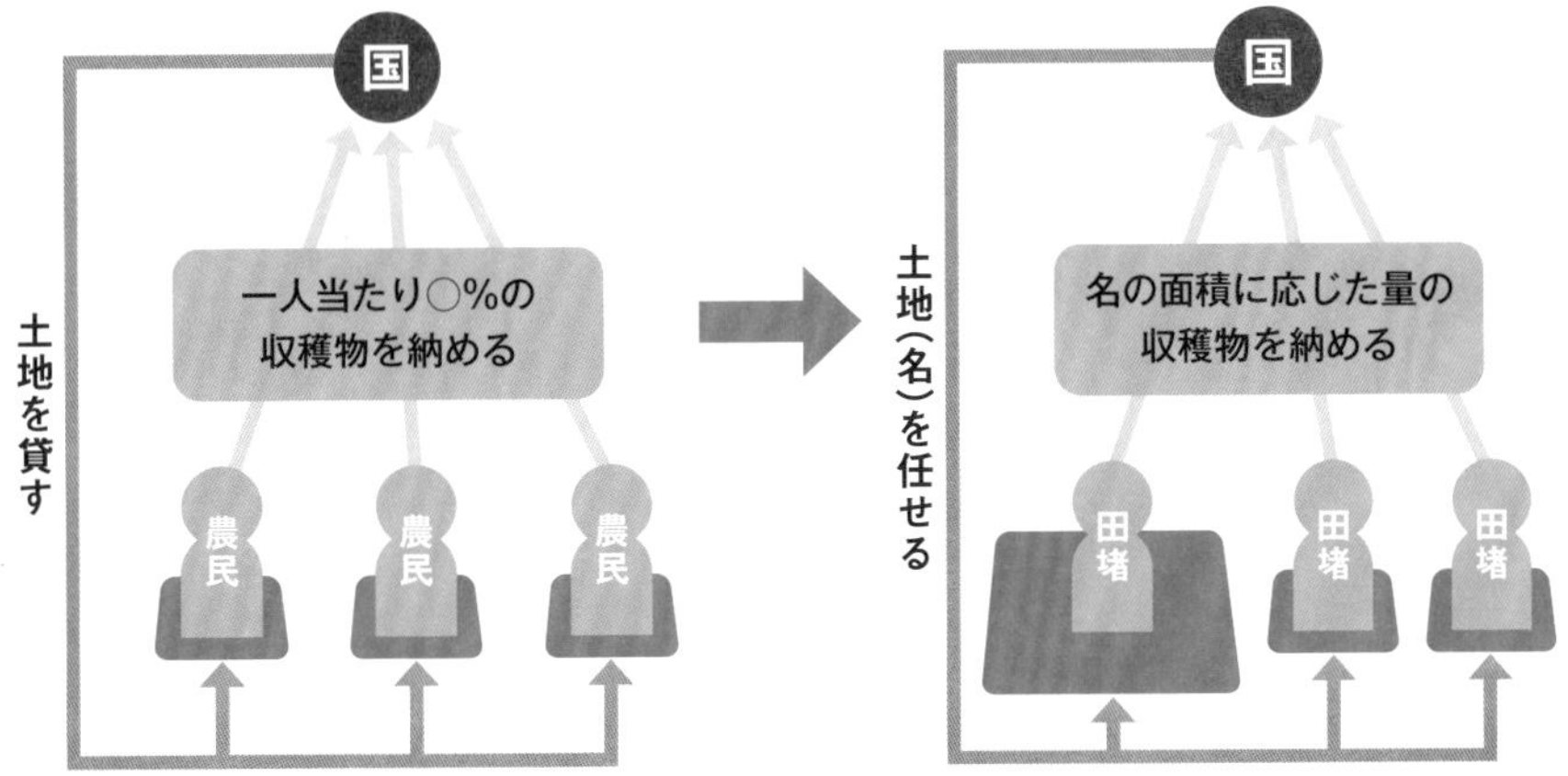

荘園公領制の成立

開発領主が荘園を上級貴族などの権門勢家に寄進するようになり、荘園と公領が並立する状態になった。

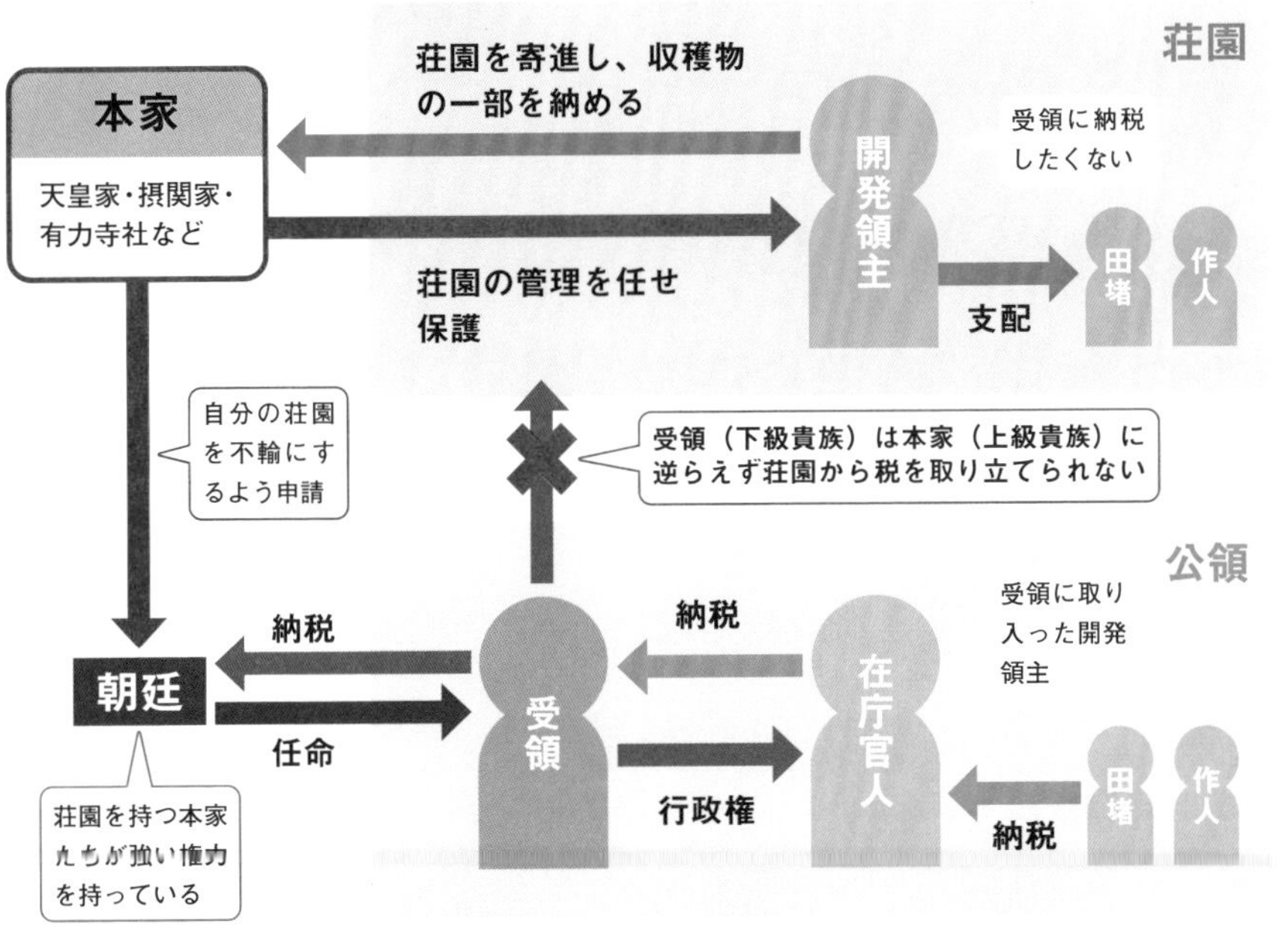

その時世界は? ［962年／ドイツ］オットー1世がローマ教皇から戴冠を受け、神聖ローマ帝国の皇帝に即位。

宗教　社会　外交　政治
戦乱　武士　文化　周縁

仏像が木でつくられるのは霊木信仰が背景にあった？

POINT!
平安時代には木彫の仏像が定着。密教や浄土教の流行に合わせた仏像がつくられた。

木の仏像は平安時代から一般化

平安時代は仏像づくりにも転機が訪れる。最も顕著なのは**素材の変化**である。

奈良時代までは粘土で成型する**粘塑像**《ねんそぞう》が中心であった。しかし唐から**白檀**《びゃくだん》（良い香りの木）を彫ってつくった仏像が伝来。日本には**カヤ**や**ヒノキ**といった香木が多数生えており、壊れにくく加工もしやすい**木彫**《もくちょう》の仏像が一般化していった。

また日本には「木には神が宿る」という**霊木**《れいぼく》**信仰**があり、神木を使って仏像をつくるようになる。その際、なるべく1本の木から仏像のパーツを切り出す**一木造**《いちぼくづくり》が主流であった。

11世紀に末法思想が流行すると、造仏の注文が殺到。そこで仏師《ぶっし》・**定朝**《じょうちょう》は、パーツごとに分担して彫り、それを組み立てる**寄木造**《よせぎづくり》を開発する。また軽量化のために一度つくった仏像を割って中をくり抜き再び接合する**割矧造**《わりはぎづくり》の技法も行われた。

仏教の流行が反映された仏像

平安時代は仏像の容姿も変化した。前期は空海《くうかい》が密教を広めたことで、**不動明王**《ふどうみょうおう》（→P42）などの**密教特有の仏**をかたどった像がつくられるようになった。また、姿勢や表情、筋肉など、体のパーツを極端に誇張した像が流行した。

後期は**浄土教**の流行により、人々を浄土に導く**阿弥陀如来**の像が多くつくられた。なかでも、藤原頼通が発願した**平等院鳳凰堂**の阿弥陀如来像は、寄木造を考案した仏師・定朝がつくったと確定している唯一の作品。平安前期のような極端な表現は控えめになり、穏やかな顔立ちに、なだらかな衣紋のラインは、定朝が完成させた新様式・**和様**《わよう》の特徴である。

和様を受け継いだ定朝の弟子たちは、やがて**院**《いん》**派**《ぱ》**・円**《えん》**派**《ぱ》**・奈良仏師**の3系統に分かれ、平安末期には奈良仏師から慶派《けいは》の**運慶**《うんけい》**・快慶**《かいけい》が輩出される。

人物　**定朝**（生没年不詳）
平安時代後期を代表する仏師（仏像製作者）。寄木造や和様の大成など、以降の仏像づくりの基礎を築いた人物。しかし、定朝の手によるものと確定している仏像は、平等院鳳凰堂の阿弥陀如来像のみで、多くは失われている。

1200　1150　1100　1050　1000　950　900　850　800　750

郵便はがき

おそれいりますが切手をお貼り下さい

104-8011

東京都中央区築地5-3-2

株式会社朝日新聞出版

生活・文化編集部行

ご住所　〒 電話　（　　）		
ふりがな お名前		
Eメールアドレス		
ご職業	年齢　歳	性別

このたびは本書をご購読いただきありがとうございます。
今後の企画の参考にさせていただきますので、ご記入のうえ、ご返送下さい。
お送りいただいた方の中から抽選で毎月10名様に図書カードを差し上げます。
当選の発表は、発送をもってかえさせていただきます。

愛読者カード

本のタイトル

お買い求めになった動機は何ですか？（複数回答可）

1．タイトルにひかれて　　2．デザインが気に入ったから
3．内容が良さそうだから　　4．人にすすめられて
5．新聞・雑誌の広告で（掲載紙誌名　　　　　）
6．その他（　　　　　）

表紙　1．良い　2．ふつう　3．良くない
定価　1．安い　2．ふつう　3．高い

最近関心を持っていること、お読みになりたい本は？

本書に対するご意見・ご感想をお聞かせください

ご感想を広告等、書籍のPRに使わせていただいてもよろしいですか？

1．実名で可　　2．匿名で可　　3．不可

ご協力ありがとうございました。
尚、ご提供いただきました情報は、個人情報を含まない統計的な資料の作成等に使用します。その他の利用について詳しくは、当社ホームページ
https://publications.asahi.com/company/privacy/をご覧下さい。

平安時代の仏像の変遷

平安時代、仏像は木彫がメインとなる。また、密教や浄土教の流行を反映した仏像がつくられた。

平安前期

- 木彫の始まり
- 密教の異形の仏像が流行

↓

平安後期

- 寄木造ができる
- 和様の完成

前期

観心寺《かんしんじ》 如意輪観音菩薩像《にょいりんかんのんぼさつぞう》

如意輪観音は密教で祀られた仏。分厚い唇や豊満な体躯は、平安時代前期の誇張された身体表現の典型例といえる。

観心寺蔵

後期

即成院《そくじょういん》阿弥陀如来 および二十五菩薩像

阿弥陀如来の来迎（お迎え）を立体的に表現した像。完成時期は1094年頃といわれ、見た目の特徴から定朝が関与したともされている。　即成院蔵

時代を読む

地方にも広がった都の仏像制作の波

平安京で流行した浄土教と、それにともなう阿弥陀如来ブームは地方にも波及した。東北では奥州藤原氏が建てた平泉《ひらいずみ》の中尊寺《ちゅうそんじ》金色堂《こんじきどう》（→P140）がよく知られる。金色堂は極楽浄土を表現したものとされ、中央に置かれているのも阿弥陀如来像である。一方、九州では臼杵《うすき》磨崖仏《まがいぶつ》が有名だ。磨崖仏とは岩壁を削ってつくられた仏像のこと。制作者はわかっていないが、堂々とした体つきや穏やかな表情から、平安京の仏師の影響を感じ取れる。

臼杵市にある阿弥陀如来の磨崖仏。

大分県臼杵市

豆知識　木造の仏像は温湿度の変化で表面が割れてしまう恐れがある。割矧造には内部を空洞にすることで破損を防ぐ作用もあった。

宗教　社会　外交　政治
戦乱　武士　文化　周縁

後宮に仕えた女房たちは重要な政務を担当していた？

細かく分かれた後宮の身分

天皇には複数の妃がおり、正室である**皇后**・**中宮**《ちゅうぐう》の下に**女御**《にょうご》、次いで**更衣**《こうい》があった。後宮の建物は、飛香舎《ひぎょうしゃ》（藤壺《ふじつぼ》）・淑景《しげい》舎（桐壺《きりつぼ》）などの七舎、弘徽殿《こきでん》・麗景《れいけい》殿などの五殿からなり（**七舎五殿**）、「弘徽殿の女御」「桐壺の更衣」など各自が賜った殿舎の名称で呼ばれることが多かった。

天皇の後宮には多くの**女官**が働いていた。女官の身分は**上臈**《じょうろう》・**中臈**《ちゅうろう》・**下臈**《げろう》に分けられる。上臈は中納言《ちゅうなごん》以上の上級貴族出身の女性で、中宮・皇后の食事の給仕や髪の支度などが仕事であった。**禁色**《きんじき》である赤と青の衣の着用が許されていた。

中臈は女童《めのわらわ》（小間使いの少女）や下臈の監督、雑用などを務める係で、四・五位の中級貴族出身者が多く、紫式部《むらさきしきぶ》や清少納言《せいしょうなごん》もこのランクであった。下臈は上級貴族に使える家司や寺社の娘などである。

天皇の秘書から掃除まで務めた女房たち

上・中・下臈の女官たちは、房という部屋を与えられたことから**女房**《にょうぼう》と呼ばれた。女房の役割は后の身辺に侍る仕事だけではなく、後宮を運営する事務や儀式への奉仕などの仕事もあり、**後宮十二司**《じゅうにし》という12の役所に分けられていた。

最も重要な職が**内侍司**《ないしのつかさ》と**蔵司**《くらのつかさ》で、前者は天皇の秘書官的な役職、後者は天皇の印綬を管理する仕事である。その他、衣類の裁縫《さいほう》を行う**縫司**《ぬいのつかさ》、食事を担う**膳司**《かしわでのつかさ》、書類や楽器を管理する**書司**《ふみのつかさ》などがあった。各司の職員の地位は3～4の等級に分かれており、例えば内侍司は尚侍《ないしのかみ》・典侍《ないしのすけ》・掌侍《ないしのじょう》…と続いた。ただし、尚侍は天皇に気に入られると女御や中宮になる可能性もあったため、女官の中でも別格の地位であった。

このほか、后に学問を教える御進講《ごしんこう》も、紫式部ら学才の高い女房の大切な仕事であった。

POINT!
後宮に仕える女房たちも細かく身分が分けられ、その仕事も12の部署に分けられた。

用語　「禁色」
特定の身分以外、着用を禁じられた装束の色のことで、律令に定められていた。天皇のみ着用が許された禁色は「黄櫨染（こうろぜん）」と呼ばれる赤みがかった黄色で、現在も天皇が重要な儀式に着用するのは黄櫨染の装束である。

1200　1150　1100　1050　1000　950　900　850　800　750

後宮の女性のランク

後宮の女性のランクは、親の身分によって割り振られた。頂点は天皇の妃にあたる皇后や中宮である。

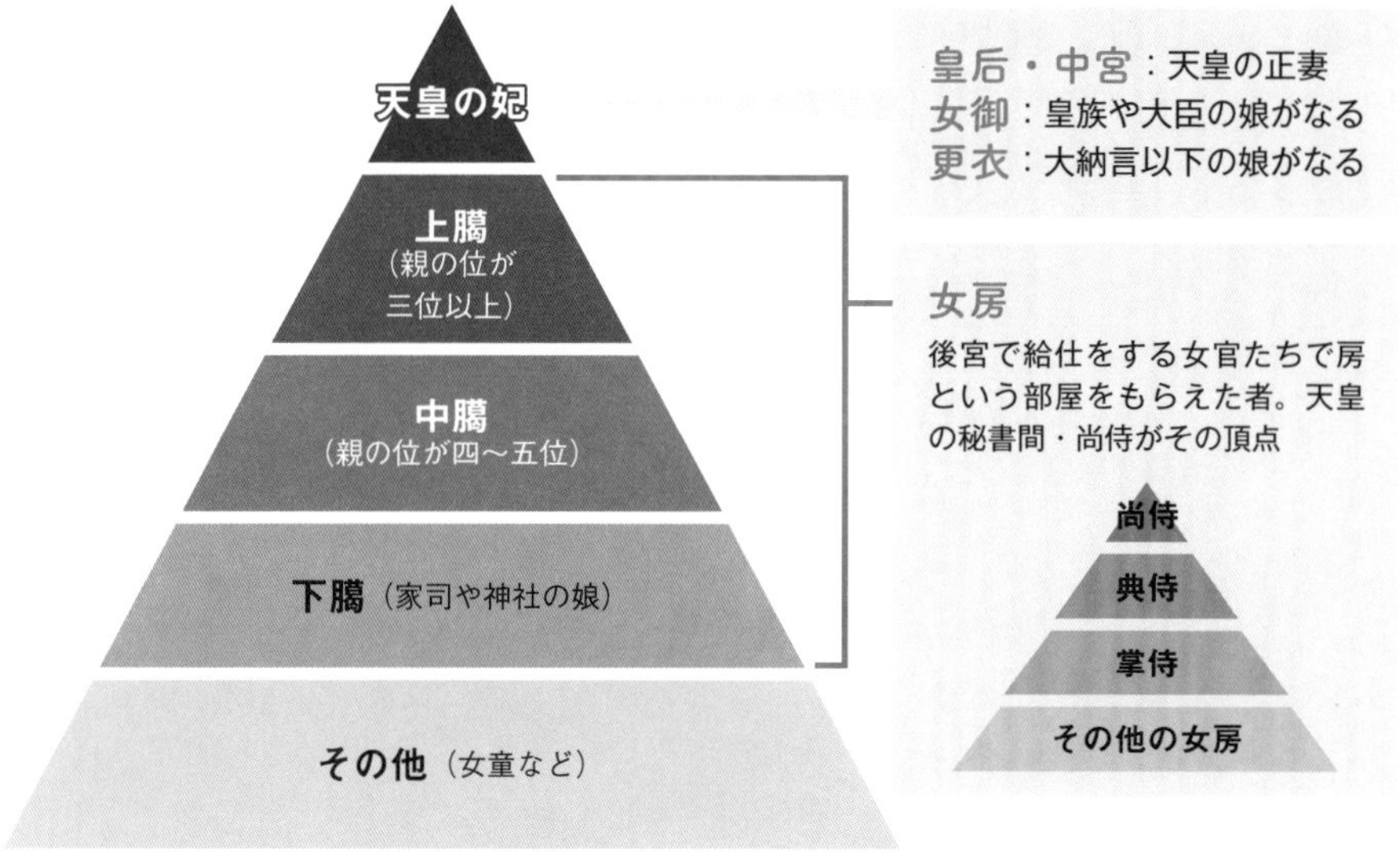

後宮の仕事・後宮十二司

後宮の仕事は12の部署に分かれていた。なかでも内侍司は皇位の女房しか就けない役職だった。

	仕事内容
①内侍司	天皇の秘書のような役割。天皇の許可を得たり、天皇の言葉の伝達を行う
②蔵司	天皇の神璽の管理や、貴人の着替えの手伝い
③書司	書物や紙・墨の管理
④兵司《つわもののつかさ》	軍事関係。具体的な職務は不明
⑤闈司《みかどのつかさ》	宮中の様々な門の鍵の管理
⑥薬司	医薬品の管理
⑦殿司《とのもりのつかさ》	夜に灯りを灯す係
⑧掃司《かにもりのつかさ》	施設の管理や掃除など
⑨膳司	食事の用意など
⑩水司《もいとりのつかさ》	水・粥の用意や管理
⑪酒司《みきのつかさ》	酒や酢の醸造や、行事の際の酒の管理
⑫縫司	衣服の裁縫や組紐の制作、女官の出仕を管理

イラスト＝夏江まみ

天皇の秘書を務める内侍司。そのトップにあたる尚侍は天皇に接する機会も多く、妃になるチャンスもあった。

十二司には含まれないが、中宮の教育を行う御進講も重要な仕事。和歌や漢籍（漢文）などの授業を行った。

豆知識　平安時代は女性が不特定多数の男性に顔を見せることははしたないとされ、異性と関わる機会の多い後宮の仕事に対し否定的な人も多かった。

宗教 社会 外交 政治
戦乱 武士 **文化** 周縁

後宮サロンで花開いた平安時代の文学の世界

POINT!
かな文字の発明により数々の文学作品が誕生。とくに後宮の女性たちが担い手となった。

かな文字の発達で文字が隆盛

11世紀初めに**平がな・片かな**（→P64）の字形がほぼ定まると、漢字だけでは表せない日本人らしい感情や感覚を伝えることが可能になり、様々な文学作品が生まれた。

土佐《とさ》（高知県）国司となった**紀貫之**《きのつらゆき》は、土佐での生活を書いた日記**『土佐日記』**を平がなで執筆。以降、著者の内面を描いた**日記文学・随筆**《ずいひつ》が発展していく。散文で書かれた物語文学では、日本最古の小説**『竹取《たけとり》物語』**や、**在原業平**《ありわらのなりひら》が主人公とされる歌物語**『伊勢《いせ》物語』**などが書かれた。

また**『栄花《えいが》物語』**や**『大鏡《おおかがみ》』**など歴史をモチーフにした歴史物語、**『今昔物語集《こんじゃくものがたりしゅう》』**などの**説話**（言い伝え）をまとめた説話文学もつくられた。

和歌においては、紀貫之らによって最初の勅撰和歌集である**『古今和歌集《こきんわかしゅう》』**が編まれ、後世の和歌に大きな影響を与えた。

後宮で花開いた女流文学

かな文字は女性を中心に広く使用されるようになった。和歌では藤原彰子に仕えた**和泉式部**《いずみしきぶ》など、有能な女性歌人が登場した。物語文学では、「世界最古の長編小説」と称される**紫式部**の**『源氏物語』**が生まれた。

随筆では、宮廷生活を題材とした**清少納言**の**『枕草子』**がよく知られる。その他に**藤原道綱母**《みちつなのはは》による**『蜻蛉《かげろう》日記』**や**菅原孝標女**《すがわらのたかすえのむすめ》の**『更級《さらしな》日記』**など、後宮の女性たちによって優れた日記文学が記された。

女流文学の隆盛は、外戚の地位をめぐる争いと無関係ではなかった。天皇には複数の后妃が入内するのが通例であった。権力者たちは自身の娘に天皇の愛情が向かうよう、有能な女房を多数仕えさせてサロンの魅力を高めたため、そこから多くの文学作品が生まれることとなったのである。

人物 **藤原道綱母**（936?～995年）
受領階級の家に生まれ、藤原兼家に強引に求婚され結婚。道綱（道長の異母兄）を生む。夫の浮気に悩まされ、その苦悩を『蜻蛉日記』につづっている。道綱も文才があり『後拾遺（ごしゅうい）和歌集』に歌が載っている。

1200 1150 1100 1050 1000 950 900 850 800 750

平安時代を代表する文学作品

かな文字の成立で多くの物語・日記・和歌が成立した。

日記・随筆

『土佐日記』	紀貫之が土佐国司の任期を終えて帰京するまでの旅日記。同行した女性が書いたという体裁をとっている
『蜻蛉日記』	藤原道綱母が、夫・兼家への愛憎や息子・道綱の成長などを記録した作品
『和泉式部日記』	和泉式部が敦道（あつみち）親王との恋愛を情熱的につづる
『紫式部日記』	紫式部が中宮・彰子に仕えていた頃の日記
『更級日記』	菅原孝標女が『源氏物語』に憧れ夢を持った少女時代から、夫の急死に絶望し、仏に帰依する晩年まで、人生を回想する
『枕草子』	清少納言による随筆（エッセイ）。中宮・定子に仕えていた頃の体験や、それに対する感想をまとめている

物語

歌物語	『伊勢物語』	在原業平だと思われる主人公「昔男」の一生を語る。失恋をきっかけに東国へ旅に出る「東下り」の段がよく知られる
	『大和物語』	様々な実在の人物が主人公となる歌物語
作り物語	『竹取物語』	現在も昔話「かぐや姫」として親しまれる現存最古の作り物語
	『宇津保物語』	主人公・清原仲忠（きよはらのなかただ）が、母から受け継いだ琴の技で出世していく物語
	『落窪物語』	継母にいじめられ落窪（部屋の隅のへこんだ場所）で暮らしていた姫が、貴公子に見初められ幸せになるシンデレラストーリー
	『源氏物語』	貴公子・光源氏の人生を描いた長編小説
	『とりかへばや物語』	女性的な兄は女、男性的な妹は男として育てられ、出世を目指す物語
	『堤中納言物語』	短編物語集。外見を気にせず虫を可愛がる「虫めづる姫君」のエピソードは当時の伝統美への批判として、高く評価されている
歴史物語	『栄花物語』	女性歌人・赤染衛門（あかぞめえもん）らが書いたとされる歴史物語。藤原道長の栄華を賛美する
	『大鏡』	850～1025年の間の歴史を物語る。藤原道長を始め、藤原氏の摂関政治を批判的に語る
	『今鏡』	『大鏡』の続きにあたる1025年から、高倉天皇の治世までを語る
説話	『日本霊異記』	822年頃に成立した日本初の仏教説話集。飛鳥～平安時代初期の風俗を知る歴史資料としても評価される
	『今昔物語集』	インド・中国・日本の説話を集めたもの。日本編では妖怪の話や実在の人物にまつわる伝説も語られている

菅原孝標女（1008～？年）

上総国（千葉県）の国司の娘。『更級日記』のほかに物語『夜半（よわ）の寝覚め』などの作者と考えられている。

千葉県市原市

『伊勢物語図』より「東下り」

東国に下った男が、八橋の地で燕子花（かきつばた）の花畑を見つけるシーン。男は「かきつばた」にちなんで「『か』ころも『着（き）』つつなれにし『つ』ましあれば『は』るばる来ぬる『た』び（旅）をしぞ思ふ」という和歌を詠み、人々を驚かせた。

メトロポリタン美術館蔵

文化

豆知識　紫式部は日記の中で、和泉式部を「そこまですばらしい歌人じゃない」、清少納言を「高慢だ」と痛烈に批判している。

平安人物伝

清《せい》少《しょう》納《な》言《ごん》・紫《むらさき》式《しき》部《ぶ》

生没年　ともに不詳

身分　女房

現代まで読み継がれる名作を生んだ二人の女性作家

人物関係図

イラスト＝竹村ケイ

（左）宇治橋に立つ紫式部像　京都府宇治市
（右）「清少納言図」　東京国立博物館蔵／ColBase

才気煥発な清少納言

多数の才女を輩出した摂関期の後宮において、双璧とうたわれるのが清少納言と紫式部である。

清少納言は三十六歌仙の一人・清《きよ》原元輔《はらのもとすけ》の娘である。993年《正暦4》頃、一条天皇の中宮・定子の女房として出仕。定子の父・藤原道隆が栄華を誇っていた時期で、定子との交流や宮廷生活の様子は随筆『枕草子』に描かれている。

『枕草子』は自然や四季、宮廷の様子などを多彩な筆致で綴る一方、自身の学識と機知の高さを表す逸話も隠すことなく書き並べており、才気煥発で勝ち気な性格が表れているといわれる。

清少納言の宮仕えは、定子が亡くなる1001年《長保2》頃まで続いたが、その後宮廷を退き、晩年は零落したともいわれる。

夫と死別後に宮仕えした紫式部

勝気一辺倒の清少納言に対し、温厚で謙遜深いが、内面に高いプライドを秘めていたとされるのが紫式部である。

学者・藤原為時《ためとき》の娘で、夫の藤原宣孝《のぶたか》と死別後に『源氏物語』の執筆を始め、その評判により藤原彰子に仕えたと考えられている。彰子の出産の様子、藤原道長・実資《さねすけ》ら貴族との交流などの宮廷生活を記した『紫式部日記』も、第一級の文学作品として知られている。

同書で有名なのが、清少納言への批評である。「高慢で利口ぶっている」「漢学の才をひけらかしている」と激しく罵倒しているためライバル関係にあったと思われがちだが、紫式部の出仕は清少納言が宮廷を去ったあとで、二人が顔を合わせた可能性は低いとされる。

特集

『源氏物語』の世界

千年前に描かれた長編小説

世界最古の長編小説といわれる『源氏物語』が書かれたのは、およそ千年前の平安時代。文字量は100万字、登場人物の数は400人を超えるという大ボリュームの小説だ。作者は紫式部。夫に先立たれた彼女が寺の一室で心の慰みに書き始めたのが始まりとされている。

『源氏物語』は全54帖（章）、三部構成に分けられることが多い。第一部である「桐壺《きりつぼ》」から「藤裏葉《ふじのうらば》」は、主人公の光源氏《ひかるげんじ》が誕生し、栄華を極めるまでを描く。第二部は光源氏が内親王《ないしんのう》を娶《めと》る「若菜上」から光源氏最後の姿「幻」まで。

「宇治十帖」と呼ばれる第三部は光源氏の死後、彼の息子とされる薫《かおる》と孫の匂宮《におうみや》の物語。二人の貴公子が女性をめぐる「匂宮」から「夢浮橋《ゆめのうきはし》」が描かれ、この大河小説は締めくくられる。

『源氏物語絵巻』より「御法」
「源氏物語」は後世、絵巻の主題となった。なかでも本図は最古の『源氏物語絵巻』で、40帖「御法」をテーマにしている。「御法」は、主人公・光源氏（左）と、重病にかかった最愛の妻・紫の上（右上）の最後の別れを描いた、切ないシーンである。
五島美術館蔵

後世の人々、世界からも高評価

『源氏物語』の魅力はストーリーだけではない。登場する和歌はおよそ800首あり、すべて紫式部作。この歌は歌人たちにも評判で、藤原俊成《としなり》は「『源氏物語』を知らない歌詠みは残念だ」と評価した。また菅原孝標女《すがわらのたかすえのむすめ》の随筆、『更級《さらしな》日記』でも「皇后の立場よりも『源氏物語』を読むほうがいい」と書かれるなど、当時から『源氏物語』は人々の心を掴んでいた。

さらに近代に入るとイギリスの学者アーサー＝ウェイリーが『源氏物語』を完全英訳。これにより『源氏物語』は日本だけでなく世界でも評価されることになる。

『源氏物語』の原文はすでに失われたが、物語を愛する人々によって写しが残された。そのおかげで時を超えた現代でも『源氏物語』を楽しむことができるのである。

『源氏物語』の登場人物

『源氏物語』の主人公・光源氏《ひかるげんじ》は、桐壺《きりつぼ》帝と身分の低い側室・桐壺更衣との間に誕生する。光り輝くように美しく利発だったが、政権争いを恐れた帝は息子に源氏姓を与えて臣下に降格した。

そんな光源氏が恋をしたのは、父の側室・藤壺《ふじつぼ》中宮。亡母にそっくりだという藤壺に関係を迫り子まで成してしまう。不義の秘密は隠され、この子どもはのちに冷泉帝《れいぜいてい》として即位することになる。

光源氏の本妻は左大臣家《さだいじんけ》の娘・葵《あおい》の上《うえ》で、彼女との間に息子の夕霧《ゆうぎり》が生まれる。しかし彼が特に心を許したのは藤壺の姪・紫《むらさき》の上《うえ》。幼い時に引き取って妻にした、光源氏にとって特別な女性だ。

恋に仕事にと順風満帆だった光源氏だが、政敵である右大臣家《うだいじんけ》の娘に手を出したことで都落ちの憂き目に遭う。しかし彼は退去先の明石《あかし》でも明石の君《きみ》と出会い、恋に落ちる。

こんな奔放な光源氏にも因果応報が訪れる。のちに娶った内親王《ないしんのう》・女三宮《おんなさんのみや》が光源氏の親友の子・柏木《かしわぎ》と密通し、薫《かおる》を生んだのだ。光源氏はそれを知りながらも薫を実子として育てることになるのだった。

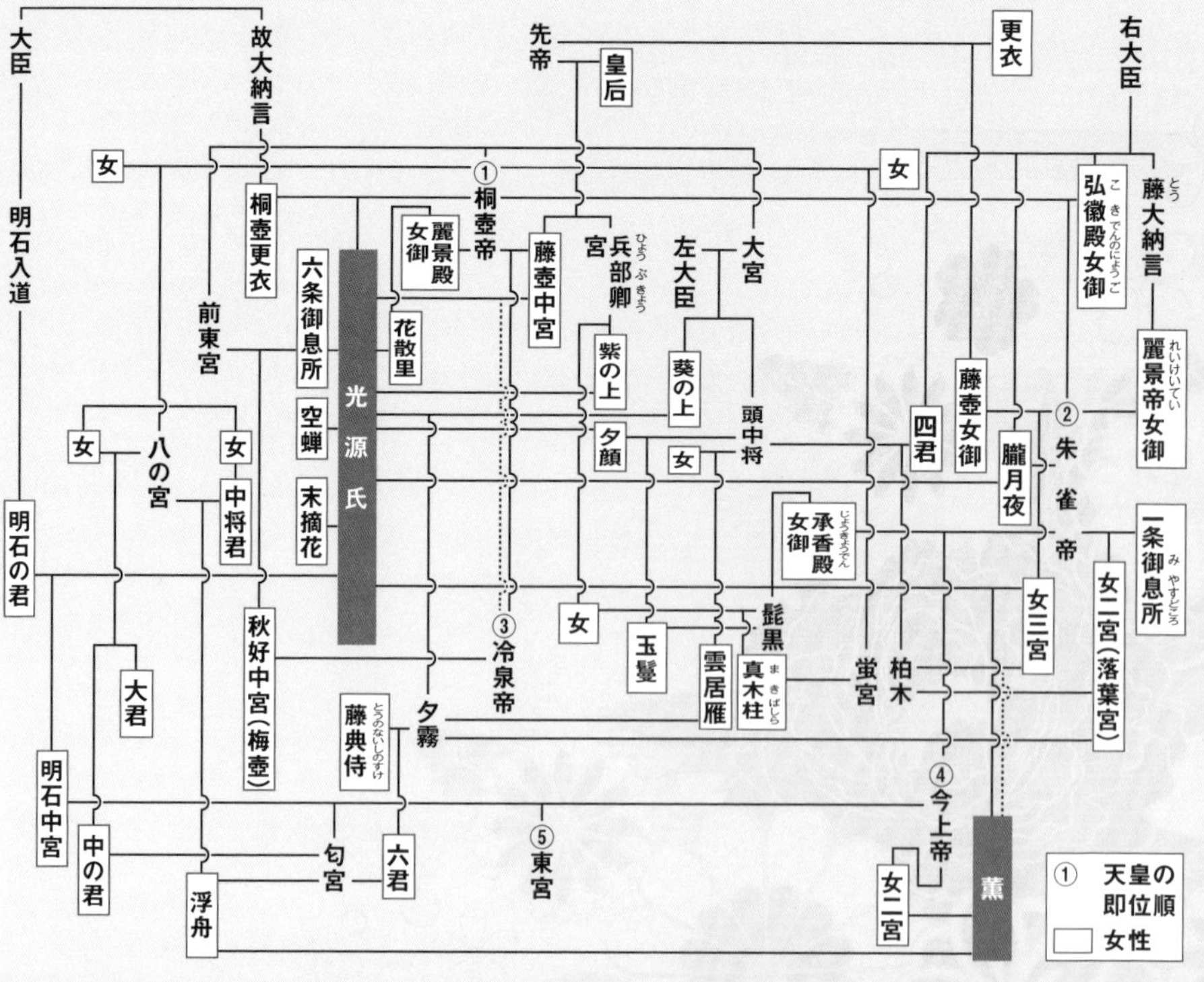

ダイジェストで見る『源氏物語』

第一部

1 桐壺《きりつぼ》

帝と側室・桐壺更衣の間に光るような美しい男子が誕生。桐壺は気苦労から亡くなり、男子は源氏姓を与えられ有力貴族の娘・葵の上と結婚。だが彼は母に似た父の側室・藤壺中宮に恋をする

2 帚木《ははきぎ》

17歳の光源氏は友人から聞いた「中流階層の女」に興味を抱き、偶然出会った人妻と関係を持つ

3 空蝉《うつせみ》

光源氏が一夜の関係を持った人妻・空蝉は、年老いた地方官の後妻だった。光源氏に迫られ一度は身を許すが、彼女は再び寝所に忍び込む彼を拒絶。着物を残して逃げ去る

4 夕顔《ゆうがお》

夕顔が咲く寂れた屋敷で、光源氏は風流な振る舞いの夕顔と出会う。夢中になり足繁く通うが、夕顔は物の怪に憑かれ死亡する。夕顔は友人・頭中将《とうのちゅうじょう》の元妻の一人だった

5 若紫《わかむらさき》

北山を訪れた光源氏は藤壺の姪の少女・紫の上を垣間見る。彼は藤壺との密通をかなえ、藤壺は懐妊するが光源氏を拒絶。光源氏は藤壺に似た紫の上を引き取り育てる

6 末摘花《すえつむはな》

光源氏は再び中流貴族の女を求め、落ちぶれた末摘花と出会う。しかし彼女は赤鼻の醜い女だった

7 紅葉賀《もみじのが》

紅葉賀で光源氏は頭中将とともに舞い、人々を感動させる。藤壺は罪悪感に苦しみつつ光源氏そっくりの息子・冷泉帝《れいぜいてい》を生む。葵の上は光源氏が紫の上を引き取ったことを知る

8 花宴《はなのえん》

桜花の宴の夜、光源氏は謎めいた女性と、名も知らぬまま関係を持つ。彼女は光源氏の政敵・右大臣の娘で、次の帝・朱雀《すざく》帝への入内が決まっていた朧月夜《おぼろづきよ》だった

9 葵《あおい》

賀茂祭《かもまつり》で葵の上の従者が光源氏の愛人・六条御息所《ろくじょうのみやすどころ》の従者と争う。葵の上は光源氏の息子・夕霧《ゆうぎり》を出産するが、六条御息所の生霊に憑かれ死亡。光源氏は紫の上と結婚する

10 賢木《さかき》

六条御息所は娘と伊勢《いせ》に下向。藤壺は桐壺院が崩御し出家。光源氏は朧月夜との密通を右大臣に知られる

画像はすべて東京国立博物館蔵／ColBase

11 花散里《はなちるさと》

麗景殿《れいけいでん》女御を訪問する光源氏。彼女の妹・花散里はかつての恋人で、昔を懐かしむ

12 須磨《すま》

光源氏は朧月夜との密会で謀反の疑いをかけられ、官位を剥奪される。彼は留守を紫の上に託し、須磨へと退く

13 明石《あかし》

光源氏の夢に桐壺院が現れ、須磨を去るよう諭す。明石入道が光源氏を明石へ誘い、娘との結婚を請う。明石の君は妊娠するが、光源氏に帰京命令が下り、彼女を置いて都へ戻る

14 澪標《みおつくし》

朱雀帝が譲位し、藤壺と光源氏の子・冷泉帝が即位。六条御息所は娘・梅壺《うめつぼ》を光源氏に託し死亡。光源氏は彼女を養女にして冷泉帝に入内させ権力を得る。明石の君は光源氏の娘を出産

15 蓬生《よもぎう》

末摘花が困窮していると知った光源氏は、彼女を自邸に引き取る

16 関屋《せきや》

光源氏は一夜の関係を持った空蝉と逢坂の関で再会。空蝉は、夫の死後、継子からの懸想《けそう》を恐れ出家した

17 絵合《えあわせ》

頭中将の娘と光源氏の養女・梅壺は、絵合という遊びで優劣を競う。光源氏の須磨の絵日記が決め手となり梅壺が勝つ

18 松風《まつかぜ》

光源氏の邸宅、二条東院が完成。彼は花散里と明石の君を迎えたいが、明石の君は山荘にこもる。光源氏は明石の君との間の娘・明石の姫君を引き取り、紫の上に養育させようとする

19 薄雲《うすぐも》

明石の君は泣く泣く娘を手放し、紫の上に託す。藤壺が亡くなり、冷泉帝は自分の出生の秘密を知る。帝は光源氏に皇位を譲ろうとするが、彼は固辞する

20 朝顔《あさがお》

光源氏は宮家の姫・朝顔の君に言い寄るが、彼女は拒否。紫の上は朝顔の君への嫉妬の念をつのらせるが光源氏になだめられ、さらに彼の女性遍歴を明かされる

21 乙女《おとめ》

夕霧は幼なじみの雲居雁《くもいのかり》に惹かれる。だが彼女の父、頭中将は娘を天皇の妃にするつもりだったため、二人は引き裂かれる。新しい邸宅・六条院が完成し、光源氏は女たちを住まわせる

画像はすべて
東京国立博物館蔵／ColBase

22 玉鬘《たまかずら》

夕顔と頭中将の間に生まれた玉鬘は九州で育つが、強引な求婚者におびえて都へ逃れる。それを知った光源氏は、頭中将には知らせず彼女を引き取り面倒を見る

23 初音《はつね》

光源氏は六条院で正月を迎える。引き取った多くの女性を見舞い、華やかな一日を過ごす

24 胡蝶《こちょう》

光源氏が引き取った玉鬘は美しく成長。多くの公達に求婚される彼女に男の見極め方を教える光源氏だが、夕顔に似た玉鬘を見るとつい惹かれる。そんな光源氏に玉鬘は困惑する

25 蛍《ほたる》

源氏の異母弟・蛍宮《ほたるのみや》も玉鬘に惹かれる。光源氏は玉鬘の御簾《みす》の中に蛍を放ち、蛍宮に彼女の姿を見せる。一方、頭中将は密かに娘を探し続けていた

26 常夏《とこなつ》

夕霧は雲居雁を思い続けている。夏の暑い日、光源氏は玉鬘と夕涼みを楽しむ。頭中将は教養のない娘、近江君の扱いに苦慮する

27 篝火《かがりび》

篝火を明るくして玉鬘を見る光源氏。玉鬘も困惑しつつ親しみを覚える。光源氏と夕霧、頭中将の子・柏木《かしわぎ》もやって来て合奏する。柏木は実の妹とも知らず玉鬘に惹かれる

28 野分《のわき》

嵐が吹き荒れ六条院が破損。見舞いに訪れた夕霧は偶然、義母の紫の上を垣間見、その美しさに驚く。また親子とは思えないほど親密な光源氏と玉鬘を見て不審を抱く

29 行幸《みゆき》

玉鬘は冷泉帝の尚侍《ないしのかみ》に内定。光源氏は頭中将に玉鬘を預かっていることを告げ、彼を感動させる。頭中将は娘の行く末を源氏に託す

30 藤袴《ふじばかま》

玉鬘の出仕直前、彼女のもとに多くの恋文が届く。夕霧も彼女に愛を告げるが、玉鬘は拒否

31 真木柱《まきはしら》

玉鬘は鬚黒《ひげくろ》の妻になる。その後、尚侍として出仕するが、帝との関係を怪しむ鬚黒は自邸に連れ帰る。鬚黒の妻は怒り、娘を連れて実家に帰る。彼の娘・真木柱は父を思い嘆く

32 梅枝《うめがえ》

明石の姫君の東宮への入内が決まる。光源氏は娘のため、女たちに香の調合を頼み、盛大な薫物合《たきものあわせ》となる。一方、頭中将は娘の雲居雁と夕霧との関係をどうすべきか悩む

第二部

33 藤裏葉《ふじのうらば》

頭中将は雲居雁と夕霧の結婚を認める。紫の上は入内する明石の姫君の後見人として、姫の実母・明石の君を推薦。入内に伴い光源氏も夕霧も昇進し、一家は栄華を掴む

34 若菜《わかな》上

朱雀院は出家する前に娘・女三宮を光源氏に託す。それを聞いた紫の上は後見のない自分の弱さを痛感する。頭中将の息子の柏木は、女三宮の姿を垣間見て心惹かれる

35 若菜下

紫の上は出家を願うが光源氏は許さない。紫の上は一時危篤に。女三宮は柏木と密通し懐妊。光源氏は因果を苦しみ柏木に嫌みをいう

36 柏木《かしわぎ》

柏木は光源氏を恐れ病没。女三宮は男児・薫を生むが、罪の重さから出家する

37 横笛《よこぶえ》

柏木の一周忌。夕霧は柏木の寡婦・落葉宮を見舞い彼の笛を預かる。夢に柏木が現れ笛は別の人にと訴える。夕霧は薫の父が柏木ではと疑い、光源氏に笛を見せる

38 鈴虫《すずむし》

秋、光源氏と夕霧は冷泉院に誘われ月の宴を楽しむ

39 夕霧《ゆうぎり》

夕霧は落葉宮に惹かれる。落葉宮の母は夕霧に真意を尋ねるが、雲居雁に邪魔され返事が出せず、母は気落ちし死亡。夕霧は落葉宮と結ばれ、雲居雁は家を出る

40 御法《みのり》

紫の上は再び出家を願うが光源氏は許さない。彼女は仏会を行い、光源氏に看取られ亡くなる

41 幻《まぼろし》

紫の上を亡くした光源氏は、彼女と過ごした日々を思い、出家の準備を整える。久しぶりに人前に出た彼は今まで以上に美しく光り輝くように見えた

第三部

42 匂宮《におうみや》

光源氏の死から9年後、息子の薫は昇進を重ねるが、自分の出自に秘密があるのではと悩む。源氏の孫で皇子でもある匂宮は、芳香を持つ薫に張り合い着物に薫香を焚きしめる

京都国立博物館蔵／ColBase

東京国立博物館蔵／ColBase

京都国立博物館蔵／ColBase

43 紅梅《こうばい》

亡き柏木の弟・紅梅大納言は、娘の一人を匂宮に嫁がせたいと考える

44 竹河《たけかわ》

玉鬘と鬚黒の娘・大君《おおいきみ》は、今上帝、冷泉院、夕霧の息子全員から求婚される。玉鬘は娘を冷泉院へ出仕させる

45 橋姫《はしひめ》

薫は宇治に住む叔父・八の宮と親交を深める。叔父は大君と中の君という娘と暮らしており、薫は大君に惹かれる。柏木の乳母と出会い自分の出生の秘密を知る

46 椎本《しいがもと》

八の宮の娘に惹かれる匂宮は、中の君と手紙を交わす。八の宮は薫に娘の後見を頼み死去

47 総角《あげまき》

薫は大君にアプローチするが、彼女は中の君と薫を結ばせたいと思い拒絶。薫は中の君と匂宮を結ばせる。大君は妹の行く末を案じて死亡。薫は落ち込み宇治にこもる

48 早蕨《さわらび》

匂宮と結ばれた中の君は夫の女性関係で悩む。薫は中の君を慰めつつ彼女に心惹かれる

49 宿木《やどりぎ》

中の君は薫の求愛から逃れるため、彼に大君に似た異母妹・浮舟を紹介する

50 東屋《あずまや》

匂宮が浮舟に言い寄る。浮舟の母は娘を三条の家に隠し、そこで薫と浮舟は結ばれる

51 浮舟《うきふね》

浮舟は、薫を装って忍び込んだ匂宮と関係を持ち、この密通が薫に知られる。板挟みに悩んだ浮舟は宇治川に身を投げようと屋敷を出る

52 蜻蛉《かげろう》

薫は浮舟の失踪を知り、亡骸のないまま葬儀を行う。そしてこれまでの女たちを追想する

53 手習《てならい》

横川の高僧が行き倒れの浮舟を救う。目覚めた彼女は出家する

54 夢浮橋《ゆめのうきはし》

浮舟が生きていることを知った薫は、彼女の異父弟・小君《こぎみ》を遣わす。しかし浮舟は涙を浮かべて拒否する

現代まで愛される『源氏物語』

『源氏物語絵色紙帖』 桃山時代に描かれた『源氏物語』の画集で、詞書（文章）の執筆には後陽成（ごようぜい）天皇が参加している。図は41帖「幻」をテーマにしたもの。

京都国立博物館蔵／ColBase

伝土佐光元《とさみつもと》
「源氏物語図扇面」
『源氏物語』10帖「賢木」を描いた絵が、扇子に仕立てられている。絵師は室町時代の宮廷画家・土佐光元とされ、本作は贈答品だと考えられている。

東京国立博物館蔵／ColBase

絵画になった『源氏物語』

『源氏物語』は多くの絵師のインスピレーションも刺激した。『源氏物語』をモチーフとした絵画がいくつもつくられたのだ。

　最古の絵画は、『源氏物語』が完成してから1世紀ほど後に描かれた『源氏物語絵巻』である。『源氏物語』の中の有名なシーンを描き出し、美しい文字で説明書きを加えたものである。多くの絵図は失われてしまい、現在残っているのはわずかだが、国宝に指定されているものも多い。

　室町時代以降も数多くの作品がつくられ、江戸時代には浮世絵やかるた、双六《すごろく》の絵柄になるなど、人々は絵を通じて『源氏物語』と触れ合った。

「源氏物語蒔絵《まきえ》源氏簞笥《たんす》」

『源氏物語』のいくつかのシーンをあしらった簞笥。江戸時代の大名の婚礼道具に使われた。

東京国立博物館蔵／ColBase

与謝野晶子『新訳 源氏物語』

明治時代の歌人・与謝野晶子は幼い頃から『源氏物語』のファンで、その翻訳をライフワークとしていた。他にも多くの近代文学者が『源氏物語』の影響を受けた。 堺市博物館蔵

歌川国貞《うたがわくにさだ》『紫式部源氏歌《か》る多《た》』

人気浮世絵師・歌川国貞が、『源氏物語』を江戸時代の風俗に置き換えて描いたもの。江戸時代は『源氏物語』の浮世絵やパロディ小説が多く発行された。

東京都立中央図書館特別文庫室蔵

千年前の小説が今も人々を魅了

西洋化を目標としていた明治時代には「『源氏物語』は悪文の見本だ」と貶《けな》す人々も多かった。しかし大正〜昭和初期に海外でアーサー＝ウェイリーが英訳版の『The Tale of Genji』を発行して世界的にも話題になると、再び日本でも脚光を浴びた。

同時期に与謝野晶子《よさのあきこ》が『源氏物語』を全訳。のちに谷崎潤一郎《たにざきじゅんいちろう》、瀬戸内寂聴《せとうちじゃくちょう》、田辺聖子《たなべせいこ》などの作家も現代語訳を発行。また『源氏物語』モチーフの小説も多くつくられた。

さらに『あさきゆめみし』という漫画にもなり、宝塚で舞台も公演。様々なメディアミックス化が現代でも続くなど、『源氏物語』は千年の時を超えて人々を魅了し続けている。

京都史跡ガイド

藤原摂関家の栄華

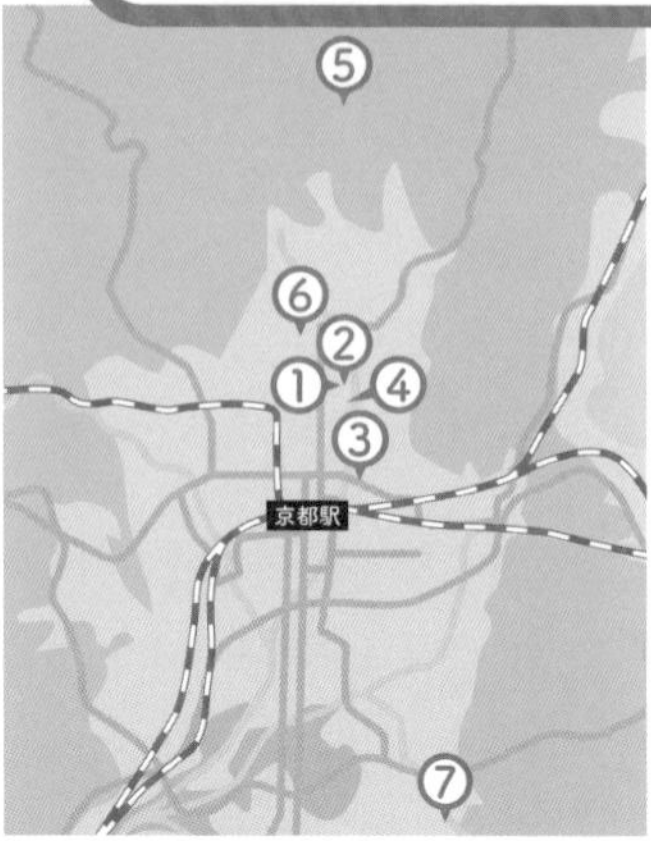

① 土御門第跡《つちみかどていあと》

京都市上京区

現在の京都御苑の中にある藤原道長の邸宅跡。娘・威子が後一条天皇の中宮になった日、土御門第で宴席がもうけられた。その時に道長が詠んだ「この世をば 我が世とぞ思う 望月の 欠けたることも なしと思へば」という和歌はよく知られる。

② 法成寺跡《ほうじょうじあと》

京都市上京区

浄土教に傾倒した藤原道長が、晩年に建立した寺院。道長の邸宅・土御門第に隣接し、「京極御堂」とも呼ばれた。1058年に焼失し、道長の子・頼通が再建するも再び焼失。その後、再建されることはなく、現在は石碑を残すのみとなっている。

③ 六波羅蜜寺《ろくはらみつじ》

京都市東山区

念仏を広めた空也上人が創建した寺院で、口から６躯の阿弥陀如来像を出した姿で有名な「空也上人立像」が置かれている。平安時代後期には平氏の邸宅が六波羅蜜寺周辺にあったため、平清盛の像も安置されている。

④ 行願寺《ぎょうがんじ》（革堂《こうどう》）

京都市中京区

京都御苑にも近い京都市の中央にある寺院で、行円が建立した。行円はつねに鹿皮を身につけていたことから「皮聖」と呼ばれ、寺も「革堂」の愛称がついた。近畿の観音像をめぐる巡礼「西国三十三所」の一つに数えられている。

⑤ 鞍馬寺《くらまでら》

京都市左京区

平安京の北方にある鞍馬山の寺院。鞍馬山は古くから山岳修行の聖地とされており藤原道長も参詣した。『源氏物語』の中で光源氏が妻・紫の上と出会った場所も鞍馬寺だといわれている。また、鞍馬山には天狗（てんぐ）の伝説があり、鞍馬駅前には大きな天狗の像がある。

⑥ 紫式部《むらさきしきぶ》の墓所

京都市北区

平安京の北のはずれにひっそりとたたずむ。紫式部の墓所には小野篁の墓が隣接している。これは後世の人が、男女の情愛を描いた紫式部が地獄に落ちないよう、地獄の補佐官である篁の墓に、紫式部の墓所を移設したからだといわれている。

⑦ 宇治橋《うじばし》

宇治市宇治

646年、宇治川にかけられた橋で、「日本三古橋」の一つ。『源氏物語』のうち、光源氏の子・薫が恋に翻弄される「宇治十帖」の舞台であり、宇治橋の袂には紫式部の像が立つ「夢浮橋ひろば」がある。現在の橋は1996年にかけ替えられたもの。

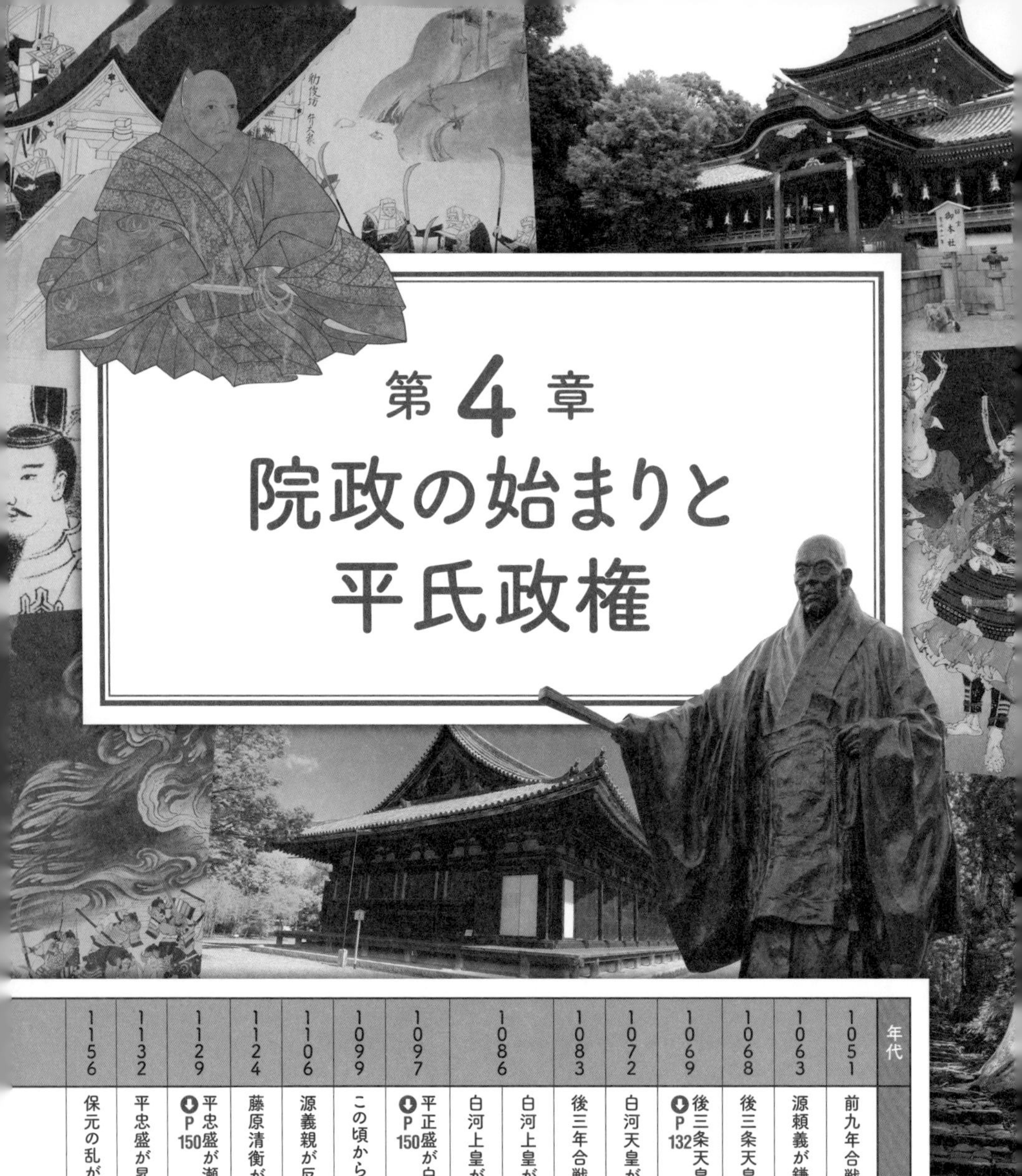

第4章 院政の始まりと平氏政権

年代	出来事
1051	前九年合戦が起こる ➡P136
1063	源頼義が鎌倉に鶴岡八幡宮を建立する
1068	後三条天皇が即位し親政を行う ➡P132
1069	後三条天皇が延久の荘園整理令を出す ➡P132
1072	白河天皇が即位する
1083	後三年合戦が起こる ➡P138
1086	白河上皇が院政を始める ➡P146 白河上皇が北面の武士を配置 ➡P146
1097	平正盛が白河上皇の皇女に所領を寄進 ➡P150
1099	この頃から僧兵の強訴が盛んになっていく
1106	源義親が反乱を起こす ➡P150
1124	藤原清衡が平泉に中尊寺を建立 ➡P140
1129	平忠盛が瀬戸内海の海賊を追捕する ➡P150
1132	平忠盛が昇殿を許される ➡P150
1156	保元の乱が起こる ➡P152

政治	藤原氏は天皇との姻戚関係を維持できず、摂関政治は衰退。代わって、上皇（退位した天皇）が政権を握る院政が始まった。平清盛は後白河上皇に仕えて出世し、娘を高倉天皇に嫁がせ、外戚となって平氏政権を築いた。
外交	平清盛は、日宋貿易（中国大陸の宋との貿易）に力を入れるため、大型船が入港できる大輪田泊を整備した。特に、宋から輸入された宋銭は日本国内でも流通し、貨幣経済のきっかけとなった。
周縁	東北を拠点に勢力を拡大した奥州藤原氏は、現在の北海道と交易を行い、その交易品を中央に送ることで富を築いた。また、東北は砂金の名産地でもあり、金がふんだんに使われた平泉の中尊寺金色堂はよく知られる。
文化	院政期は絵巻の名品が生まれた時期でもある。特に後白河上皇は絵巻の愛好家として知られ、宮中儀式を描いた『年中行事絵巻』からグロテスクな『餓鬼草紙』まで、様々なジャンルの絵巻が描かれた。
武士	それまで摂関家に仕えていた武士たちは、院に仕えるようになる。特に平氏は摂関家や院が起こした内乱に参加し勝利を重ねていく。平氏の勢いが院をもしのぐようになると、源氏が平氏打倒の兵を挙げ、源頼朝が勝利した。
戦乱	平安時代後期は多くの戦乱が起きた時期である。まずは東北の豪族・安倍氏の反乱を機に前九年・後三年合戦が勃発。また院の後継者争いを機に、保元・平治の乱が起こる。平安末期は源氏と平氏が存亡をかけて治承・寿永の乱で争った。

1159	平治の乱が起こる→P154
1160	源義朝が殺され、子・源頼朝は伊豆に配流される→P154
1164	三十三間堂が建立される
1167	平清盛が太政大臣になる→P154
1172	平清盛の娘・徳子が高倉天皇の中宮になる→P156
1177	鹿ヶ谷の陰謀が発覚する→P164
1179	平清盛が後白河上皇を幽閉する→P164
1180	以仁王が平氏追討の宣旨を出す。治承・寿永の乱の始まり→P164
	平清盛が福原に遷都する→P164
	伊豆で源頼朝、木曽で木曽義仲が挙兵→P164
	頼朝、鎌倉に入り侍所を設置
1183	頼朝、東国支配権獲得→P166
1184	頼朝、公文所と問注所を設置
1185	壇の浦の戦いで平氏が滅亡する→P164
	源頼朝が全国に守護・地頭を置く→P166

政治 外交 社会 宗教 周縁 文化 武士 戦乱

摂関家の衰退により後三条天皇の親政が始まる

外戚関係を築けなかった藤原頼通

50年に及ぶ**藤原頼通**《ふじわらのよりみち》の治世は、父・道長《みちなが》が築いた天皇家との外戚関係を基盤としていた。しかし、頼通自身は天皇家と新たな外戚関係を築くことができず、**摂関家の衰退**を招くこととなった。

最大の要因は、頼通が娘に恵まれなかったことにある。頼通には具平《ともひら》親王の娘・隆姫《たかひめ》をはじめ、複数の妻がいたが、娘は**後冷泉**《ごれいぜい》**天皇**に入内《じゅだい》した**寛子**《かんし》のみであった。その寛子も皇子を生むことができず、頼通は外祖父になれないまま75歳で関白を弟・**教通**《のりみち》に譲った。外戚関係が築けなかったのは不運としかいいようがないが、天皇との血縁関係に左右される**摂関政治の弱点**でもあった。

結局、教通の娘も皇子を生むことができず、1068年《治暦4》、170年ぶりに藤原氏を外戚としない**後三条**《ごさんじょう》**天皇**が即位して親政を開始。**摂関家の政治的地位は低下**していったのである。

院政につながる政治改革を行う

後三条天皇は24年も皇太子の地位にとどめられ、その間、頼通から嫌がらせを受けたという。34歳で即位した後三条は、**大江匡房**《おおえのまさふさ》ら有能な**中・下級貴族をブレーン**として登用し、藤原氏に忖度することなく独自の政治改革を行った。

代表的な施策が**延久**《えんきゅう》**の荘園整理令**である。従来、整理対象となる荘園の審査は国司《こくし》が行ったため不徹底に終わったが、後三条は**記録荘園券契所**《けんけいじょ》を設けて中央政府が一括審査する体制を整えた。また、モノの公定価格である**沽価法**《こかほう》や、一律・公平に年貢を徴収するための**公定枡**《こうています》**（延久の宣旨枡**《せんじます》**）**の制定など、流通・税制改革にも切り込んだ。

1072年《延久4》、後三条は38歳で**白河**《しらかわ》**天皇**に譲位し、翌年崩御した。在位は4年半であったが、天皇家が政治の主導権を取り戻したことで、白河が**院政**《いんせい》**を創始する基盤**が整えられたのである。

人物 藤原教通（996～1075年）

藤原道長の五男。72歳の時に兄・頼通から関白を譲られた。もともと頼通は自身のあとを子の師実（もろざね）に譲るつもりだったが、姉である彰子（しょうし）が道長の遺言だとして教通にあとを継がせたという。

POINT!

藤原氏による摂関政治の衰退が、天皇親政につながり、院政の基盤が形づくられた。

1200 1150 1100 ★ 1050 1000 950 900 850 800 750

後三条天皇による政治改革

藤原氏を外戚としない後三条天皇は、中・下級貴族を登用して朝廷の立て直しをはかり、中央政府が直接荘園を整理することで天皇の財源を増やしていった。

後三条天皇
（1034～1073年）
在位わずか４年半での白河天皇への譲位は古来、院政を始めるためのものと考えられてきたが、現在は病気のためとする説が有力。早稲田大学図書館蔵

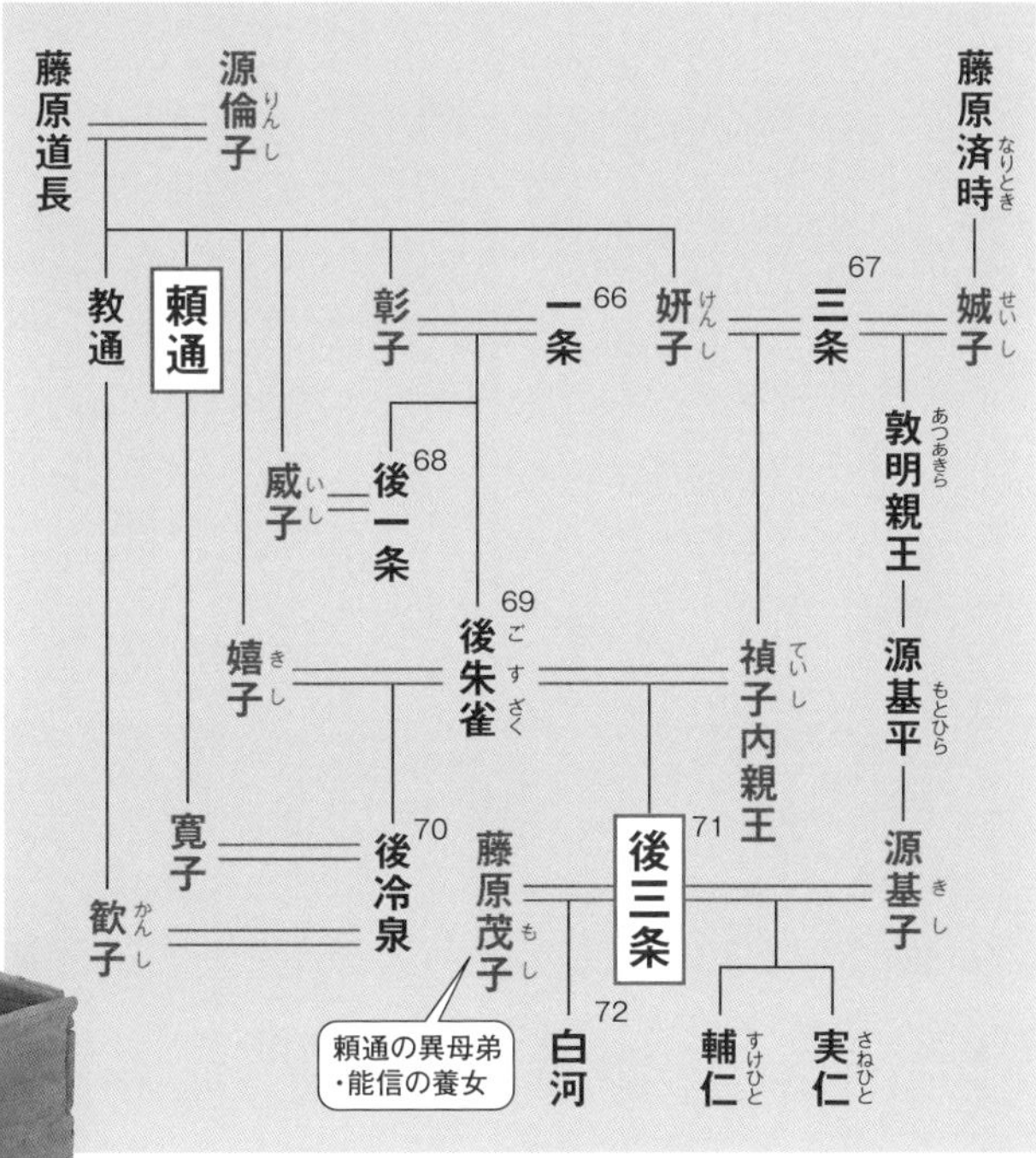

宣旨枡
後三条天皇が定めた公定枡。室町時代に廃止されるまで通用した。
（公財）京都市埋蔵文化財研究所蔵

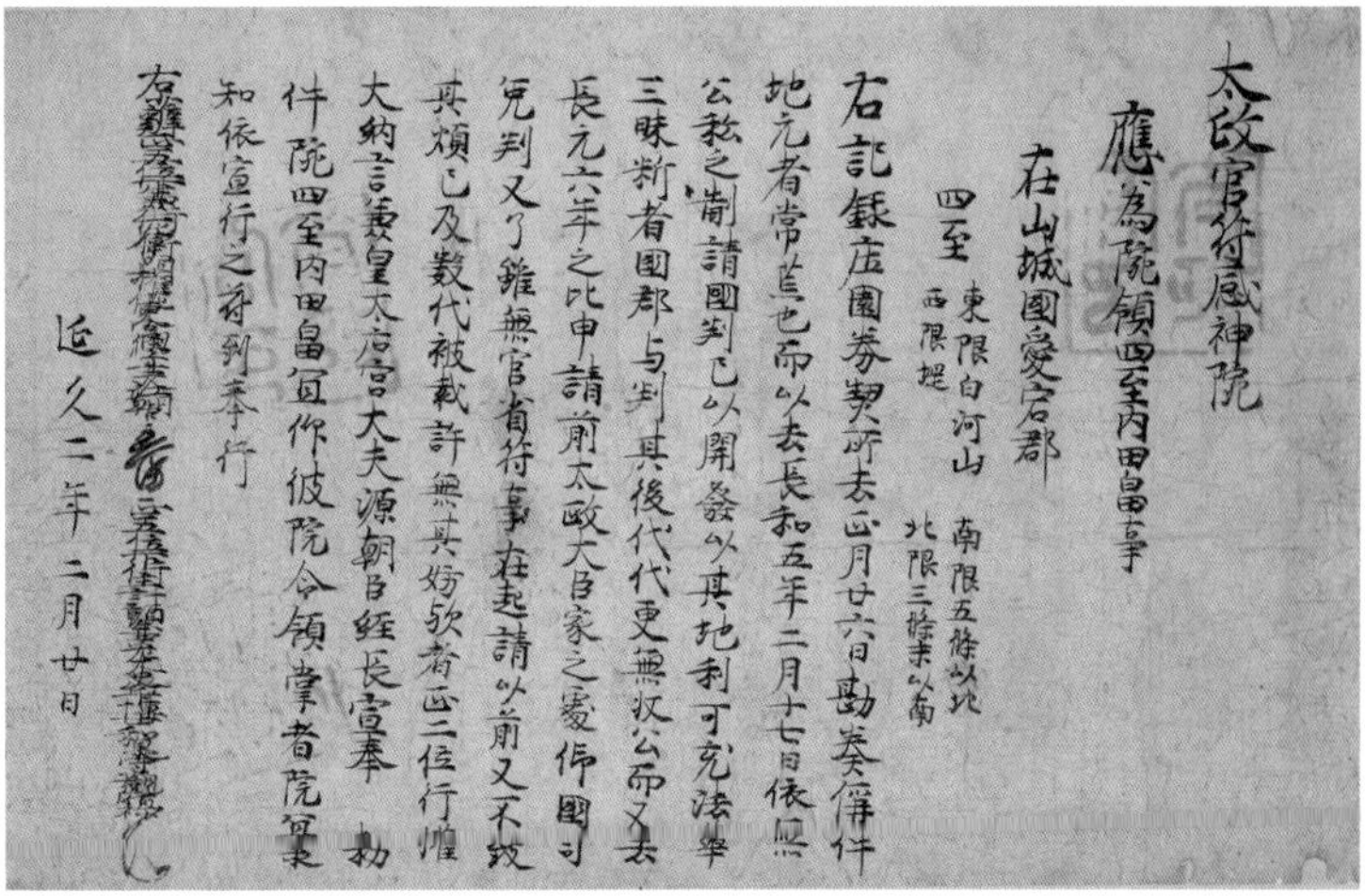
太政官符感神院
應為院領四至内田畠事
在山城國愛宕郡
四至　東限白河山　南限五條以北
西限堤　北限三條末以南
延久二年二月廿日

太政官符
いわゆる延久の荘園整理令を発布した文書。太政官符とは国政の最高機関である太政官から出された公文書のこと。
八坂神社蔵

その時世界は？ ［1077年／イタリア］神聖ローマ帝国皇帝がローマ教皇に対して、雪の中で裸足のまま3日間謝罪する（カノッサの屈辱）。

宗教　社会　外交　政治
戦乱　武士　文化　周縁

なぜ関東が武門源氏の基盤になったのか？

安和の変で出世した源満仲

武門源氏は清和《せいわ》天皇の孫・**経基王**《つねもとおう》（→P72）を祖とする。経基は**天慶《てんぎょう》の乱**で活躍し武家としての基盤を築いた。子の**源満仲**《みなもとのみつなか》は、**安和の変**《あんな》〈969〉で為平《ためひら》親王を擁立する謀反計画を密告し、**源高明《たかあきら》失脚**の要因をつくって摂関家の信任を得た。満仲にとっては、高明の家人《けにん》で武士として競合関係にあった藤原千晴《ちはる》（秀郷《ひでさと》の子）を没落させるねらいがあった。千晴も連座して配流されたことで、源氏は京における**武家の第一人者**の地位を確立するのである。

満仲には**頼光**《よりみつ》・**頼親**《よりちか》・**頼信**《よりのぶ》らの子息がおり、それぞれ**摂津**《せっつ》**源氏・大和源氏・河内源氏**の祖となった。頼光は渡辺綱《わたなべのつな》・坂田金時《さかたのきんとき》らを従えて大江山に住む酒呑童子《しゅてんどうじ》を討伐した伝説（→P80）を持つ勇者で、頼親とともに摂関家に仕え、**受領**《ずりょう》を歴任して富裕を誇った。頼光の子孫は摂津国多田《ただ》（兵庫県川西市）を拠点として、**京武者**として発展する。

源氏と鎌倉とのつながり

一方、頼信は東国に活路を見出した。常陸国《ひたち》（茨城県）・上野国《こうずけ》（群馬県）などの受領を歴任し、謀反人の追捕《ついぶ》などを通して在地豪族たちを臣従させた。頼信の名声を高めたのが**平忠常の乱**《たいらのただつね》である。1028年〈長元1〉、関東で平忠常が反乱を起こし、房総半島を席巻。関白・藤原頼通は自身の家人・**平直**《なお》**方**《かた》を追討使《ついとうし》に任じたが、直方と敵対関係にあった忠常は屈せず、反乱は長期化した。

そこで朝廷は1030年〈長元3〉、直方を解任して**源頼信を追討使に任じた**ところ、忠常は戦わずして降伏する〈1031〉。忠常は頼信が常陸の受領だった頃から臣従していたため、主君の東下を知りただちに投降したのだ。頼信の武名は高まり、多くの東国武士が従ったという。頼信の嫡子・**頼義**《よりよし》は直方の娘婿となり**鎌倉の屋敷地を相続**。源氏と鎌倉とのつながりが、ここに生まれたのである。

POINT!

京武者として発展した源氏は、平忠常の乱を鎮圧したことにより関東にも進出する。

用語「受領」

任国に赴任して政務をとる国司の中で最上位の者のこと。徴税権などにより富を蓄えることができるため、中・下級貴族は争ってその任に就こうとした。なかには任期終了後も在地に残って武士団の棟梁となり、勢力を拡大する者もいた。

1200　1150　1100　1050　★　1000　950　900　850　800　750

平氏と源氏の関係

京武者として発展した源氏は、関東での平氏の反乱を鎮め、東国にも勢力を拡大していった。

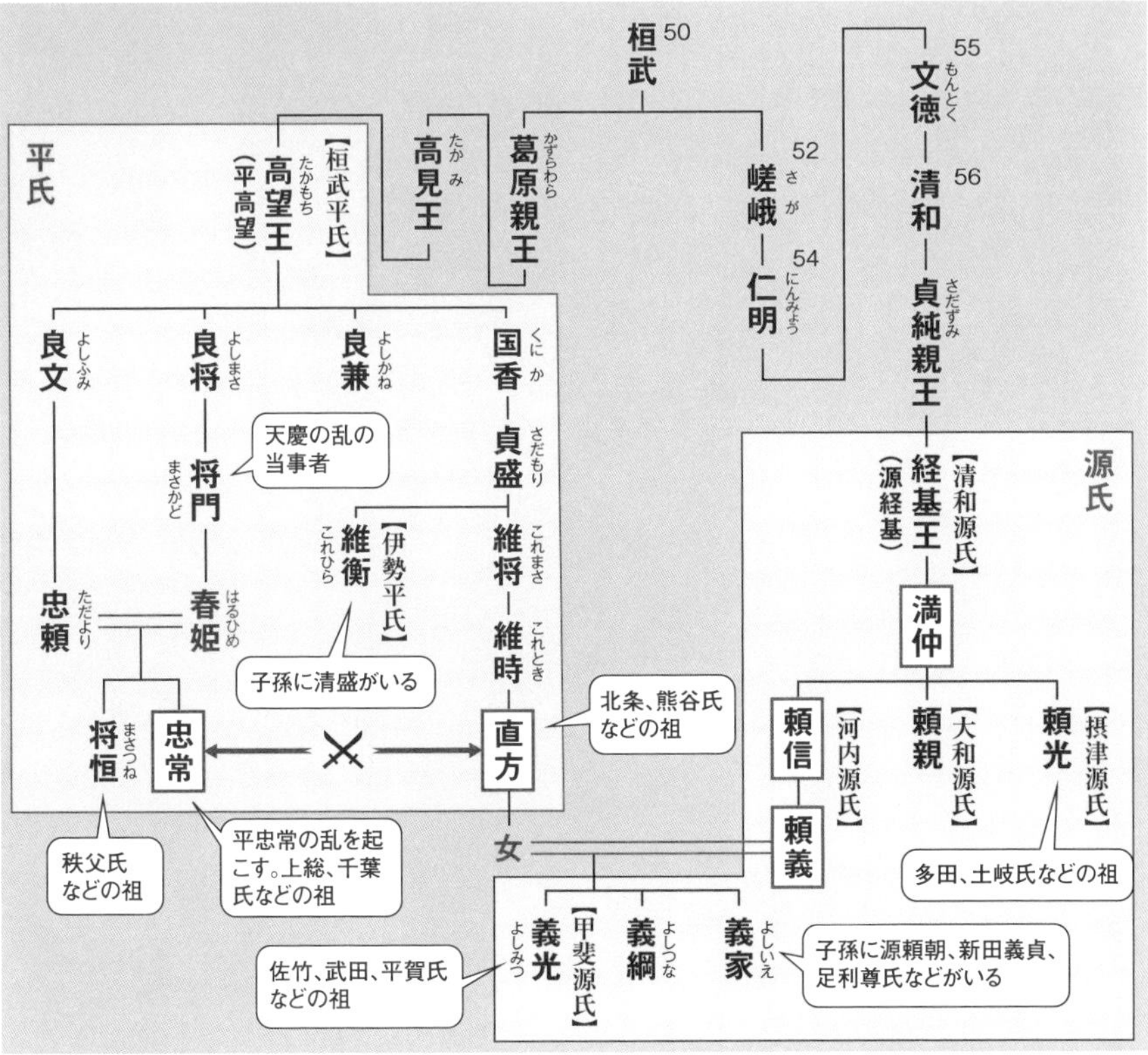

人物を知る　源氏躍進のきっかけをつくった源満仲

満仲は経基の嫡子である。妻は源高明と縁戚関係にあり、満仲ももとは高明に仕えていたが、藤原千晴を追い落とすため高明を裏切り、謀反を密告したともいわれる。京武者のトップに躍り出た満仲は、中央の有事に対応するため京に近い多田荘を拠点に郎党《ろうとう》たちを組織し、東国を地盤とする桓武平氏と並ぶ武士団を形成した。満仲が創建した多田院（現・多田神社）は武門源氏の祖廟として、後世、鎌倉幕府をはじめ足利氏や徳川氏の厚い尊崇を受けた。

清和源氏発祥の地といわれる兵庫県川西市に立つ源満仲像。
兵庫県川西市

豆知識　官人交替の際の事務引き継ぎ書を解由状という。これを受領することが、国司交替で特に重要視されたため、国司を受領と呼ぶようになった。

政治　外交　社会　宗教
周縁　文化　武士　戦乱

奥州で起きた前九年合戦で源氏は覇権を確立した？

奥州の大豪族・安倍氏の反乱

1051年《永承6》、奥州で**安倍頼良《あべのよりよし》（頼時《よりとき》）**が国司と対立し、納税を拒む事件が発生する。安倍氏は奥州の在庁官人筆頭として**奥六郡《おくろくぐん》**（衣川《ころもがわ》以北の六郡）を実効支配していた大豪族である。従来、安倍氏は蝦夷《えみし》の末裔として頭角を現し、郡司職《ぐんじしき》を得て**俘《ふ》囚《しゅう》**の長になったと考えられてきたが、近年は中央貴族・安倍氏が土着したとする説が有力である。

朝廷は武勇の誉れ高い**源頼義**を陸奥《むつ》守として派遣。頼良は反抗を止めて**頼義に臣従**し、頼時に改名した。しかし、頼義の任期満了直前の1056年《天喜4》、在庁官人が殺害される事件が起こり、頼時の子・**安倍貞任《さだとう》**が犯人とされた。頼義が貞任を追捕しようとしたため**安倍氏は抵抗**し、両者の間で戦端が開かれた（**前九年合戦**）。奥州は駿馬や砂金が豊富で北方貿易も盛んであった。**奥州の利権**を手にするため頼義が仕掛けたと考えられている。

清原氏の支援を得て辛勝

安倍氏追討の宣旨を受けた頼義は、安倍氏がこもる衣川関を攻めた。しかし、頼時の娘婿・**藤原経清《つねきよ》**が官軍から離反するなど追討軍は足並みがそろわず苦戦が続いた。途中、**頼時が暗殺**されたことで、貞任らはかえって結束を固め、翌年の**黄海《きのみ》の戦い**で官軍を撃破。反乱は長期化していく。

頼義は事態を打開するため、出羽の俘囚の長・**清原光頼《きよはらのみつより》・武則《たけのり》**兄弟に救援を求めた。この提携は、頼義が武則へ臣従を誓う卑屈なものだったといわれる。清原氏はこれに応じ、1062年《康平5》、1万余騎の大軍を派遣。頼義の3000騎とともに鳥海《とのみ》柵《さく》、厨川柵《くりやがわのさく》を次々と落として安倍氏を破った。

こうして前九年合戦は終了し、頼義ら河内源氏は武家の棟梁としての地位を固め、安倍氏を倒した清原氏は**奥羽一帯に勢力**を拡大した。しかしこの変化が、続く後三年合戦の火種となる。

POINT!
源氏による東北への介入が前九年合戦に発展。安倍氏は滅亡し、清原氏が勢力を拡大する。

用語　「俘囚」
東北の対蝦夷戦争で捕虜となったり、朝廷に帰属したりした者を俘囚という。全国各地に集団移住させられ、税を免除されて俘囚料という手当が与えられた。やがて出雲や上総、下総などで大規模な反乱が起き、前九年・後三年合戦はその最後となった。

1200　1150　1100　1050　1000　950　900　850　800　750

前九年合戦の関係図

安倍氏が反乱を起こしたため源頼義が出陣。頼義は清原氏の力を借りてこれを鎮圧し、清原氏は勢力を拡大する。

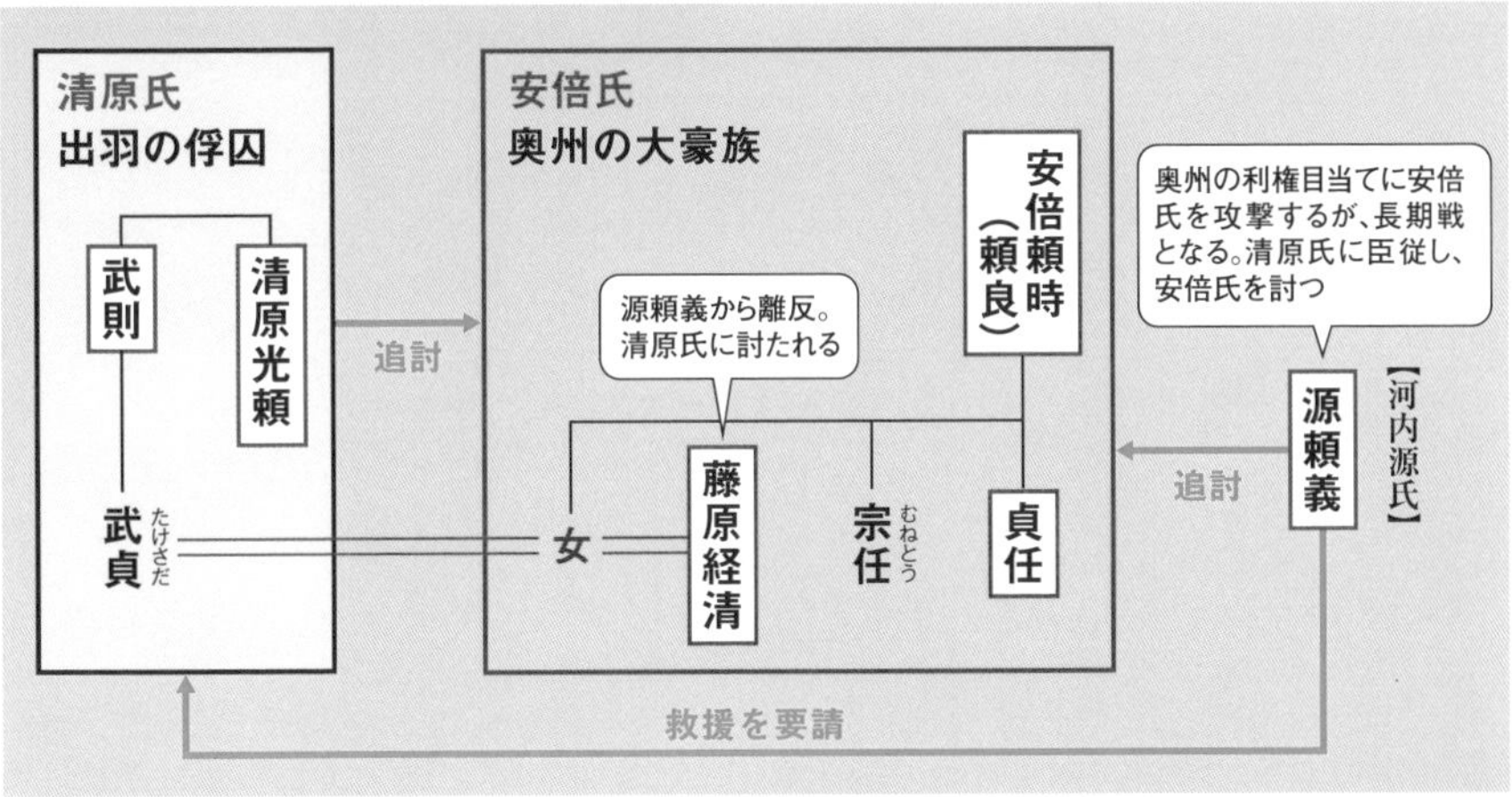

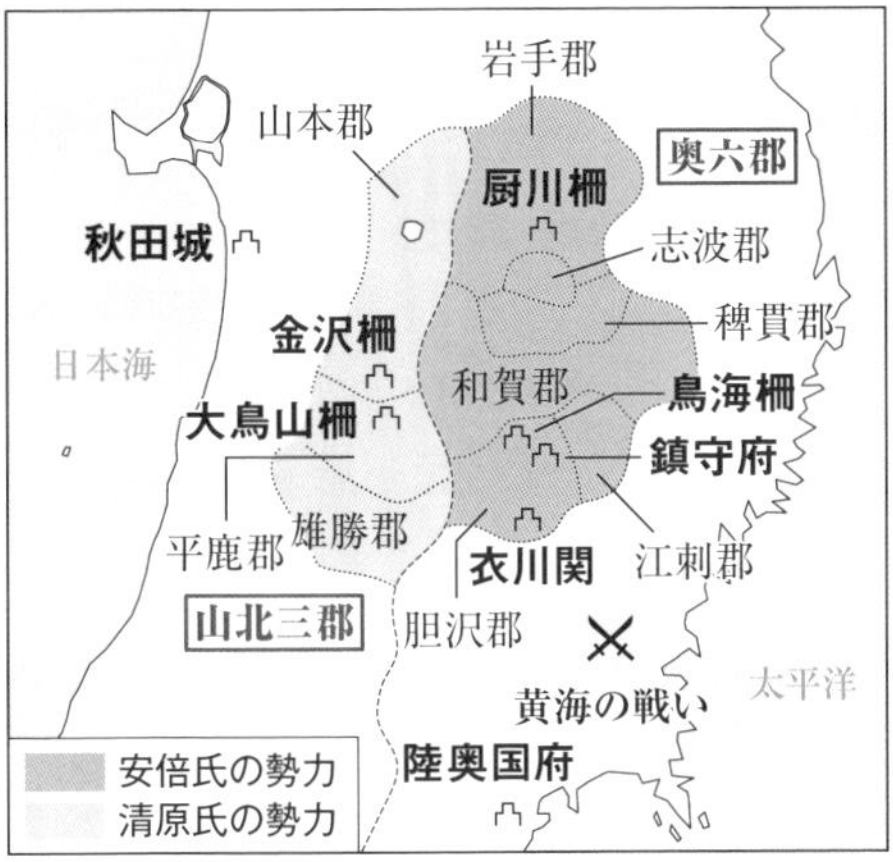

横手市教育委員会提供／秋田県横手市

安倍氏は、岩手・志波（しわ）・稗貫（ひえぬき）・和賀（わが）・江刺（えさし）・胆沢（いさわ）の六つの郡（奥六郡）を、清原氏は雄勝（おがち）・平鹿（ひらか）・山本の三つの郡（山北三郡）に勢力を張っていた。

人物を知る　北方交易の利権をねらった源頼義

源頼義・義家父子が執拗に奥州に干渉したのは、奥州の利権がねらいだったといわれる。駿馬と砂金は陸奥における最上級の年貢であり、北方交易によって北海道やサハリンからもたらされる鷲の羽やアザラシの毛皮なども手に入れることができた。これらは朝廷儀礼に使用する装束や武士の武具にも使用されるもので、この地方でしか手に入らなかったのだ。源氏が駿馬や武具を確保し武家として優位を保つためにも、奥州の富が必要だったのである。

豆知識　源頼義が陸奥守として赴任した直後、安倍頼良は大赦により罪を許されて頼義に臣従。その際、「よりよし」という同音を憚（はばか）って頼時に改名している。

政治　外交　社会　宗教
周縁　文化　武士　戦乱

内紛から始まる後三年合戦で奥州藤原氏が成立した？

POINT！
清原氏の内紛が新たな争いを生み、後三年合戦へと発展。結果、奥州藤原氏が誕生する。

奥六郡を手に入れた清原氏の内紛

前九年合戦で最も大きな利益を得たのは**清原武則**であった。地方豪族として破格の従五位下鎮守府将軍となり、安倍氏の勢力圏であった**奥六郡も支配下**におさめた。後を継いだ孫の**真衡**《さねひら》も鎮守府将軍となり、国司と親密な関係を築き、海道平氏の**成衡**《なりひら》を養子として、その妻に**源頼義**の娘を迎えたとされる。もともと庶流であったため一族の反発を受けていた真衡は、朝廷の権威と源氏の武威をバックに地位を固めようとしたのである。

しかし1083年《永保3》、一族の長老・**吉彦秀武**《きみこのひでたけ》が宴席で真衡から家人の扱いを受けたことに怒り、真衡の異父兄・**清衡**《きよひら》（父は藤原経清）、異母弟・**家衡**《いえひら》と結んで真衡に反旗を翻した。真衡は新たに陸奥守となった頼義の子・**源義家**の支援を得て勝利したが、その遠征中に急死する。**清衡・家衡は義家に降伏**して、清原氏の内紛はいったん収束した。

私戦とみなされた後三年合戦

内紛を収めた義家は、奥六郡を**二つに分けて清衡・家衡に与えた**。この背後には、清原氏の勢力を分割し、奥羽の諸勢力を源氏の勢力下に置こうとする義家の野望があったといわれる。

しかし、清衡が肥沃な南部3郡を手に入れたことに**不満を持っていた家衡**は、1086年《応徳3》、清衡の暗殺を企て、妻子と一族を焼き殺した。これにより、奥羽の紛争は義家・清衡と家衡との**全面衝突**に発展する。厳寒の中、義家は苦戦を強いられたが、弟・**義光**の援軍もあって盛り返し、金沢柵を落として家衡を討ち取った。

この間、義家は追討宣旨を要求したが、朝廷は**私戦**とみなし恩賞も与えなかった。義家は陸奥守を解任され、奥羽の支配は清衡にゆだねられた。姓を**藤原氏に戻した**清衡は**平泉**に拠点を移し、約100年続く**奥州藤原氏**の歴史が幕を開ける。

人物　**清原成衡**（生没年不詳）

現在の福島県いわき市一帯に勢力を張った海道平氏の一族。妻は、源頼義と常陸平氏の嫡流である多気権守宗基（宗幹）の娘との間に生まれた娘とされる。この成衡の婚礼に駆け付けた吉彦秀武を、養父の真衡が軽んじたことが後三年合戦につながる。

1200　1150　1100　★　1050　1000　950　900　850　800　750

『後三年合戦絵詞』　後三年合戦を主題に後世描かれた絵巻。上の図は進軍中の源義家が雁の群れの乱れを見て伏兵を察知し、敵を破ったシーンである。右下の図は兄・義家の苦戦を知った義光が参陣する様子。

東京国立博物館／ColBase

後三年合戦の関係図

後三年合戦は清原清衡の勝利に終わり、清衡は奥州藤原氏の祖となる。

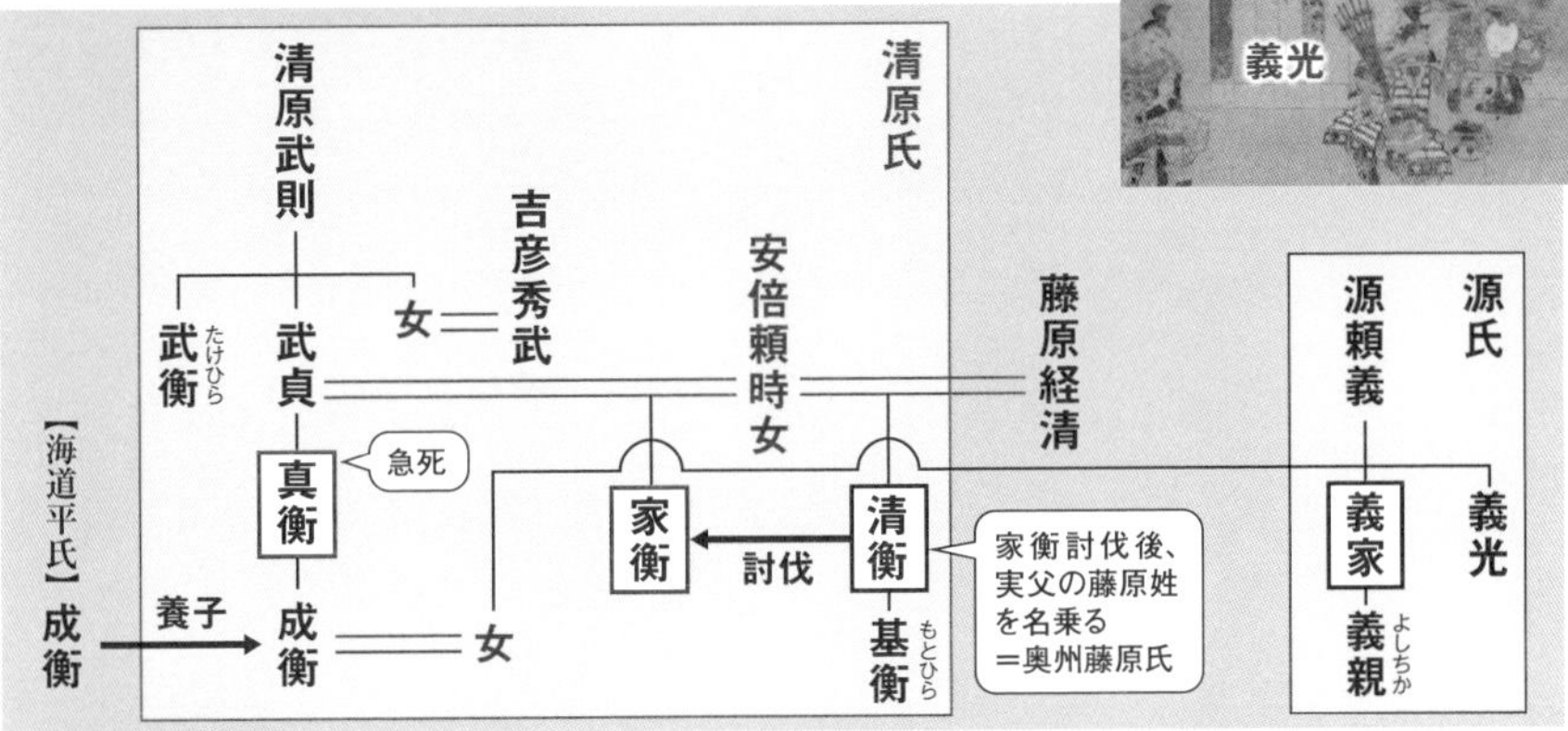

人物を知る

俘囚の上頭として奥羽に君臨した北方の覇者・藤原清衡

奥州藤原氏の初代・清衡は、藤原秀郷の末裔で五位の貴族でもあった藤原経清と、安倍頼時の娘との間に生まれた。前九年合戦で経清が源頼義に処刑された後、母が清原武貞と再婚したため清原姓を名乗った。伝説の武将・藤原秀郷と奥六郡の主・安倍氏の血を引き、出羽の俘囚の長・清原氏の正嫡の地位を得た清衡の経歴は、奥羽支配の正統性を示すにふさわしいものであった。清衡は北方世界の頭領を意味する「俘囚の上頭《じょうとう》」を称し、奥羽に君臨したのである。

『後三年合戦絵詞』に描かれた清衡とされる人物。

東京国立博物館／ColBase

武士
戦乱

豆知識　前九年や後三年の名称は鎌倉時代の『保元物語』が初出だという。前九年合戦は十二年合戦と呼ばれており、実際は約12年間の戦いである。

政治 外交 社会 宗教 周縁 文化 武士 戦乱

奥州藤原氏が約100年間栄華を誇った理由とは？

奥六郡の主から奥羽の覇者へ

前九年・後三年合戦の後、**藤原清衡**は奥羽の現地支配者としての地位を公認された。悲惨な結末をたどった合戦の教訓から、朝廷は源氏のような**軍事貴族の介入を排し**、文官貴族の国守のもと、現地に通じた「俘囚の上頭」の奥州藤原氏に、**直接支配させる**ことにしたのである。

清衡は衣川の南の**平泉**に新たな拠点を築いた。平泉は陸の奥大道《おくのたいどう》と北上川《きたかみがわ》が合流する水陸交通の要地であった。衣川は陸奥を南北に分ける境界であり、川北の奥六郡から南の平泉に拠点を移すことで、「奥六郡の主」の立場を超えて**奥羽に君臨**する奥州藤原氏の新たな地位を示したといわれる。清衡は北上川に面する台地に平泉館を築いて政庁とし、本州北端の外ヶ浜《そとがはま》や蝦夷ヶ島（北海道）にも拠点を置いて**北方交易を独占**し、交易圏は関東や九州、さらに大陸にも及んだ。

独特の仏教文化が花開いた平泉

平泉は仏教都市でもあった。清衡は奥州の南北の境にあたる関山《かんざん》に**中尊寺**を創建し、白河関から外ヶ浜に至る奥大道に、1町ごとに金の阿弥陀像を描いた笠卒塔婆《かさそとば》を立てたという。2代・**基衡**《もとひら》は毛越寺《もうつうじ》、その妻は観自在王院《かんじざいおういん》を、3代・**秀衡**《ひでひら》は無《む》量光院《りょうこういん》を創建し、**独自の仏教文化**を花開かせた。

中央への貢納を欠かさず行い、朝廷と良好な関係を保ったことも長期政権を実現させる要因となった。その一方、基衡は摂関家の年貢増額要求をはねつけ、現地支配を強化する巧みな政治手腕をみせ、陸奥南部にも勢力を拡大。次の秀衡は後白河上皇や平氏政権と**協調関係**を築き、在地豪族として破格の鎮守府将軍・陸奥守に任官し、奥州藤原氏に**全盛期**をもたらした。しかし、4代・**泰**《やす》**衡**《ひら》の時、全国制覇を目指す**源頼朝**の侵略を受け〈1189〉（奥州合戦）、約100年の歴史に幕を閉じる。

POINT!

平泉に拠点を定め、中央とも良好な関係を結んだ藤原氏は、奥州での覇権を確立する。

人物 **藤原基衡**（生没年不詳）

清衡の死後、清原氏を母に持つ兄の惟常との争いに勝利して家督を継ぐ。摂関家の藤原頼長とは互角に渡り合った。基衡の遺骸はミイラとなって、父の清衡、子の秀衡とともに中尊寺金色堂に納められている。

1200 1150 1100 1050 1000 950 900 850 800 750

物流ネットワーク

日本列島と大陸をつなぐ窓口は、九州北部と津軽地方にあり、平泉は中央と結び付きながら、大陸と深い関係を持っていた。

奥州藤原氏3代
清衡(上)、基衡(右)、秀衡(左)の肖像。
毛越寺蔵

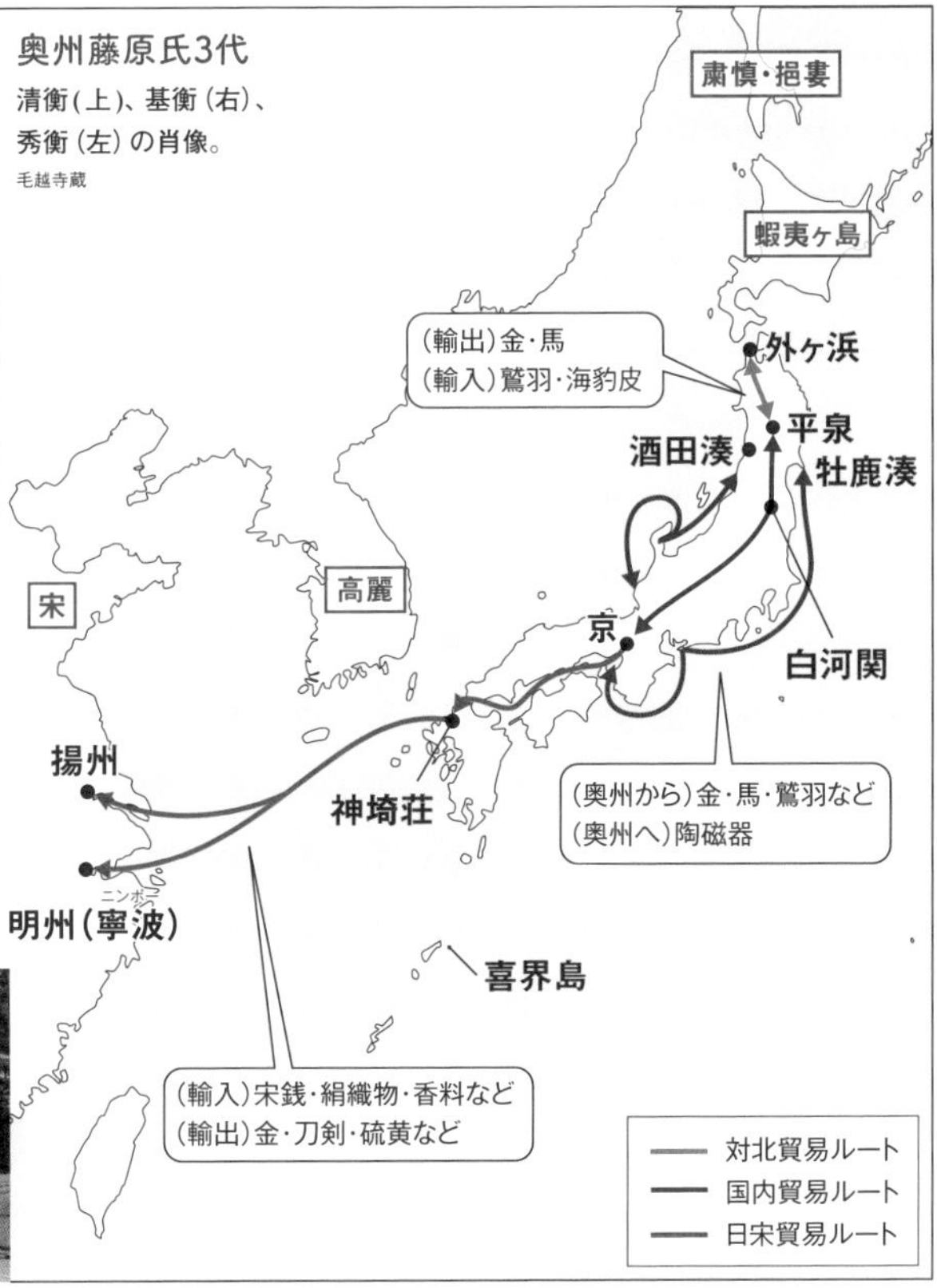

中尊寺
中尊寺金色堂は東北地方で現存最古の建築物。マルコ＝ポーロの『東方見聞録』に記された「黄金の国」は奥州や金色堂のことを指すともいわれる。 岩手県平泉町

時代を読む

シルクロードの東の終着点だった平泉

奥州藤原氏の富の源泉は北方貿易だけではない。物流ネットワークは海運を通じて大陸まで及んでいた。3代・秀衡の政庁とされる柳之御所遺跡からは中国産陶磁器が多数発見されている。また1189年、平泉が源頼朝に制圧された時、焼け残った蔵には、犀《さい》の角、象牙の笛、水牛の角などの宝物が残されており、東南アジア貿易を通じて遠くペルシアやアフリカともつながっていた。平泉は海のシルクロードの東の終着点ともいえる貿易都市だったのである。

宋から元代につくられた白磁四耳壺。平泉で出土する白磁の約4割がこの壺だという。
岩手県教育委員会提供

豆知識 毛越寺本尊の薬師如来像は、その見事な出来映えに、鳥羽上皇が持ち出すのを禁止したという逸話が残る。

復元イラスト

平泉

奥州藤原氏が表現した極楽浄土

栄華を誇った奥州藤原氏の都

三方を川に囲まれ、関東と陸奥をつなぐ奥大道が町の中心を通る平泉は、交通の要衝でありながら防御にも優れた土地だった。奥州藤原氏初代・清衡が、江刺《えさし》郡豊田館《とよだのたち》から磐井《いわい》郡平泉に居館を移して以降、藤原氏によって開発が続けられ、約100年の栄華を誇った。

A

衣川

古代には蝦夷と朝廷の勢力を分ける境とされた。弁慶の立ち往生で有名な衣川の戦いの舞台でもある。

B

北上川

東北一の大河。江戸時代の治水工事により現在の流れになった。

C

奥大道

陸奥を南北に横断する幹線道路。平泉を中心に交易品が行き交った。

イラスト＝香川元太郎

D 中尊寺

前九年・後三年合戦の霊を慰めることや、支配基盤が盤石ではなかった藤原氏が求心力を求めて建立した。

E 平泉館

柳之御所遺跡と呼ばれている場所に、藤原氏の居館が置かれた。西側に高館という小高い山、その他を北上川などに囲まれた防御性の高い土地だった。

F 毛越寺

基衡が着手し、秀衡が完成させた大伽藍。京の法勝寺がモデル。最盛期には40の塔と500の建物が並んだ。

G 観自在王院

基衡の妻が建立した寺院。極楽浄土を摸したとされる庭園が残る。

H 伽羅御所

平泉館が政庁として機能するようになったため、秀衡が新たに築いて居館とした。

I 無量光院

秀衡が建立した寺院。宇治の平等院鳳凰堂をモデルにしたという。盂蘭盆会（うらぼんえ）と初代・清衡の命日に、阿弥陀堂の背後にある金鶏山（きんけいさん）に夕日が沈むように設計されている。

平安人物伝

源《みなもとの》義《よし》家《いえ》

生没年　1039～1106年

身分　武士

「天下第一 武勇之士」と称えられた伝説の武将

イラスト＝竹村ケイ

石清水八幡宮

京都盆地の南西に位置する男山（おとこやま）に鎮座する石清水八幡宮。源氏は八幡神を氏神として敬い、前九年合戦に勝利した源頼義は、河内の私邸の東側に壺井八幡宮を創建、鎌倉の鶴岡八幡宮も頼義の勧請（かんじょう）である。

京都府八幡市

文武両道に通じた名将

源義家は河内源氏嫡流である頼義と、坂東平氏の族長的存在である平直方の娘との間に生まれた。源平の名門の血を継いだ武門のサラブレッド的存在であった。

石清水八幡宮《いわしみずはちまんぐう》で元服し八幡太郎と称した義家は、同時代の貴族に「天下第一武勇之士」と称えられ、後世、武家の第一人者として尊敬を集めた。そのきっかけとなったのが父・頼義に従い18歳で参加した前九年合戦である。大敗した黄海の戦いでは、主従6騎で敵の大軍に囲まれながら、神業的な射芸で敵を退けた。また後三年合戦では雁の列が乱れるのを見て、敵の伏兵の存在を察知したといわれる。陸奥で詠んだ和歌が『千載和歌集《せんざいわかしゅう》』に載るなど和歌も巧みで、文武に通じた名将として後世の多くの武士に尊崇された。

院御所の昇殿を許される

後三年合戦は私戦とみなされ、朝廷からの恩賞はなかった。この時、義家は私財を武士たちに分け与え、棟梁として信望を集めたという。そのため、朝廷は義家の勢力拡大を恐れ、陸奥守解任後も長らく無官にとどめたといわれてきたが、実際は陸奥守として納税義務を果たしていなかったことが理由であった。

そのため、一時は摂関家と結んだ弟・義綱《よしつな》の台頭を許したが、白河上皇による院政が本格化すると、義家は院近臣《いんのきんしん》となり、武士として初めて院御所の昇殿を許される。しかし、晩年、嫡子・義親《よしちか》が謀反を起こしたため再度の任官はかなわず、不遇のまま世を去る。ある公家はその死をいたみ、「武威天下に満つ、これ誠に大将軍に足る者なり」と日記に書いている。

政治　周縁　外交　文化　社会　武士　宗教　戦乱

天皇位を譲って行う院政はなぜ定着したのか？

POINT!

上皇となることで前例やしがらみから逃れ、自由に政治を行うことができた。

我が子への皇位継承が目的

藤原氏を外戚としない後三条天皇は、**白河天皇に譲位**する際、次男の**実仁親王**《さねひと》を皇太子にした。藤原氏を母とする白河は中継ぎであり、三条源氏を母に持つ**実仁・輔仁**《すけひと》**兄弟への皇位継承**を望んでいたのである。しかし、実仁が14歳で亡くなると〈1085〉、白河は輔仁親王をさしおいて、7歳の実子・**堀河**《ほりかわ》**天皇**に譲位し、自らが**上皇**として政務を後見した。これが**院政の始まり**といわれている。藤原氏から実権を奪うことよりも、**皇位継承の主導権**を握ることが、当初のねらいだった。

だが、白河上皇は政治の実権も手放さず、摂関は形式的な役職になっていく。特に孫の**鳥羽**《とば》**天皇**の即位後は「賀茂川の水、双六《すごろく》の賽《さい》、延暦寺の山法師」以外、思い通りにならないものはない（天下三不如意）というほどの**独裁政治**をしき、3代43年にわたって政界に君臨し、**院政を定着**させた。

治天の君が頂点に立つ院政の仕組み

院政は、上皇が天皇の父や祖父の立場で行う政治である。上皇が複数いる場合は、天皇家の家長である**治天**《ちてん》**の君**《きみ》が院政を行った。

国政の運営は、白河・鳥羽院政期は治天の君が太政官に指示を伝える形で行われたが、次第に上皇の家政機関である**院庁**《いんのちょう》が発給する**院庁下文**《くだしぶみ》や**院**《いん》**宣**《ぜん》が国政にも効力を持つようになる。

院政期は上皇の乳《ち》兄弟や有能な官人、富裕な受領などが、身分にかかわらず**院近臣**として重用され国政を左右した。また、上皇の親衛隊である**北面の武士**が設置され、独自の武力も確保された。

荘園の寄進も治天の君に集中するようになり、鳥羽・後白河上皇の時代に**八条院領・長講堂領**《ちょうこうどう》と呼ばれる膨大な荘園群が成立した。荘園を持つ寺社との軋轢《あつれき》も増え、悪僧による**強訴**《ごうそ》が頻発。鎮圧に動員された武士が台頭する契機となった。

用語　「北面の武士」

武芸に優れた者が任じられ、院の護衛を行った。院御所の北面を詰所としたため、北面の武士と呼ばれる。五位以上の者を上（しょう）北面、六位以下の者を下（げ）北面と呼んで区別した。平正盛・忠盛父子は北面の武士として活躍。平氏繁栄の基礎となった。

1200　1150　1100　1050　1000　950　900　850　800　750

院の権力

院政は皇位継承を目的に始められたが、朝廷から距離を置くことで前例や慣習にとらわれる必要がなくなり、政治権力を独占できた。

白河上皇（1053～1129年）

父の後三条天皇が行った荘園整理の路線を継承。上皇に仕えた藤原宗忠は、「法皇の威光は四海に満ち、天下これに帰服した」と白河を称した。

東京国立博物館蔵／ColBase

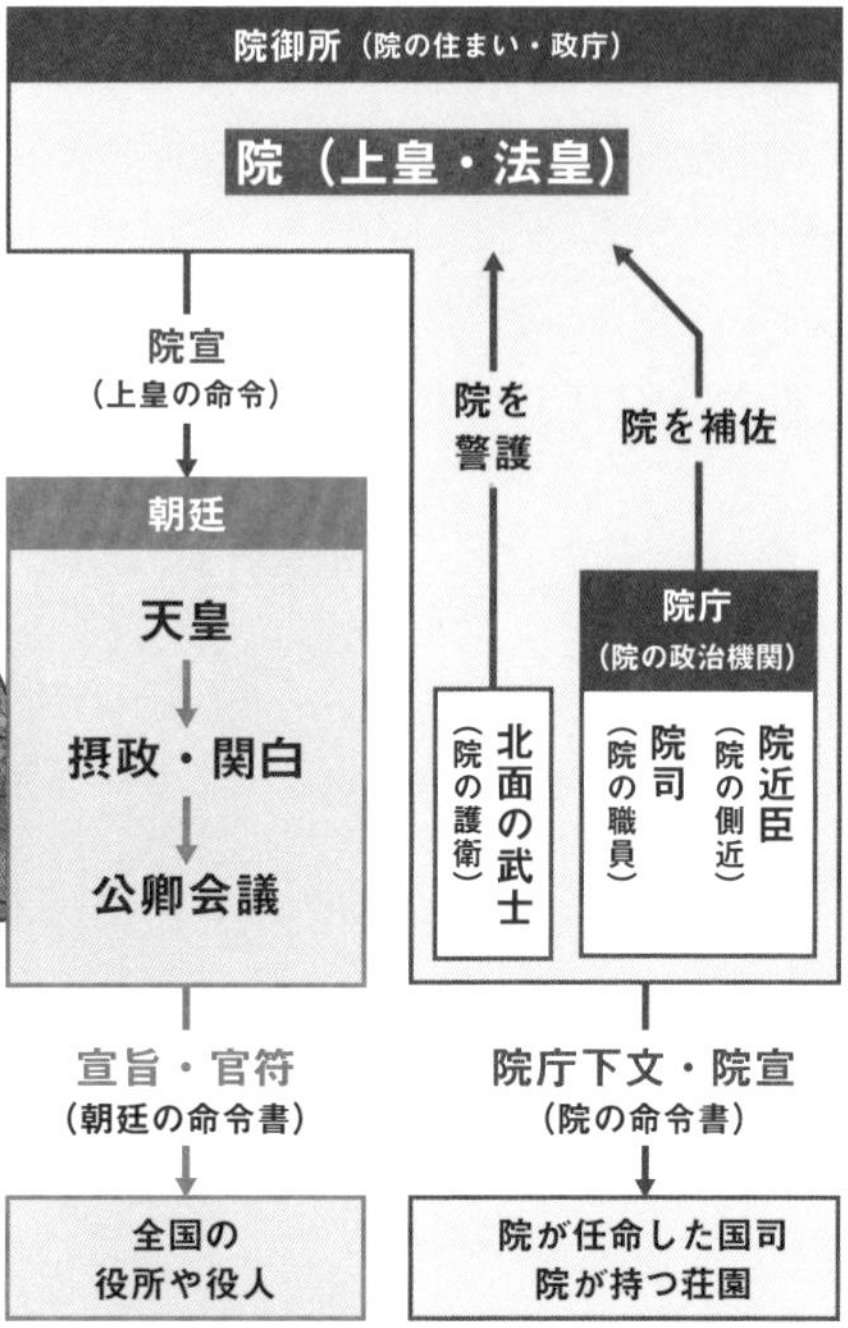

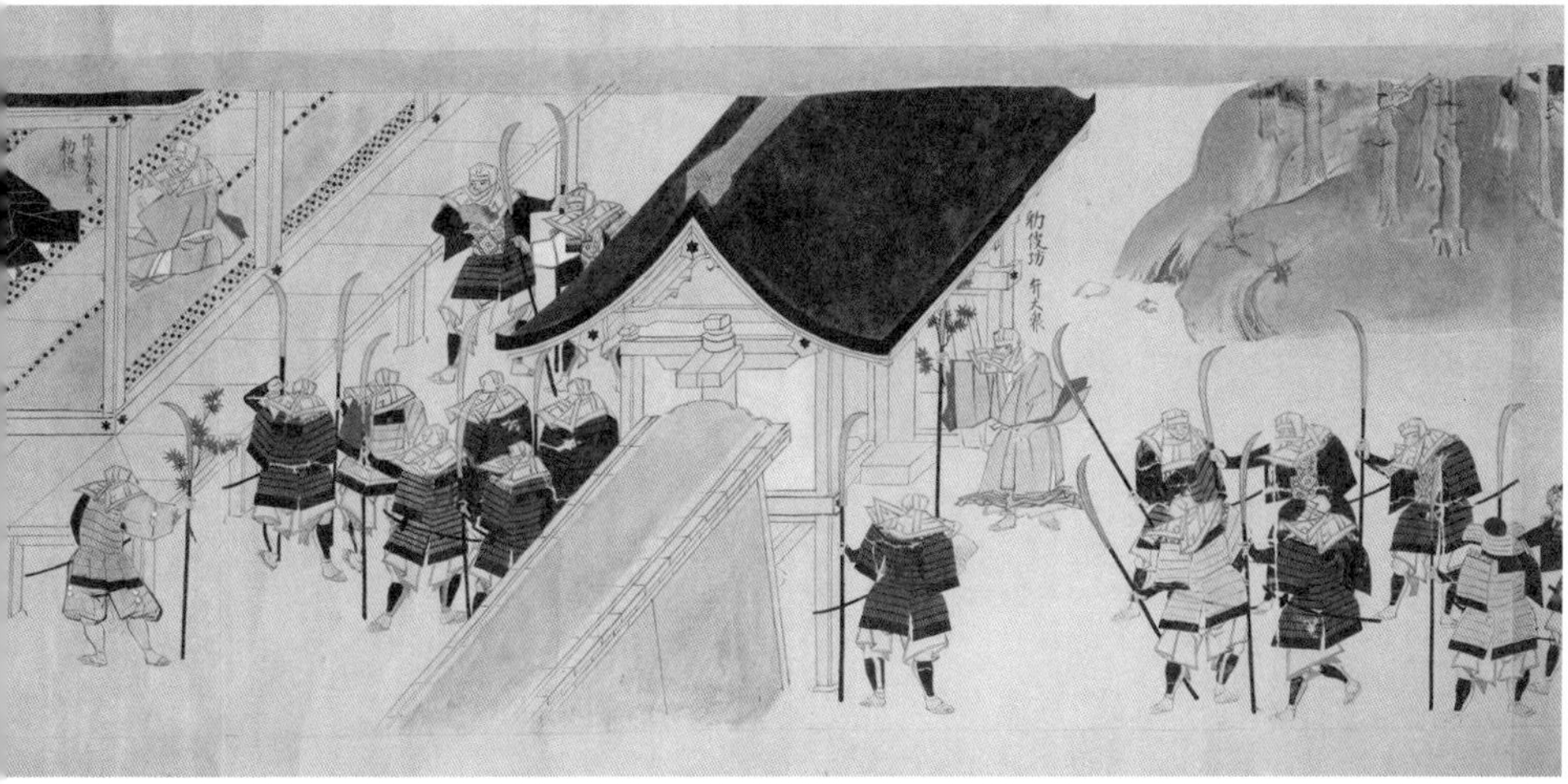

興福寺の強訴

京都・奈良の諸寺の驕慢（きょうまん）ぶりを天狗にたとえて風刺した『天狗草紙絵巻（模本）』。興福寺の僧侶が武力を背景に強訴を行う場面。 東京国立博物館蔵／ColBase

その時世界は？ ［1096年／イェルサレム］第1回十字軍が編成され、1098年にはイェルサレムを占領した。その後、約200年にわたって十字軍遠征は続けられた。

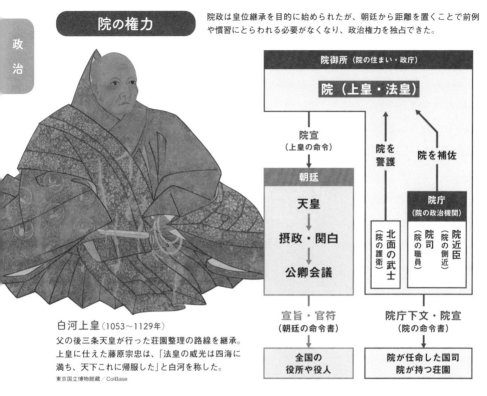

復元イラスト

鳥羽離宮

院政期約70年の中心地

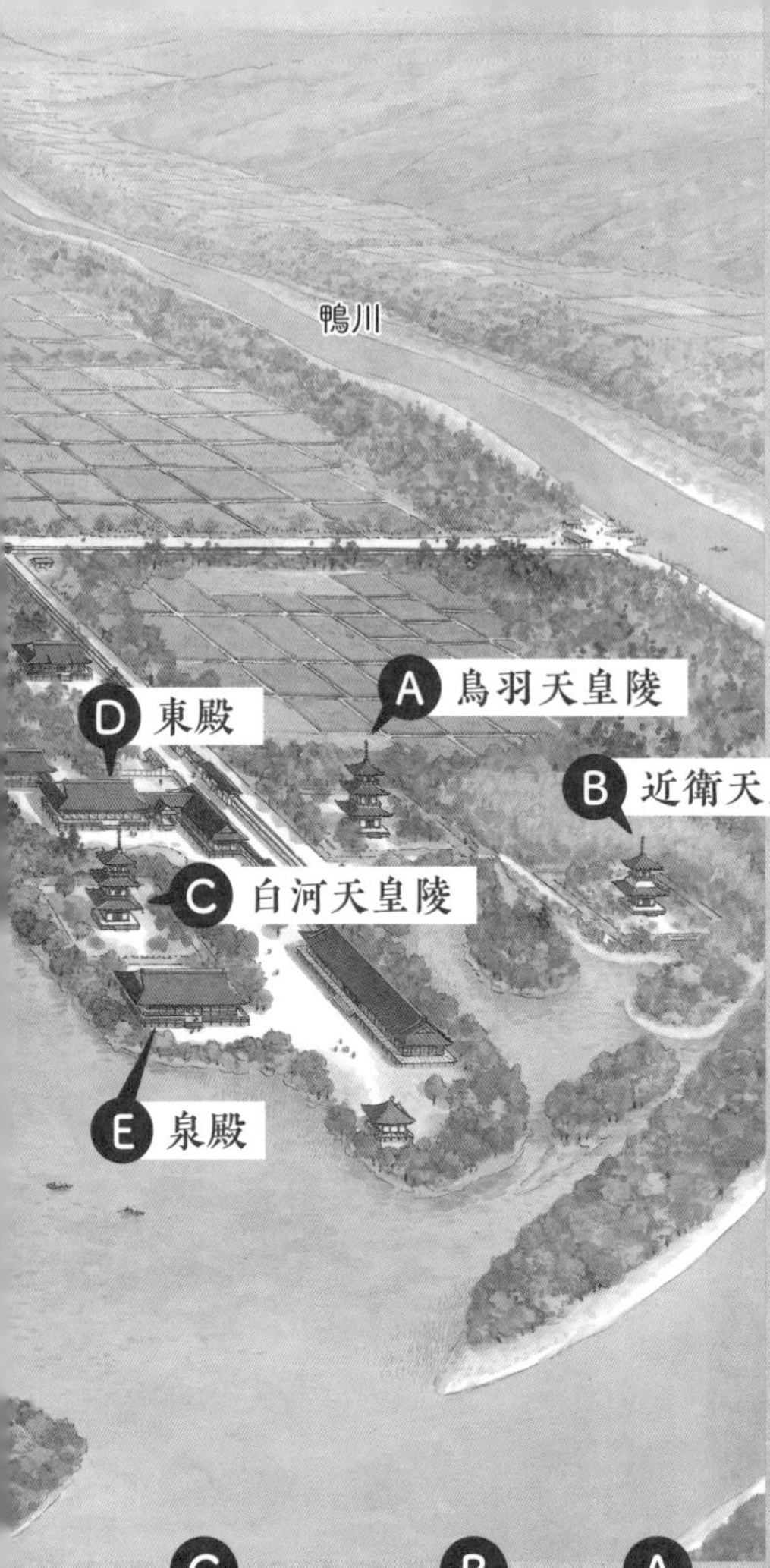

鳥羽に築かれた広大な離宮

院近臣として白河上皇に仕えた藤原季綱《すえつな》が鳥羽の領地を白河に献上し、そこに造営された御所が鳥羽離宮である。

平安京の朱雀大路《すざくおおじ》からのびた先にある鳥羽は、山陽道が通り、水路で瀬戸内海につながる交通の要衝であり、鴨川と桂川が交わる景勝地でもあった。

現在の京都市南区上《かみ》鳥羽、伏見区竹田・中島・下《しも》鳥羽一帯に約180万㎡（平方メートル）の敷地が広がっていた。

敷地内には多くの御所と御堂《みどう》（寺院）が建ち並び、白河、鳥羽、後白河、後鳥羽の4代にわたり使用された。

A 鳥羽天皇陵

鳥羽上皇は白河上皇にならい、三重塔を建立して墓所とした。

B 近衛天皇陵

鳥羽上皇が美福門院の墓所として建てた三重塔だったが、彼女が高野山に葬られることを望んだため、近衛天皇の墓となった。

C 白河天皇陵

白河上皇は、生前に三重塔や多宝塔を築き、その一つを墓にした。

イラスト＝歴史復元画家
中西立太

D 東殿
鳥羽上皇により離宮の東部に築かれた。

E 泉殿
御所の一つ。白河上皇の崩御後、九体阿弥陀堂が築かれた。

F 田中殿
鳥羽上皇が皇女の八条院のために築いた御所で、離宮内で最後に建てられた。

G 金剛心院
寝殿、九体阿弥陀堂、釈迦堂や園池が設けられていた。

H 馬場殿
完成時に競馬が行われたという。

I 北殿
白河上皇によって築かれた御所。平安京内の閑院の殿舎を移したという。

J 南殿
鳥羽離宮で最初に築かれた御所。

K 鳥羽作道
平安京造成時、淀川から物資を運ぶためにつくられたという。院政期には鳥羽離宮と都を結ぶ重要な道となった。

宗教 社会 外交 政治
戦乱 武士 文化 周縁

“西の平氏”の基盤を築いた 平正盛と忠盛父子

院近臣として台頭した平氏

源氏が諸国の受領を歴任し、京や東国で勢力を拡大する一方、武門平氏は貴族の従者や受領の郎党を務める**最下品《さいげぼん》という低い身分**に甘んじた。

源平の地位を逆転させたのが伊勢平氏の**平正盛《まさもり》**である。1097年《永長2》、正盛は急死した白河上皇の皇女のために自身の所領を寄進した。これをきっかけに正盛は**院近臣**、**北面の武士**となり、諸国の受領を歴任して富を蓄えた。1107年《嘉承2》、源義家の嫡子・**義親**が出雲国《いずも》（島根県）で反乱を起こすと正盛が追討使《ついとうし》に任じられる。正盛は出京からわずか1か月で義親を討ちとって武名をあげ、一躍、**京の武家の第一人者**となった。以後、備前国《びぜん》（岡山県）・讃岐国《さぬき》（香川県）など富裕な国の受領を歴任して財力を蓄え、瀬戸内の海賊討伐を通して西国の在地武士を組織し、**「東の源氏」に対し「西の平氏」**と称される基盤を築いた。

武士としての初の昇殿

正盛の後を継いだ**忠盛**は、白河に続いて鳥羽上皇にも重用された。1132年《天承2》、鳥羽のために1000体の観音像を安置した得長寿院《とくちょうじゅいん》を寄進し、武士として初めて**内裏・清涼殿《せいりょうでん》への昇殿を許された**。備前守在任中には2度にわたって瀬戸内海の海賊追捕を命じられている。追捕といいながら、実際は平氏の家人になった者は許され、臣従しなかった者を賊徒として捕らえることで、西国武士の組織化を進めたと考えられている。

後年、平氏政権の財源となる**日宋貿易も忠盛の時代に始まった**。鳥羽上皇領の肥前国《ひぜん》神埼荘《かんざきのしょう》（佐賀県神埼市）の管理にあたっていた1133年《長承2》、九州に宋の商船が来航すると、忠盛は「院の命令」といって大宰府を排除し、直接貿易を行った。こうして、**京都最大の武士団となった平氏**は、嫡子・清盛《きよもり》の代でさらなる飛躍を遂げることとなる。

POINT!

平正盛は源義親の乱を鎮圧して平氏の家格を上げ、忠盛は日宋貿易などで財力を高めた。

用語 『金葉和歌集』

平安時代で5番目の勅撰和歌集。白河上皇の勅命を受けて源俊頼が選んだ。上皇の意に沿わず、1124、25、26年と3度編纂がなされた。従来の勅撰和歌集は全20巻だが、『金葉和歌集』は『拾遺抄』にならい、全10巻で編纂された。

1200 1150 1100 1050 1000 950 900 850 800 750

中央に進出する伊勢平氏

名声を高めていた河内源氏だったが、義家の子・義親が押領や殺人などを行ったため、平忠盛に追討された。これにより源氏は衰退、平氏が中央に進出する。

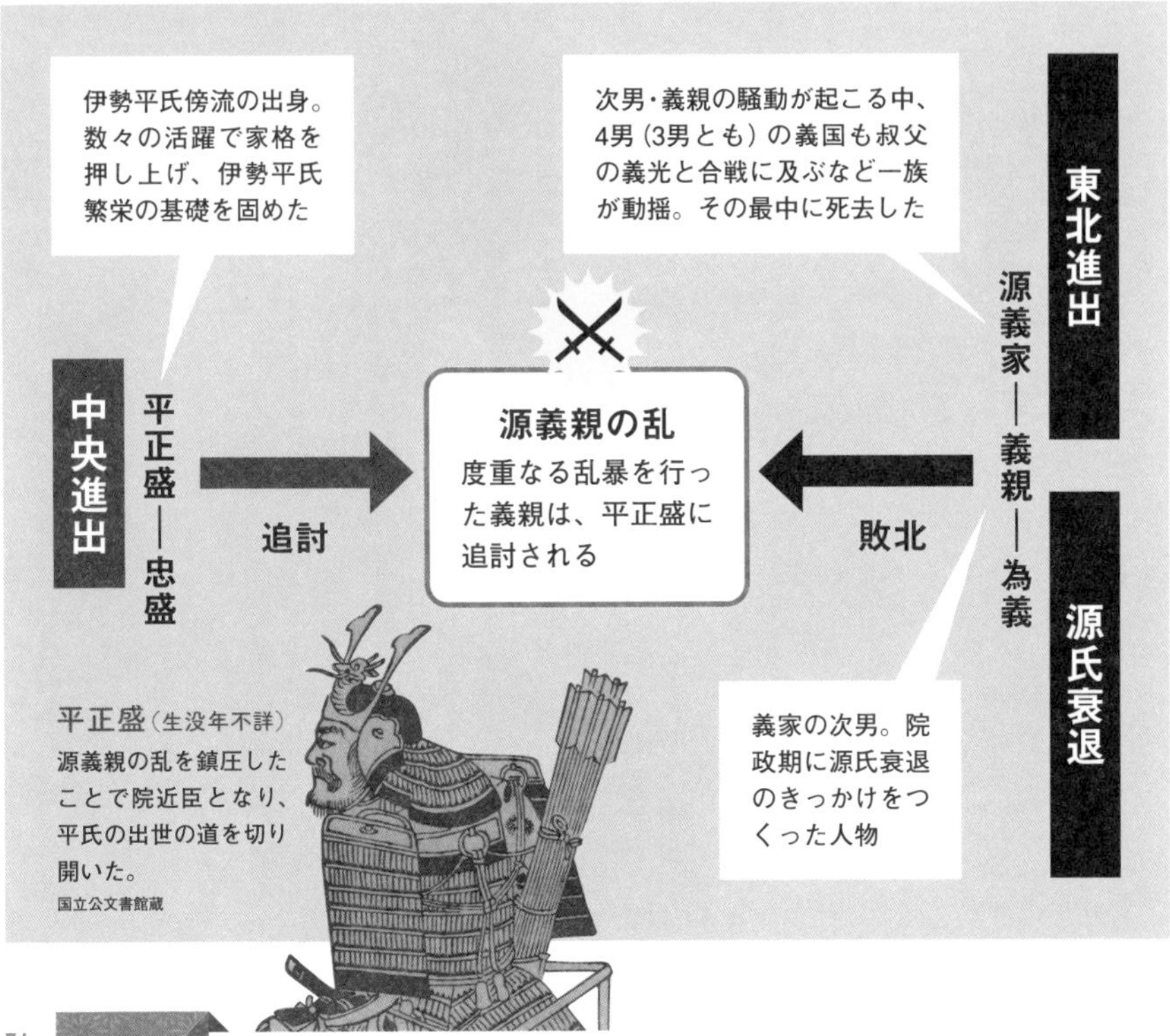
伊勢平氏傍流の出身。数々の活躍で家格を押し上げ、伊勢平氏繁栄の基礎を固めた
次男・義親の騒動が起こる中、4男(3男とも)の義国も叔父の義光と合戦に及ぶなど一族が動揺。その最中に死去した
東北進出
源義家―義親―為義
中央進出
平正盛―忠盛
追討
源義親の乱
度重なる乱暴を行った義親は、平正盛に追討される
敗北
源氏衰退
義家の次男。院政期に源氏衰退のきっかけをつくった人物

平正盛(生没年不詳)
源義親の乱を鎮圧したことで院近臣となり、平氏の出世の道を切り開いた。
国立公文書館蔵

人物を知る 一流の宮廷貴族でもあった平忠盛

平忠盛は宮廷貴族としても高い教養を備えていた。勅撰の『金葉《きんよう》和歌集』に入集する一流の歌人であり、笛や舞も巧みであった。機知に富んだ様子は、忠盛の昇殿に反発し暴行を加えようとした貴族たちに、銀箔の刀をちらつかせて撃退したという『平家物語』の逸話にうかがえる。公卿一歩手前の正四位上・刑部卿《ぎょうぶきょう》で亡くなった時、ある貴族は「巨万の富を築き、武威は誰より勝るも、人柄は慎み深く、贅沢をすることもなかった」といって、その死を惜しんだ。

海賊や悪僧の追討で名をあげ、日宋貿易で財力を築いた平忠盛。

その時世界は? 〔1127年/中国〕靖康の変により宋(北宋)が滅亡。皇族の一人である高宗が南宋を建国する。153年間続いたが、フビライ=ハンに滅ぼされた。

政治　外交　社会　宗教
周縁　文化　武士　戦乱

武士の世の始まりとなった保元の乱は何をもたらした？

POINT！
皇位継承が武力で解決されたことで、摂関家は衰退し、武士が台頭するきっかけとなった。

天皇家・摂関家の内紛

1156年〈保元1〉、平安京遷都以来、初めて都で武士同士の合戦が行われた。天台座主・**慈円**《じえん》が「武者の世の始まり」と呼んだ**保元**《ほうげん》**の乱**である。

背景には**天皇家と摂関家の相続争い**があった。**鳥羽上皇**は長子の**崇徳**《すとく》**上皇**を疎んで無理やり退位させ、寵姫・**美福門院得子**《びふくもんいんとくし》が生んだ**近衛**《このえ》**天皇**を2歳で即位させた。その近衛が16歳で亡くなると、崇徳の皇子をさしおいて、崇徳の弟・**後白河天皇**を即位させたため、父子の亀裂は深まった。

摂関家では**藤原忠通**《ただみち》**・頼長**《よりなが》兄弟が摂関の座をめぐって争った。父の**忠実**《ただざね》は頼長を偏愛し、忠通を勘当して頼長を氏長者《うじのちょうじゃ》とした。しかし、頼長は近衛を呪詛したという噂を流され、鳥羽に疎まれて失脚する。1156年7月、鳥羽が崩御すると、崇徳は京の白河殿に入り頼長と合流。配下の武士を招集し、保元の乱が幕を開ける。

皇位継承問題を武力で解決

後白河天皇のもとには**平清盛・源義朝**《よしとも》**・足利義康**《あしかがよしやす》ら源平の主力が集結した。崇徳上皇方は義朝の父・**為義**《ためよし》や弟の**為朝**《ためとも》、清盛の叔父・**忠正**《ただまさ》ら摂関家の家人が中心であったが、劣勢は明らかであった。

合戦は後白河天皇方が**白河殿に夜襲**を仕掛けたことで始まった。天皇方は為朝の強弓《こわゆみ》に苦しめられたが、義朝が白河殿に火を放つと、上皇方は総崩れとなった。**頼長は流れ矢に当たって死亡**し、上皇方の武士は処刑、崇徳上皇は讃岐に配流された。清盛は播磨守《はりまのかみ》に昇進し、平氏一門も恩賞を受ける一方、義朝は内昇殿《ないしょうでん》の資格と左馬頭《さまのかみ》の官職が与えられただけであった。

わずか4時間の戦いであったが、皇位継承が武力で解決されたことにより、**武士が台頭する契機**となった。一方、**摂関家は衰退**し、新興の院近臣が政治に影響力を及ぼすようになる。

人物　崇徳上皇（1119～1164年）

鳥羽上皇は崇徳が祖父・白河上皇と皇后・待賢門院璋子の子であると疑い「叔父子（おじご）」と呼んで嫌った。近衛を皇太子とするため崇徳を譲位させたが、宣命には「皇太弟」とあった。天皇の兄に院政を行う資格はなく、だまされた崇徳は鳥羽を恨んだ。

1200　1150　1100　1050　1000　950　900　850　800　750

保元の乱の対立構造

上皇と天皇、摂関家の対立が、平氏と源氏を動員する戦いとなり、院政の混乱と武士の進出を象徴する争いとなった。

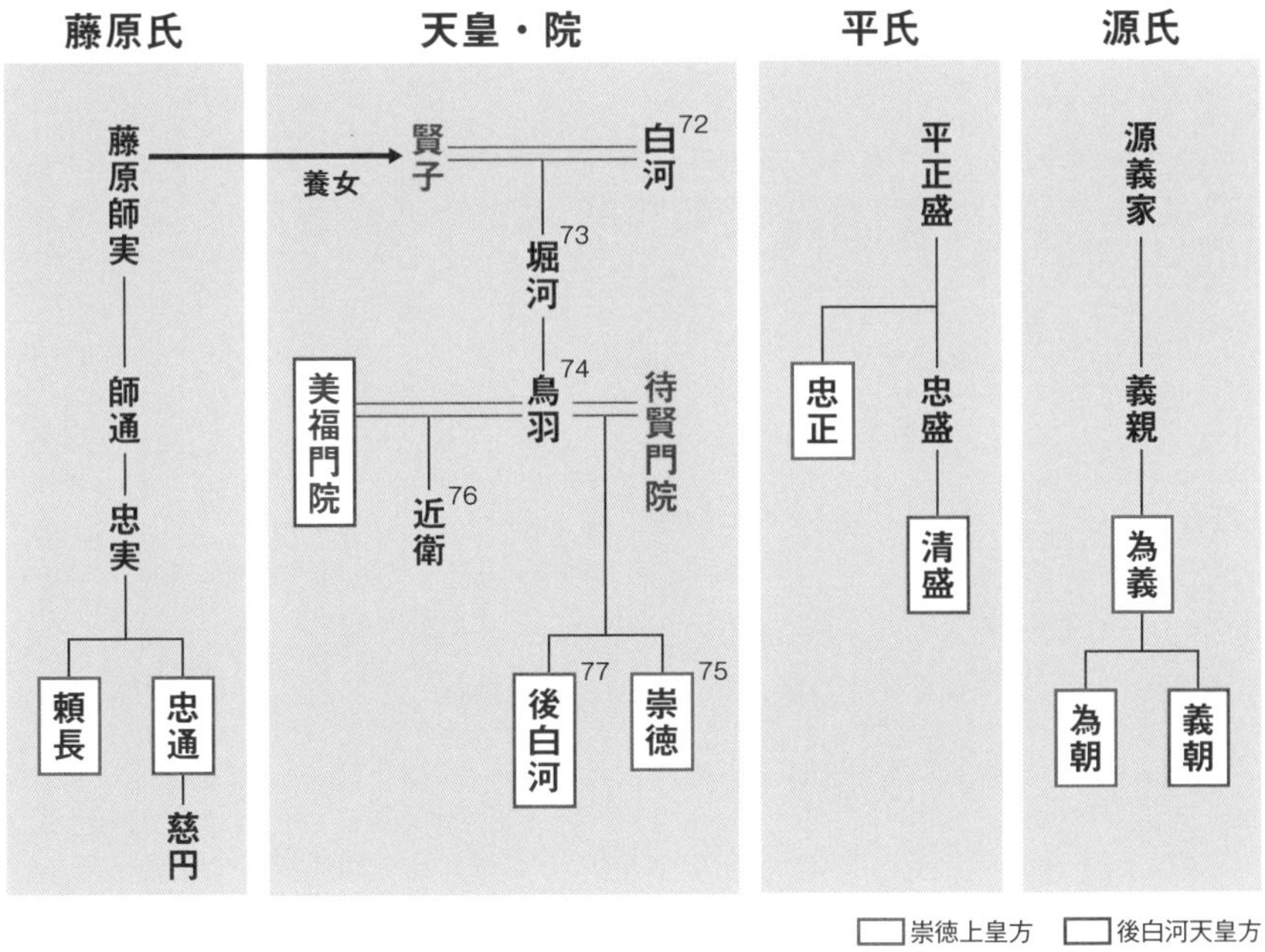

怨霊となった崇徳

讃岐に配流後、崇徳は仏教に帰依し、五部大乗経を書写して京に送ったが許されなかった。絶望した崇徳は「魔縁（まえん）となって遺恨を晴らさん」と言い、生きながら天狗の姿になったといわれる。

源為朝

（1139～1177年）

為義の子。武勇に優れ鎮西八郎と称す。保元の乱では上皇方として奮戦。戦後は伊豆大島に流罪となった。

東京都立中央図書館特別文庫室蔵

その時世界は?　［1150年／フランス］ノートルダム大聖堂付属神学校を母体として、フランス最古の国立大学、パリ大学が創立される。

政治 外交 社会 宗教
周縁 文化 武士 戦乱

摂関家と源氏は没落し、平清盛が躍進した平治の乱

POINT!

藤原頼信と源義朝が起こしたクーデターは失敗。この結果、伊勢平氏が政治の実権を握る。

平治の乱で源氏は没落

保元の乱後、政治の実権は後白河上皇の近臣・**信西**《しんぜい》が握り、平氏と結び朝廷の改革に取り組んだ。一方、後白河の若き寵臣・**藤原信頼**《のぶより》は信西に出世を阻まれたことを恨み、1159年《平治1》、保元の乱の恩賞に不満を持つ**源義朝**と結んで挙兵。**信西を殺害**し、**二条天皇**《にじょう》を内裏に閉じ込め実権を握った。

朝廷の危機を救ったのが**平清盛で**ある。廷臣たちと結んで内裏から天皇を救出し、**信頼・義朝追討の宣旨**を得て、源氏軍のこもる内裏を攻めた。やがて平氏軍が、撤退と見せかけて源氏軍を誘い出し内裏を占拠すると、退路を断たれた源氏軍は平氏の拠点・六波羅《ろくはら》に殺到したが、**源頼政**《よりまさ》らの裏切りもあって敗北。義朝は逃走中に家人に殺され、嫡子の頼朝は伊豆《いず》（静岡県）に流された。**平治の乱により源氏は没落**し、平氏は唯一の武家の棟梁として京の軍事・警察権を掌握した。

清盛、位人臣を極める

乱の翌年、**武士として初めて公卿**《くぎょう》となった清盛は、一門に二条天皇の内裏の警固を行わせ朝廷の守護者の立場を明確にした。一方で、二条と対立する後白河にも奉仕し、三十三間堂（→P159）を寄進した。さらに関白・**藤原基実**《もとざね》に娘を嫁がせ、摂関家と縁戚関係も築いた。

二条と基実が相次いで亡くなると、清盛は後白河上皇との連携を深め、1167年《仁安2》、内大臣《ないだいじん》から一気に**太政大臣**《だいじょうだいじん》となり位人臣《くらいじんしん》を極める。しかし、清盛は実権のない名誉職にこだわらず、わずか3か月で辞任する。この直後、清盛の嫡子の大納言《だいなごん》・**重盛**《しげもり》に全国の賊徒追討を命じる宣旨が下され、**平氏が国家の軍事・警察を担う**ことが公的に認められた。特定の軍事貴族にこうした宣旨が下されるのは空前のことで、**鎌倉幕府成立に匹敵する画期**とされている。

人物 源頼政（1104～1180年）

摂津源氏。内裏を警固する大内守護として朝廷に仕える一方で、優れた歌人としても有名だった。保元の乱では天皇方、平治の乱では平氏方に味方。三位にまで昇進し、源三位（げんさんみ）と呼ばれた。のちに以仁王の平氏追討に参加して戦死（→ P164）。

1200 1150 1100 1050 1000 950 900 850 800 750

平治の乱

平治の乱では藤原信頼は源義朝、信西は平清盛と結んで争った。図は平治の乱を描いた『平治物語絵詞』　東京国立博物館蔵／ColBase

平治の乱の敵対関係

源氏方（敗北）		平氏方（勝利）
処刑 藤原信頼	院近臣	殺害 信西（藤原通憲）
殺害 源義朝 処刑 源義平 配流 源頼朝	武士	躍進 平清盛 平重盛 平頼盛

厳島神社に立つ、清盛の像。
広島県廿日市市

人物を知る　平清盛は白河上皇の落胤だった？

『平家物語』に清盛の出生秘話が記されている。白河上皇の子を身ごもった寵姫・祇園女御《ぎおんのにょうご》が、平忠盛の妻となり生まれたのが清盛であったというものだ。これは創作だが、清盛の母が白河上皇に仕えていたことは事実とされる。清盛を皇胤とする説も多くの識者に支持されており、院近臣として異例の太政大臣になったことが、その証左とされる。少なくとも大臣就任は、宮廷社会が皇胤説を認めたことを表しており、これが清盛の権威を支える基盤になったのである。

豆知識　平家とは伊勢平氏のうちで平清盛の一族を指すことに使われる場合が多い。また平氏は桓武平氏が有名だが、それ以外に仁明、文徳、光孝平氏の流れがある。

宗教　社会　外交　政治
戦乱　武士　文化　周縁

平氏政権を支えた日宋貿易と外戚関係とは？

平氏政権を支えた日宋貿易

平清盛は太政大臣を辞任した翌1168年《仁安3》、病により出家し、摂津国**福原**（神戸）の別荘に隠退した。目的は**日宋貿易**に本格的に取り組むためである。清盛は大型の宋船が寄港できるよう**大輪田泊**《おおわだのとまり》を修築し、人工島を建設して港を風浪から守った。貿易を通して、中国から漢籍や織物、香料などがもたらされ、平氏の主要な財源となった。また、大量に輸入された**宋銭**《そうせん》は、日本で貨幣経済が始まるきっかけになったといわれる。

他の財源として500カ所もの荘園、一国の支配権を認められる**知行国**《ちぎょうこく》が30余国もあった。荘園については平氏が領主になったわけではなく、院領の**預所**《あずかりどころ》など**荘園管理者**となることで実権を掌握した。娘婿の藤原基実の死後は、摂関家領も平氏の支配下に収めた。知行国は平氏一門や関係者だけで**日本の半分**に及んだといわれる。

天皇家との外戚関係

平氏の栄華を支える基盤となったのが、**天皇家との縁戚関係**である。後白河上皇の寵姫・**平滋子**《しげこ》は清盛の妻・時子《ときこ》の異母妹であった。二条天皇の崩御後、清盛は後白河と図って、二条の子・**六条天皇**を退位させ、滋子が生んだ**高倉天皇**を即位させた。1171年《承安1》には娘の**徳子**《とくこ》**を高倉に入内**させ、武家出身の女性として初の中宮に冊立《さくりつ》した。徳子はのちに**言仁親王**《ときひと》（**安徳天皇**《あんとく》）を生み、清盛を天皇の**外戚の地位**へ押し上げる。

こうした婚姻政策は、かつての藤原氏と同じ手法であり、平氏政権の古さを示すともいわれるが、宮廷社会で地位を得るために依然として有効な手段であった。清盛の子・重盛・**宗盛**《むねもり》が兄弟で左・右近衛大将に並ぶなど、平氏一門はことごとく**高位高官を占めた**が、院近臣を中心に**平氏への反発**が高まっていったのも事実であった。

POINT!

平氏の躍進は、日宋貿易による富と、天皇の外戚となるという血縁で支えられていた。

用語　「預所」

荘官の一つ。荘園の管理者の中で上級のもので、現地におもむいて在地の下級荘官である下司、公文、荘司などを指揮して経営にあたった。領家が家人から任命する場合と、荘園を寄進した者が世襲するケースがあった。

1200　1150　1100　1050　1000　950　900　850　800　750

外戚として朝廷を支配

清盛の一門が高位高官を独占。院政を停止すると孫の安徳を即位させて、外戚の地位を獲得。清盛は最高権力を手にする。

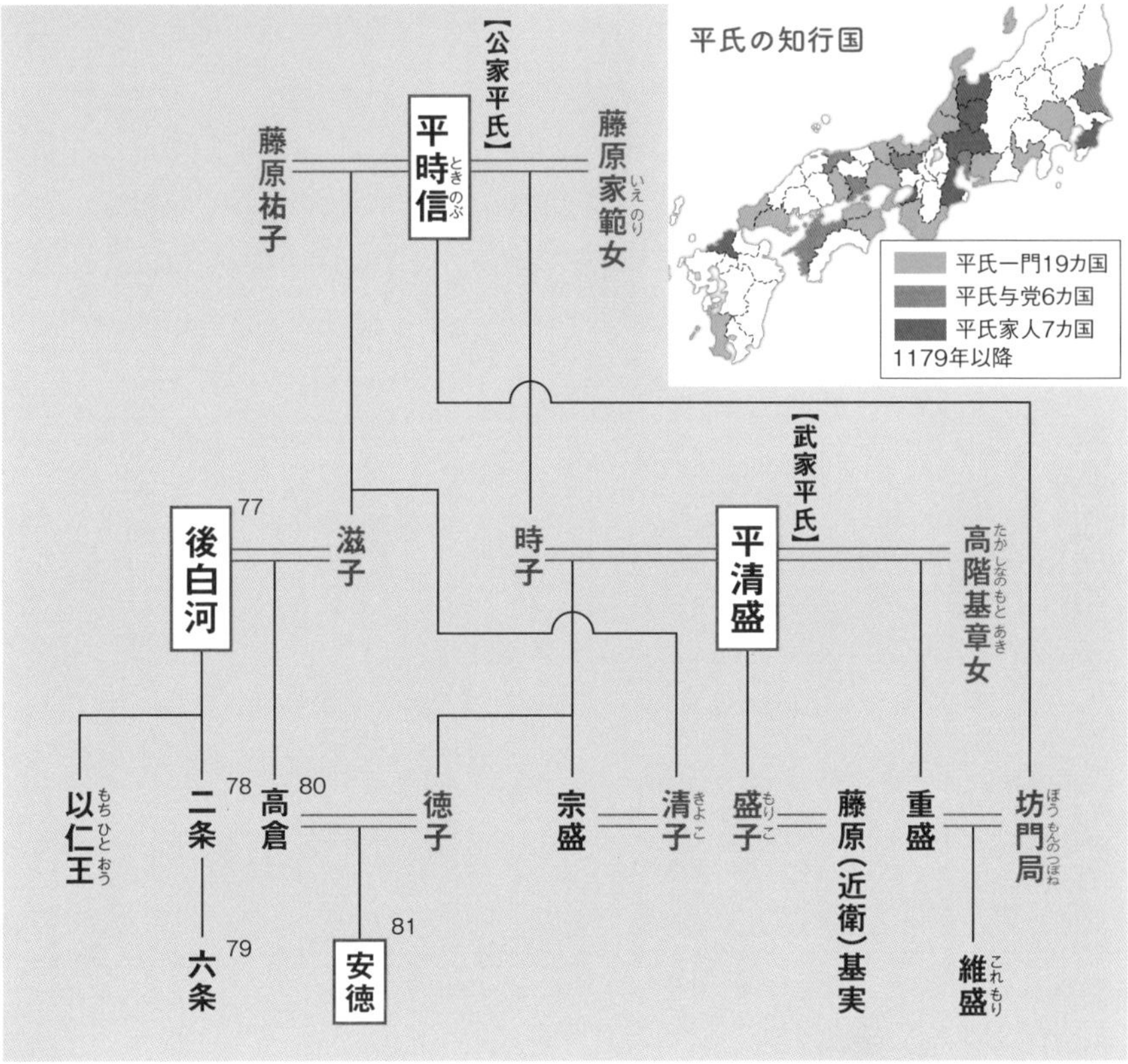

時代を読む

院政期に大流行した熊野詣《くまのもうで》

院政期は高野詣とともに紀伊国熊野三山（和歌山県）を参詣する熊野詣が流行した。これを主導したのが歴代の治天の君で、白河上皇は９回、鳥羽上皇は21回、後白河上皇は34回、後鳥羽上皇は28回を数えた。複数の道のりがあったが、よく使われたのが淀川から和泉国を経て紀州に入り、田辺から本宮に至る中辺路《なかへち》コースであった。三山をめぐり帰京するまで約700km、約1か月もの苦難の旅行であったが、それ自体が修行であり、仏に結縁できる手段であると考えられた。

多くの参詣者が歩いた熊野古道。

豆知識　熊野詣は鎌倉時代には武士や庶民の参詣も盛んになり、蟻のように行列をつくることから「蟻の熊野詣」と呼ばれた。

平安人物伝

後《ご》白《しら》河《かわ》上《じょう》皇《こう》

生没年　1127～1192年

身分　天皇・上皇

制法にこだわらない「日本一の大天狗」

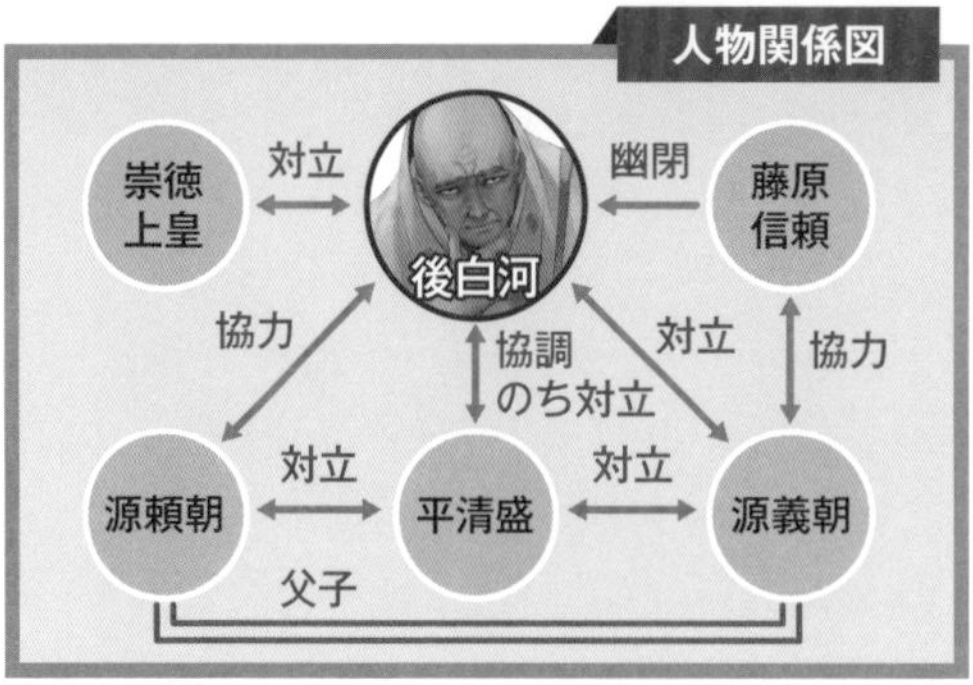

イラスト＝竹村ケイ

三十三間堂
現在の法住寺がある辺りは、後白河が院御所を置いた場所である。ここに平清盛が蓮華王院本堂（三十三間堂）を寄進。一度焼失するが鎌倉時代に再建された。 京都市東山区

和漢に比類なき暗主

後白河天皇の乳母夫《めのとぶ》で、保元の乱後、実権を握った信西は後白河を「和漢に比類なき暗主」と評していた。また、父・鳥羽上皇は若い頃から流行歌謡の今様《いまよう》に熱中する後白河を見て、「即位の器量にあらず」といって突き放していたという。

その後白河が28歳の高齢で即位したのは、後白河の第1皇子である守《もり》仁《ひと》親王（二条天皇）が鳥羽の寵姫・美福門院得子の養子になっていたからである。近衛天皇の死後、得子は守仁の即位を望んだが、信西が「父をさしおいて即位した例はない」といい、中継ぎとして後白河を即位させたのである。

3年後の1158年（保元3）、後白河は予定通り二条に譲位し、以後、二条・六条《ろくじょう》・高倉《たかくら》・安徳・後鳥羽の5代、30年以上にわたって院政をしいた。

自ら大仏開眼を行う

政治家としては、武士を手玉に取って権力を保った策士とする見方もあるが、政治的な無定見が混乱を招いたのも事実だ。平清盛や木《き》曽《そ》義《よし》仲《なか》の謀反を招いたのも、実力差を認識せず執拗に挑発したためだ。最後は源義経に源頼朝追討宣旨を出し、頼朝からは「日本一の大天狗」と揶《や》揄《ゆ》された。

一方、遊女や芸能者を御所に呼んで今様を楽しみ、大路の桟敷《さじき》から民衆に声をかける気さくな一面もあった。焼き打ちされた東大寺の再建では自ら梯子に登り、筆を使って大仏の開眼を行い民衆を熱狂させた。

信西は後白河の長所として「制法《せいほう》（常識）にこだわらずやり遂げること」をあげている。為政者らしからぬ豪快な資質が、混迷の時代と豊かな歴史をつくり上げたのである。

政治 外交 社会 宗教
周縁 文化 武士 戦乱

アニメの原点といわれる院政期の絵巻・絵詞とは？

POINT!
横長の巻物に描かれた絵画作品を絵巻という。後白河上皇は絵巻愛好家であった。

院政期に次々と制作された絵巻

院政期は美術史においても傑作が多数制作された時代であった。特に**絵巻**の発展は、大きな特徴とされる。絵巻の形式は中国で成立し、唐《とう》の時代に数多くの傑作が生み出され、院政期の日本の絵画に影響を与えた。院政期を代表する**『源氏物語絵巻』**などの物語絵、**『信貴山縁起絵巻《しぎさんえんぎえまき》』**などの説話絵といった絵巻の様式は、唐以来の中国の伝統を受け継いだものといわれる。

絵巻の特徴は、空間芸術である絵画の中で、**時間の推移**を表現したことにある。横長の巻物で右から左へ画面を展開させることで、空間の広がりとともに、時間や物語の流れを表したのだ。『信貴山縁起絵巻』に描かれる空飛ぶ鉢に驚く人々のように、誇張を交えて描かれることが多く、日本の漫画・アニメの原点ともいわれる。ちなみに、絵と絵の間に説明文がついたものは**絵詞《えことば》**と呼ぶ。

絵巻プロデューサー・後白河上皇

院政期に絵巻が発達したのは、治天の君・**後白河上皇**の力に負うところが大きかった。後白河がパトロン兼プロデューサーとなって、当代随一の名人・**常盤光長《ときわみつなが》**を中心とする絵師集団を指揮し、絵巻制作を主導したのである。一連の作品は蓮華《れんげ》王院《おういん》の宝蔵にコレクションとして収められた。

その内容は、後白河の治世を描いた**『年中行事《ねんじゅうぎょうじ》絵巻《えまき》』**のような華麗な貴族文化を描いたものだけでなく、応天門《おうてんもん》の変を描いた**『伴大納言絵巻《ばんだいなごんえまき》』**や**『後三年合戦絵詞』**など事件・合戦を題材としたもの、地獄《じごく》の鬼や餓鬼《がき》の世界を描いた**『地獄草《ぞう》紙《し》』『餓鬼草紙』**、病の症例を記録した**『病草紙《やまいのそうし》』**など、グロテスクな死後の世界や社会の暗部を描いた絵巻まで、多様な題材がとられた。一連の作品は王朝美とは一線を画す、後白河の独特な美意識が反映されているといわれる。

用語 「蓮華王院」

通称の「三十三間堂（さんじゅうさんげんどう）」でよく知られる京都の寺院で、この地にはもともと後白河院の御所があった。南北120mものサイズを誇る本堂の中には、1001躯の千手観音菩薩像が安置されている。

1200 1150 1100 1050 1000 950 900 850 800 750

日本のアニメの原点・絵巻

横長の巻物を用いた絵画作品を絵巻と呼び、右から左に時間の流れを表しているのが特徴である。

❶ケンカをする子どもたち。そこへ右の茶色い服の子どもの父親が現れる
❷父親が他人の子を蹴飛ばす
❸子どもを連れ帰る母親

『伴大納言絵巻』（模本）

応天門の変をテーマにした絵巻。図は大納言に仕える男が、大納言の名をかさに着て威張るシーンで、子どものケンカが起こってから収まるまでの時間の流れを、同じ図の中に入れている。このような技法を異時同図法という。

国立国会図書館蔵

『源氏物語絵巻』

『源氏物語』をテーマにした現存最古の絵巻物。図は光源氏の子・夕霧（左）が、友人の義母からもらった手紙を読むシーンで、手紙をラブレターだと勘違いした夕霧の妻・雲居雁（くもいのかり）が背後から手紙を奪い取ろうとしている。『源氏物語絵巻』は調度品の書き込みが細かく、当時の風俗研究の資料として高く評価されている。

五島美術館蔵

『病草紙』

様々な病気を表した絵巻で、後白河上皇が制作に関与したとされる。図は眼病を治すために眼球に刃物を刺すヤブ医者を描いたもので、ブラックユーモアにあふれている。

京都国立博物館蔵／ColBase

豆知識　『病草紙』には他に、肥満や不眠症、歯周病、痣（あざ）、高熱に伴う幻覚症状など、現代人にもみられる症例が描かれている。

アート

鳥獣人物戯画

漫画の原点となった絵巻

謎に包まれた絵巻

京都・高山寺《こうざんじ》に伝わる『鳥獣《ちょうじゅう》人物戯画《じんぶつぎが》』は、甲《こう》・乙《おつ》・丙《へい》・丁《てい》の全4巻、全長約44mにもなる詞書《ことばがき》のない絵巻である。特に有名なのが甲巻で、ウサギやカエル、サルなどが擬人化された姿で描かれている。

『鳥獣人物戯画』の作者は、12世紀に活躍した僧侶・覚猷《かくゆう》(鳥羽僧正《とばそうじょう》)といわれているが、その制作意図はよくわかっていない。しかし、日本の漫画の原点として、時代を超えて愛されている作品である。

『鳥獣人物戯画』甲巻

上図が国宝の断簡、下図は模本。ウサギやカエルが人間のように相撲を取ったり、傘をさしている。『鳥獣人物戯画』の中でも最も有名なシーンだ。

『鳥獣人物戯画』乙巻

乙巻はシカやニワトリなどの実在の動物から、龍や麒麟（きりん）などの架空の生物までをいきいきと描く。図はゾウだが、当時まだ日本にゾウが来たことはなく、仏像に刻まれたゾウにならって描いたと考えられている。

『鳥獣人物戯画』丙巻

丙巻は前半がゲームやギャンブルに興じる人々、後半は甲巻のような動物の擬人化絵となっている。

『鳥獣人物戯画』丁巻

丁巻もまた娯楽を楽しむ人間を描いている。図は、ゲートボールのようなゲーム「毬杖（ぎっちょう）」に熱中する人々。

画像はすべて東京国立博物館蔵／ColBase

宗教　社会　外交　政治
戦乱　武士　文化　周縁

平氏政権の成立と治承・寿永の乱での滅亡

POINT!
平氏による初の武家政権は、以仁王の挙兵をきっかけにした内乱により滅亡にいたる。

平氏政権の成立と反発

平清盛と後白河上皇は朝廷の官位や強訴への対応などをめぐって対立することも多かった。それでも協調関係を保てたのは、高倉天皇の母・**建春《けんしゅん》門院滋子《もんいんしげこ》の存在**があったためだ。しかし1176年《安元2》、滋子が病死すると両者の関係は急速に悪化。翌年には、藤原成親《なりちか》・西光《さいこう》・俊寛《しゅんかん》ら院近臣が東山の**鹿ヶ谷《ししがたに》で平氏打倒の謀議**を凝らして検挙され処刑・配流された（鹿ヶ谷の陰謀）。

後白河は不問とされたが清盛への敵対姿勢を崩さず、平氏の知行国や荘園を奪い、人事で反平氏派を優遇するなど徴発を繰り返した。激怒した清盛は1179年《治承3》、軍兵を率いて上京し**後白河を幽閉**。関白・藤原基房《もとふさ》以下、39人の廷臣を罷免するクーデターを断行する。翌年、孫の**安徳天皇を即位**させ、高倉上皇を傀儡《かいらい》とする独裁体制を樹立し、**初の武家政権**である平氏政権が生まれた。

栄華を極めた平氏政権の滅亡

平氏の独裁に最初に反旗を翻したのが、後白河の皇子・**以仁王《もちひとおう》**だった。**源頼政・行家《ゆきいえ》**と結び、平氏追討を命じる**令旨《りょうじ》を諸国の源氏に送った**（1180）。乱はすぐに鎮圧されたが、危機感を覚えた清盛は安徳天皇と高倉上皇を奉じて**福原遷都《せんと》**を断行する。

しかし、新都の造営中、**源頼朝**、**武田信義《のぶよし》**、**木曽義仲**が次々と挙兵し、**治承《じしょう》・寿永《じゅえい》の乱**が幕を開ける。富士川の戦いで平氏の官軍が敗れると、清盛は遷都を断念して京の防衛に努め、以仁王に味方した興福寺《こうふくじ》を追討したが（**南都焼き討ち**）、翌年、熱病で急死する。

後を継いだ**平宗盛《むねもり》**は、頼朝の和平案を退けて追討を続行したが、北陸で木曽義仲に大敗し京を追われる（平氏都落ち）。その後、瀬戸内海の屋島《やしま》を拠点に勢力を回復したが、**一ノ谷《いちのたに》・屋島の戦い**で源義経に連敗を重ね、**壇《だん》の浦《うら》の戦い**で滅亡した。

人物　**平宗盛**（1147〜1185年）
平清盛の3男。清盛嫡男の重盛が病没したため家督を継ぐ。清盛死後には一門を統率。木曽義仲の入京前に安徳天皇を奉じて京を脱出し、屋島に内裏を定めて立て直しを図るが、趨勢を覆すことはできなかった。

1200　1150　1100　1050　1000　950　900　850　800　750

治承・寿永の乱

1180年の以仁王と源頼政の挙兵から、1185年の壇の浦の戦いで平氏が滅亡するまでの一連の戦いを、治承・寿永の乱（源平合戦）という。

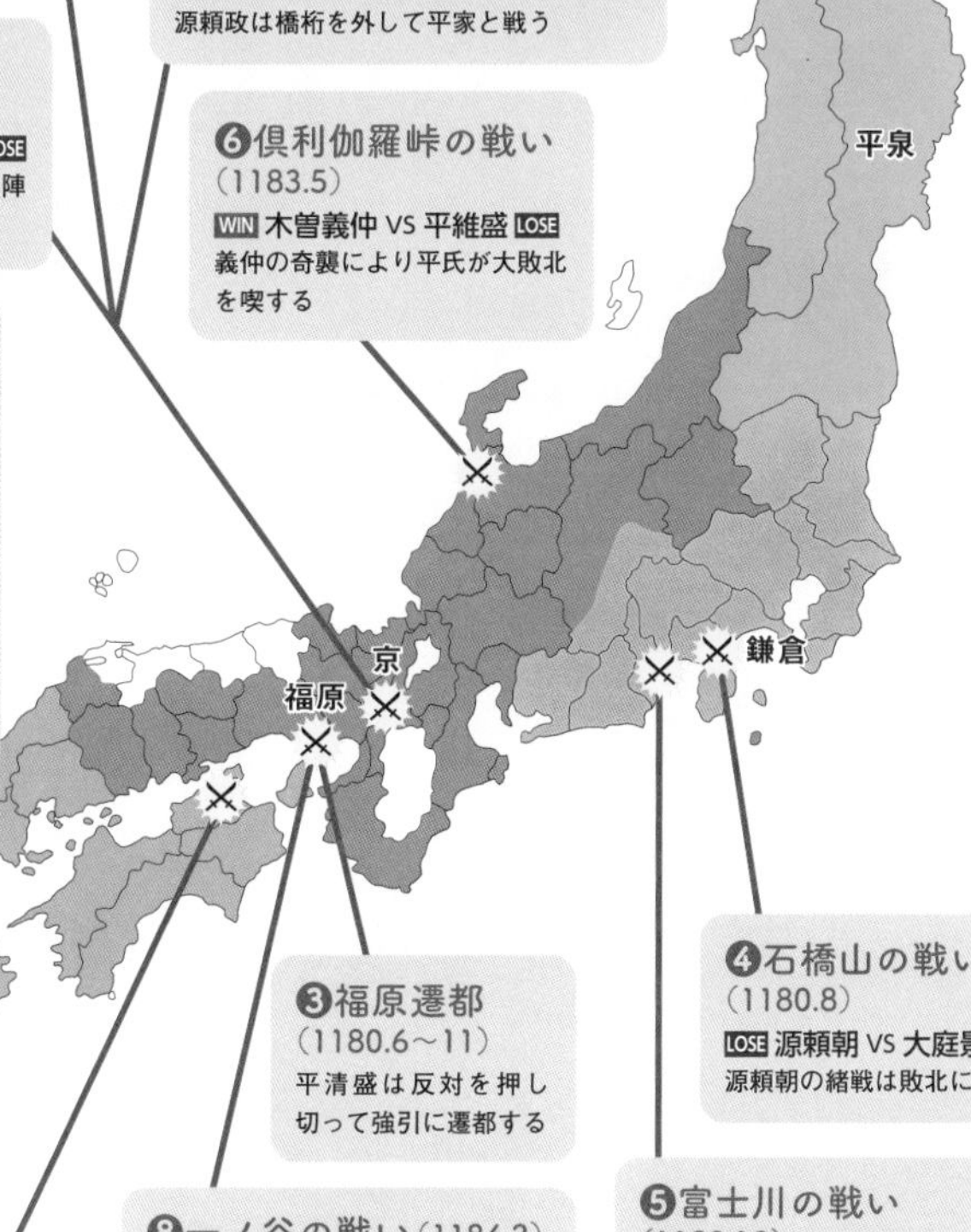

❶鹿ヶ谷の陰謀（1177.6）

後白河の前で瓶子を倒す藤原成親

❷以仁王の挙兵（1180.5）

LOSE 以仁王・源頼政 VS 平知盛・重衡 WIN

源頼政は橋桁を外して平家と戦う

❸福原遷都（1180.6～11）

平清盛は反対を押し切って強引に遷都する

❹石橋山の戦い（1180.8）

LOSE 源頼朝 VS 大庭景親 WIN

源頼朝の緒戦は敗北に終わる

❺富士川の戦い（1180.10）

WIN 源頼朝 VS 平維盛 LOSE

水鳥の音に驚いた平氏軍は総崩れとなる

❻倶利伽羅峠の戦い（1183.5）

WIN 木曽義仲 VS 平維盛 LOSE

義仲の奇襲により平氏が大敗北を喫する

❼宇治川の戦い（1184.1）

WIN 源義経 VS 木曽義仲 LOSE

佐々木高綱と梶原景季の先陣争いで有名な戦い

❽一ノ谷の戦い（1184.2）

WIN 源範頼・義経 VS 平宗盛 LOSE

義経が急斜面を下る「逆落（さかお）とし」で平氏軍を奇襲

❾屋島の戦い（1185.2）

WIN 源義経 VS 平宗盛 LOSE

那須与一が扇の的を見事に射抜く

❿壇の浦の戦い（1185.3）

WIN 源範頼・義経 VS 平宗盛 LOSE

平教盛が源氏の武者を抱えて海に沈む場面。この戦いで平氏は滅亡する

画像はすべて真田宝物館蔵

豆知識　源頼朝に従って平氏政権と戦った武士の多くは平氏であり、治承・寿永の乱の内幕は、平氏対平氏の戦いだったともいえる。

宗教　社会　外交　政治
戦乱　武士　文化　周縁

長く続いた平安時代の終わりと鎌倉時代の始まり

POINT!
源氏ゆかりの地で要害でもある鎌倉を本拠にした源頼朝は、本格的な武家政権を成立。

鎌倉に独自勢力を築いた源頼朝

伊豆の流人・**源頼朝**が挙兵したのは、以仁王の令旨が届いた4カ月後の1180年《治承4》8月であった。石橋山の戦いで大敗した後、房総半島に渡って勢力を回復し、東国の有力武士団を配下に加えて南関東を制圧。同年10月、**鎌倉に拠点**を置いた。頼義以来の源氏の拠点であり、山と海に囲まれた天然の要害であったことが理由である。

同年、頼朝は富士川の戦いで勝利し、北関東の佐竹《さたけ》氏を下して関東を制圧すると、弟の範頼《のりより》・義経を上洛させ、後白河上皇と対立して院御所を焼き討ちした木曽義仲を討伐。平氏追討の宣旨を得て官軍となり、**壇の浦の戦い**で平氏を滅ぼした。

戦後、義経は頼朝と対立し、後白河から頼朝追討宣旨を得たが、兵が集まらず逃亡する。頼朝は義経追捕を名目として、全国に**守護**《しゅご》・**地頭**《じとう》を設置する権限を獲得し〔1185〕、**鎌倉幕府を成立**させた。

承久の乱で幕府の優位が確立

頼朝は朝廷の人事にも介入し、九条兼実《かねざね》ら親幕府の貴族を**議奏公卿**《ぎそう》として朝政を主導させた。また、朝廷内に公武の取次《とりつぎ》役である**関東申次**《かんとうもうしつぎ》を設置。幕府の意向を朝廷に伝えるルートを確保した。

1189年《文治5》には義経をかくまったという理由で奥州藤原氏を滅ぼした。全国制覇を成し遂げた頼朝は、1192年《建久3》、**征夷大将軍に就任**。以後、この官職が武家政権の首長の称号となる。

頼朝の死後、妻の実家・北条氏が執権《しっけん》として台頭し、有力御家人《ごけにん》を次々と滅ぼして実権を握った。1219年《建保7》、後鳥羽上皇の信頼あつい3代・実朝《さねとも》が暗殺されると、上皇と幕府の関係は悪化。2年後、上皇は北条義時追討の宣旨を発し**承久の乱**《じょうきゅう》が勃発したが、幕府は1カ月で京を制圧し、上皇を配流する。ここに朝廷に対する幕府の優位が確立し、**武士の時代**が本格的に幕を開ける。

用語　「議奏公卿と関東申次」

議奏公卿とは、源頼朝の要望により、親幕府の九条兼実ら10名の公家が任命された役職。関東申次は、鎌倉幕府と交渉するために朝廷が設置した役職。九条道家・頼経が失脚した後は、西園寺家が世襲した。

1200　1150　1100　1050　1000　950　900　850　800　750

鎌倉幕府の成立時期

征夷大将軍への就任が、幕府成立とイコールになったのは江戸時代に生まれた考え方。そのため鎌倉幕府の成立時期には諸説あり、政権は段階的に成立したと考えられる。

源頼朝（1147〜1199年）

伝源頼朝肖像画の模本。頼朝は義朝の３男だが、母が正室だったため後継者として育てられた。本格的な武家政権を樹立する功績をあげたが、最後は落馬がもとで亡くなったとされる。

東京国立博物館蔵／ColBase

鎌倉幕府成立の年

❶	1180年	源頼朝が鎌倉に拠点を定め、東国を事実的に支配した年
❷	1183年	朝廷より東国支配を認められた年
❸	1184年	公文所（のち政所）と問注所が置かれ、政治機構が整備された年
❹	1185年	諸国に守護、荘園と公領に地頭を置くことを認められた年
❺	1190年	頼朝が全国の軍事警察権を任されたとされる年
❻	1192年	頼朝が征夷大将軍に任命された年

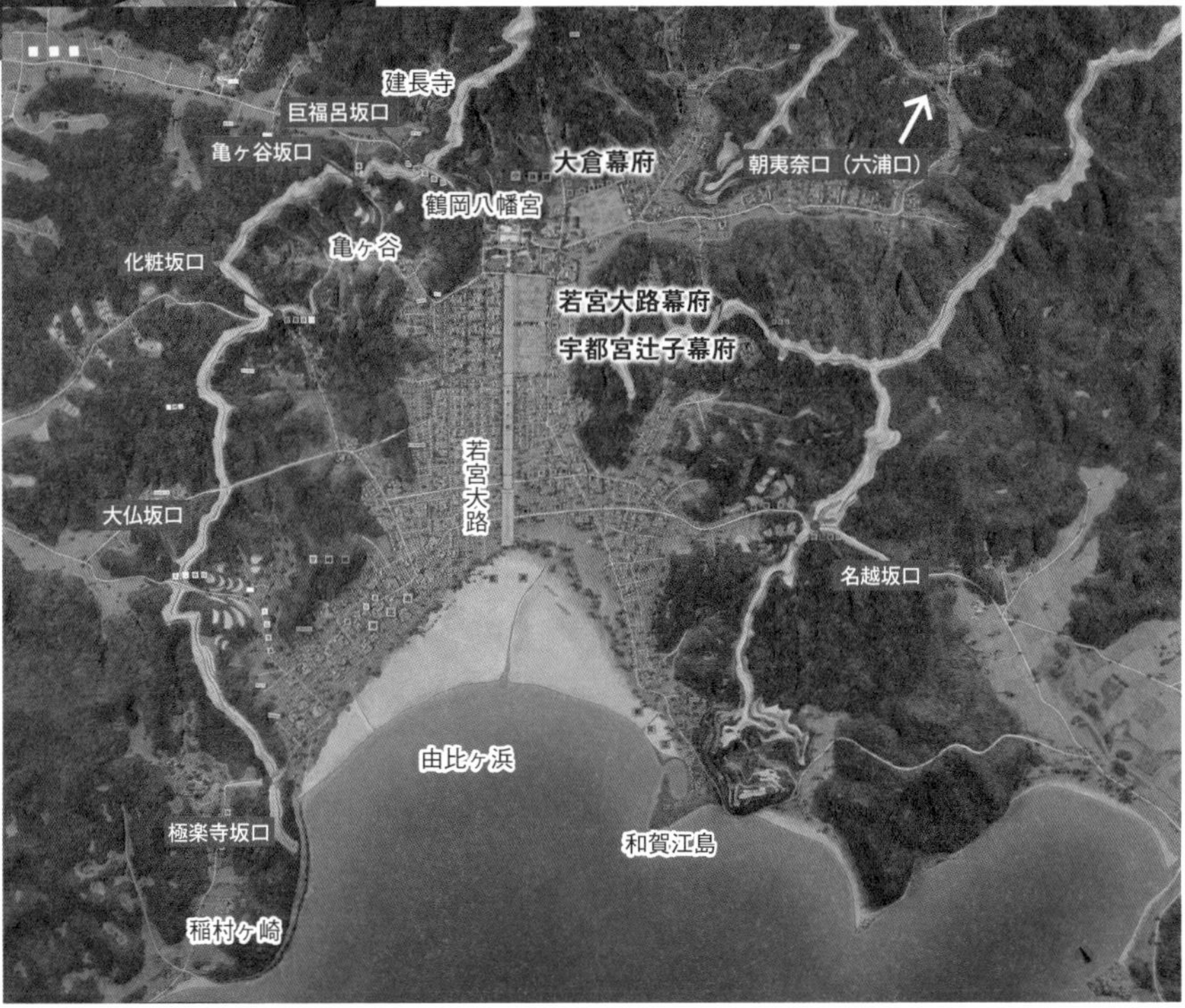

中世鎌倉の模型

鎌倉は鶴岡八幡宮を中心に整備され、周囲には幕府の中枢が置かれた。　国立歴史民俗博物館蔵

その時世界は?　［1206年／**モンゴル**］テムジンがモンゴルを統一。チンギス＝ハンを名乗りモンゴル帝国を樹立する。

京都史跡ガイド

院政の始まりと平氏政権

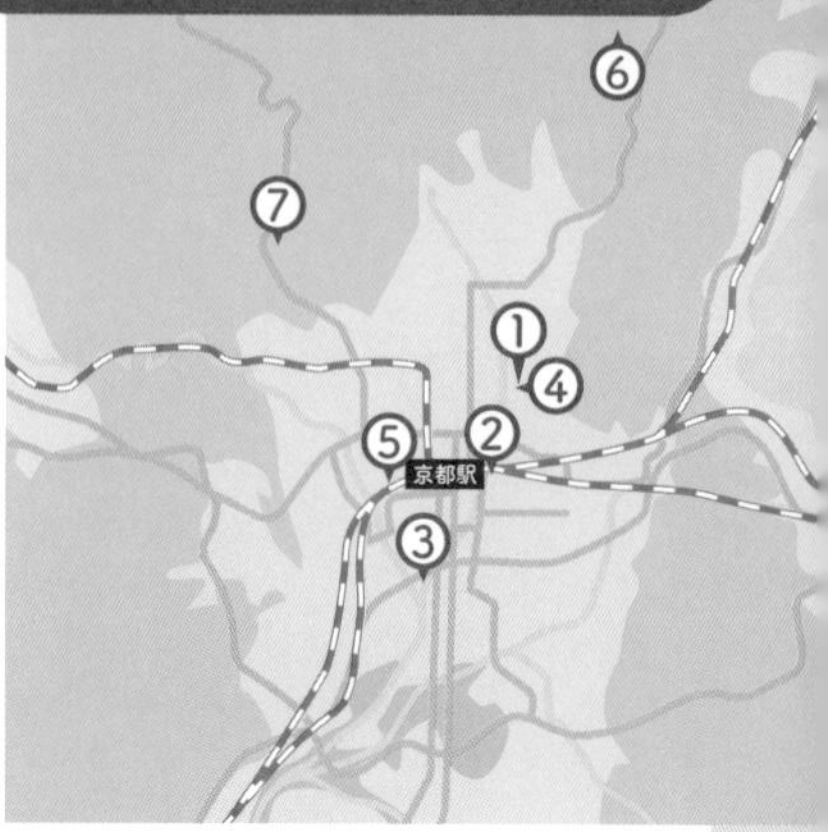

① 八坂神社《やさかじんじゃ》

京都市東山区

平安京の東、祇園エリアに位置する神社。日本三大祭の一つに数えられる祇園祭は、平安時代に始まった「祇園御霊会」がルーツとされている。

② 法住寺《ほうじゅうじ》

京都市東山区

後白河天皇が譲位した後に院御所とした場所。かつては今よりももっと広く、三十三間堂も法住寺の敷地内の堂だった。木曽義仲の襲撃を受けて以来、後白河は法住寺を離れたが、崩御したあと、彼の陵墓が法住寺につくられた。

③ 鳥羽離宮跡《とばりきゅうあと》

京都市伏見区

白河天皇が創建した御所。鳥羽上皇の時代に完成し、14世紀頃まで代々、院の御所とされた。180万㎡の敷地に、御所や御堂、広大な池がある庭園などが築かれ、政治・経済・文化の中心になった。現在は公園として整備されている。

4 崇徳天皇《すとくてんのう》御廟《ごびょう》

京都市東山区

京都の繁華街・祇園エリアにたたずむ崇徳天皇の御廟。崇徳天皇は保元の乱で敗北し流罪となり、帰京できないまま非業の死をとげた。その慰霊のため、京に建てられた廟である。

5 若一神社《にゃくいちじんじゃ》

京都市下京区

平清盛の別邸である西八条殿が建設された場所。清盛が若一王子という神を祀り、若一神社を建てたあと、太政大臣になったため、開運出世のご利益があるといわれている。境内には清盛の石像や、清盛が植えたクスノキなどがある。

6 寂光院《じゃっこういん》

京都市左京区

平清盛の娘で安徳天皇の母となった平徳子（建礼門院）ゆかりの寺。平氏が源平合戦で負けたあと、徳子は出家し、この寂光院で余生を過ごしたという。『平家物語』には後白河天皇が徳子に会いに寂光院を訪ねるシーンが描かれている。

7 高山寺《こうざんじ》

京都市右京区

『鳥獣人物戯画』を所蔵する寺院。もとは神護寺（→ P 47）の別院だったが、僧侶・明恵（みょうえ）が高山寺として再興した。日本で最初に茶がつくられた場所でもあり、境内には日本最古の茶園がある。

第5章 平安貴族と人々の暮らし

平安時代といえば雅な貴族の姿を思い浮かべる人も多いだろう。そもそも貴族とは、律令で定められた位階のうち従五位以上の官人のことを指す。全人口に対する貴族の割合は、一説では0・0003%以下といわれ、ほんの一握りであった。

貴族は毎日遊んで暮らしていたと思われがちだが、実際はそうではない。朝から晩まで仕事をし、夜勤をすることもあった。また、結婚をするにも和歌の上手い下手でふるいにかけられてしまうため、教養がないと恋愛もできなかった。管弦や蹴鞠のような娯楽も、極めれば出世につながるため、鍛練を欠かさなかった。

本章ではそんな貴族たちがどんな暮らしをしていたのか、「服装」「食事」「仕事」など、カテゴリー別で紹介していく。

貴族

古墳時代の豪族や平城京の貴族が〝平安貴族〟のルーツだった

飛鳥時代の豪族を経て平安貴族へ

平安時代といえば、蹴鞠《けまり》に和歌といった華やかな**平安貴族**をイメージする人が多いだろう。この平安貴族とは、**律令《りつりょう》**（↓P14）にもとづき、**上位の位階をもらった官人**のことを指す。

飛鳥《あすか》時代以前の日本は、**豪族《ごうぞく》**（地方に土着し、その場で政治を司る一族）が民衆を支配する構造だった。飛鳥時代に入り、**天皇を中心とした政権が誕生**すると、それまで天皇を支えてきた豪族が官人として取り立てられるようになる。また701年には日本初の律令である大宝律令《たいほうりつりょう》が定められ、**官人に位階を与え、それに見合う官職に任命するシステム**（**官位**）も整えられた。

奈良時代に入ると、政治の中枢は平城京《へいじょうきょう》内に集まり、政治を支える官人たちも、自分の領地を離れ平城京内に住むようになる。こうして豪族に代わり、高い位を持った貴族の影響力が高まっていった。

全人口の一握りだった平安貴族

平安時代＝貴族の時代と思われがちだが、実際に貴族と呼ばれるのは30等級ある位階のうち、上位14等級の**五《ご》位《い》以上**のみと定められていた。つまり貴族は国民の数％しかいなかったのだ。その中でも、さらに上澄《うわず》みの**「公《く》卿《ぎょう》」と呼ばれる上位6等級の三位以上の上級貴族**たちは、天皇と姻戚関係を結び、平安時代後期の藤原道長《ふじわらのみちなが》のように、天皇家をしのぐ権力を持つようになった。

そんな貴族たちは、豊かな生活の中で新しい文化の担い手になった。その最たる例が、日本独自の文字である**平がなと片かな**（↓P64）の成立だ。特に**漢字を崩してつくられた平がなは女性が使用する**ようになり、紫式部が「世界最古の長編小説」と呼ばれる『源氏物語』を執筆するなど、女性作者による多くの文学作品が誕生した。

平安貴族が生み出した文化は、1000年経った現在でも使用され、愛されているのだ。

平安貴族が生まれるまで

「貴族」は、古代からの豪族や、飛鳥時代や奈良時代の貴族にルーツを求めることができる。貴族は平安時代には政治や文化の中心として活躍した。

古墳時代（4～6世紀）
大王を支える豪族

現在の奈良県を中心に、大王《おおきみ》（のちの天皇）を頂点とするヤマト政権が形成されていく。近畿地方には大伴《おおとも》氏、物部《もののべ》氏、蘇我《そが》氏などの有力豪族の本拠地があった。また、地方には出雲《いずも》氏、吉備《きび》氏、筑紫《つくし》氏などの豪族がいた

物部守屋《もりや》

物部氏は大王の補佐官としてだけでなく、儀式を司った名門豪族であった

東京国立博物館蔵／ColBase

飛鳥時代（6～8世紀初め）
豪族の権力拡大を阻止

豪族の蘇我馬子《うまこ》や厩戸王《うまやとおう》（聖徳太子）の活躍で、天皇を頂点とする政治組織が整備され、豪族は天皇を支える立場になる。しかし、豪族の権威が向上。天皇は豪族に政権を奪われないよう、天皇の下に官人（豪族）がつくという組織構造をより強固なものにした。結果、官人には30等級の位階が与えられるようになる

藤原鎌足《ふじわらのかまたり》

天智天皇を補佐し、天皇をトップとする政治構造づくりを手伝う。その結果、藤原氏の地位が向上

東京国立博物館蔵／ColBase

奈良時代（8世紀）
豪族から貴族へと転換

平城京が建設され、豪族たちも自分の領地を離れ、平城京の中に住んだ。こうして地元を離れた豪族のうち、上位の位階を持つものを「貴族」と呼ぶようになる

橘 諸兄《たちばなのもろえ》

もともと天皇家出身だが、橘氏の姓を賜り貴族となる。最終的に左大臣の地位につく

国立公文書館蔵

平安時代（8～12世紀後半）
政治の中枢に立った貴族

貴族の中でも「公卿」と呼ばれる上級貴族が、天皇家と姻戚関係を結び台頭する。藤原道長が栄華を極める

藤原道長

四人の娘を天皇・皇太子の正妻とし、栄華を極めた

国立公文書館蔵

官位

官位による格差があった平安貴族の社会

官位による平安貴族のヒエラルキー

会社に役職・等級があるように、貴族たちの世界にもランクがあり、上級貴族から下級貴族までのヒエラルキーが存在した。これを**官位**《かんい》という。

平安時代初期、朝廷は貴族を一位から初位までの9つに分け、その官位に正《しょう》・従《じゅ》・上《じょう》・下《げ》を付けることで細分化した。「正一位《しょういちい》」「正四位上」といった具合である。結果的に官位の数は30階級にまで膨れ上がった。

この中で、正確な意味での**貴族は正一位から従五位下まで**の14階層のみに限られる。貴族は**蔭位**《おんい》**の制**という制度により、子どもは親の位階に応じた位階を与えられ、子孫代々待遇面でも優遇されたという。

天皇が居住する清涼殿《せいりょうでん》に昇り、天皇にお目通りできるのは**一位から三位までの公卿**《くぎょう》（上級貴族）。そして四、五位の中でも昇殿《しょうでん》を許された「**殿上人**《てんじょうびと》」のみに限られていた。現代以上に平安貴族の世界は格差社会だったのだ。

やがて「侍」になった下級官人

多くの官位が存在した平安時代だが、中期頃になると**「正六位」以下の位の権威が消滅**してしまう。一位から五位までは相変わらず貴族のままだが、ここで貴族でも庶民でもない層が活躍するようになる。それが**六位以下の下級官人**である。

仕事にあぶれた下級官人は、上級貴族に仕えるようになった。もともと貴族の従僕《じゅうぼく》は庶民が担っていたが、庶民では難しい仕事を行うことで、食い扶持《ぶち》を稼いだのだ。やがて上級貴族のそばで仕事をこなす彼らは、侍《はべ》るという意味から「**侍**《さむらい》」と呼ばれるようになった。

そして、この侍たちの中から武士が誕生し、朝廷や院の護衛をこなすようになる。のちに活躍する**源氏**《げんじ》、**平氏**《へいし》なども、**下級官人**だった。平安時代が末期に近づくと、この侍たちが上級貴族を押しのけて武家社会をつくり上げていく。

平安時代の位階と官職

平安時代の官人は30等級の位階に分けられ、高貴な人に仕える下級官人は「侍」と呼ばれた。

公卿（上達部《かんだちめ》）
一位から三位までの上級貴族

殿上人
五位までの中・下級貴族

ここから上が貴族！

地下《ちげ》
六位以下の下級官人。のちに侍になる者もいた

位階＼官職		太政官	宮内省 治部省　民部省 兵部省　刑部省 大蔵省　式部省	大宰府	国司
正一位		太政大臣	太政官の下につく組織	九州を司る地方行政組織	各国に派遣される地方官
従一位					
正二位		左大臣 右大臣			
従二位					
正三位		大納言			
従三位		中納言		帥	
正四位	上				
	下		卿		
従四位	上	左大弁 右大弁			
	下				
正五位	上	左中弁 右中弁		大弐	
	下	左少弁 右少弁	大輔 大判事		
従五位	上				大国守
	下	少納言	少輔	少弐	上国守
正六位	上	左弁大史 右弁大史			
	下		大丞 中判事	大監	大国介 中国守
従六位	上		少丞	少監	上国介
	下		少判事		下国守
正七位	上	大外記 左弁少史 右弁少史	大録	大典 防人正	
	下		判事大属	主神	大国大掾
従七位	上	少外記			大国少掾 上国掾
	下			博士	
正八位	上		少録	少典 防人佑	中国掾
	下		判事少属		
従八位	上				大国大目
	下				大国少目 上国目
大初位	上			判事大令史	
	下			判事少令史	中国目
少初位	上				下国目
	下				

服装

平安時代の男性貴族と女性貴族の服装

装束を使い分けた男性貴族

現代人が場所や場面に合わせた服を着るように、平安時代にもTPOがあった。特に外出の機会が多い男性は、**正装・準正装・普段着**を使い分けていたという。

まずモーニング・イブニングに該当する出仕時の正装は**束帯**《そくたい》。袍《ほう》という上着に、長く引きずる下襲《したがさね》の裾《きょ》、腰は石帯《せきたい》と呼ばれるベルトで締める。この袍は階級によって色が決まっており、生地や文様にも決まりがあったという。また武官は弓を携え、文官は笏《しゃく》を手にするなど、職務によって持ち物が変わった。

束帯の他にも、夜勤の際にはスーツに該当する**衣冠**《いかん》という準正装を身につけ、日常生活ではジャケット＋パンツのような**狩衣**《かりぎぬ》、ポロシャツ＋ジーンズのような**直衣**《のうし》など動きやすい普段着を着用した。ただ男性はどのような服装でも、冠《かんむり》や烏帽子《えぼし》などの被り物をするのが一般的。**髷**《まげ》**を見せるのは最大の恥**だとされていた。

センスを試された女性貴族

一方、平安貴族女性の装いといえば、**裳唐衣**《もからぎぬ》とも呼ばれる**十二単**《じゅうにひとえ》が思い浮かぶ。袴《はかま》の上に小袖《こそで》、単衣《ひとえ》、五衣《いつつぎぬ》、打衣《うちぎぬ》、表着《うわぎ》、唐衣《からぎぬ》などの着物をまとい、スカートのような裳を腰につけた装束だ。重視されたのは**色の重ね方**で、**季節感や美的センスを試された**。ただし裳唐衣は身分の高い人の前に出る時に身につけるもので、貴族というより貴族に仕える女房の正装だった。貴族女性は袴と小袖の上に数枚の着物を重ねた袿姿《うちきすがた》で過ごすことが多かったという。

また女性は着物だけでなく、化粧にもこだわった。顔には**白粉**《おしろい》、唇には**紅**《べに》。さらに歯を鉄の粉で黒く染める**お歯黒**《はぐろ》が、平安時代のトレンドだ。

このようにオシャレにこだわる平安貴族だが、お風呂に入るのは数日に一回程度。そこで**お香**で体臭をごまかしていた。今に続くお香文化はこの時代に確立した。

イラスト＝夏江まみ

男性の服装

束帯

男性貴族の正装。

冠
出仕時にかぶる。漆《うるし》塗りで形が崩れないようになっていた。

笏
メモや儀式の手順を書いたカンニングペーパーを貼った。

飾太刀《かざりたち》
装飾が施された儀式用の太刀。実戦には使用しない。

下襲の裾
襲（下着）から伸びており、官位が上がると長くなった。

袍
上着。官職によって色が異なる。

石帯

狩衣

男性貴族の外出用の普段着。

烏帽子
公家たちが日常でかぶる帽子。

狩衣
動きやすいよう、袖を絞る紐がついていた。

狩袴《かりばかま》
紐がついていて、絞ることができた。

女性の服装

裳唐衣

宮中の女性が着る装束。「十二単」ともいわれる。

垂髪《たらしがみ》
長く艶があり黒々とした髪は、平安美人の第一条件だった。

檜扇《ひおうぎ》
礼装の時に用いた扇。

唐衣
唐衣と裳は、天皇の前では必ず着用した。

表着
華やかな色や模様が施されていた。

裳
ドレスのトレーンのように後ろに引きずった。

平安小話

洗濯をしなかった平安貴族

平安時代、貴族の装束は使い捨てで、あまり洗濯をしなかったという。そのため貴族は装束に香を焚きしめてにおいをごまかしていた。それだけでなく、風呂にも滅多に入っていなかったため、体臭を消す意味でもお香が利用されていたのだ。

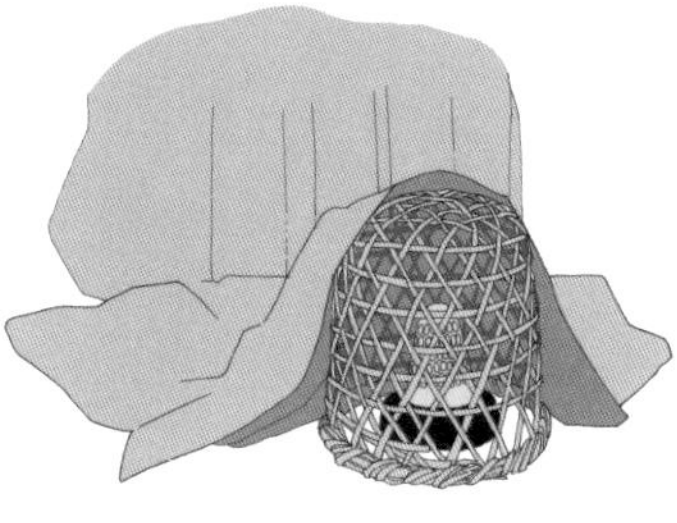

籠の上に衣をかけて香り付けを行う。

食事

魚、肉、かき氷も食べた！グルメだった平安貴族

米を主食に、たくさんのおかずを食べた

食の楽しみは現代も平安時代も変わらない。そんな**平安貴族の主食は現代と同じく、お米**。蒸し米の強飯《こわいい》や、白米を炊いた姫飯《ひめいい》、米を煮た固粥《かたかゆ》、お粥状の汁粥《しるかゆ》、蒸し米に湯や水をかけて食べる湯漬《ゆづ》け、水飯《すいはん》など様々な食べ方があった。さらにお祝いの場では現代と同じく、餅も振る舞われた。

米と合わせて食べるおかずは、漬物、羹《あつもの》と呼ばれる汁物、魚。意外なことに肉料理も食べられていた。といっても牛や豚ではなく、キジ肉。この時代は生食でも味わっていたという。また木の実や果物、季節の野菜、海藻類なども平安貴族の食卓によく登場する日常食である。

さらに**平安貴族は食事だけでなくお菓子などの嗜好品も口にしていた**。米粉や小麦粉を練って油で揚げた唐菓《からが》子《し》の他、氷室《ひむろ》に保管した氷を削って蜜をかけて食べるかき氷などは希少な贅沢品であった。

贅沢三昧の食事の結果は…

平安貴族と現代の日本人で大きく異なるのは食事の回数だ。当時は一日3回ではなく、**一日2回が基本**。貴族はこれに加えて朝に簡単な軽食を取る、というのが平安時代の食事スタイルだった。

ただし一食のお米はお皿にてんこ盛り。加えてお菓子や果物なども食べるため、**平安貴族は脚気や糖尿病といった病に悩まされていた**。現代でいうところの生活習慣病である。医療も未発達なため、命を落とすことも多かったようだ。

一方、その頃の庶民といえば、お菓子は滅多に口にできない。もちろん白米を食べる機会も少なく、日常食は雑穀米と漬物、時々キジ肉といった簡素な食事ばかり。しかし農業などで毎日体を動かす上、雑穀米は白米よりも栄養価が高い。そのため、皮肉なことに**貴族よりも庶民のほうが健康的な食生活を送っていた**。

平安貴族の食事

貴族は白米を主食に、魚や旬野菜、羹と呼ばれる汁物などを食した。イラストは『紫式部日記』に書かれた紫式部の食事を再現したもの。

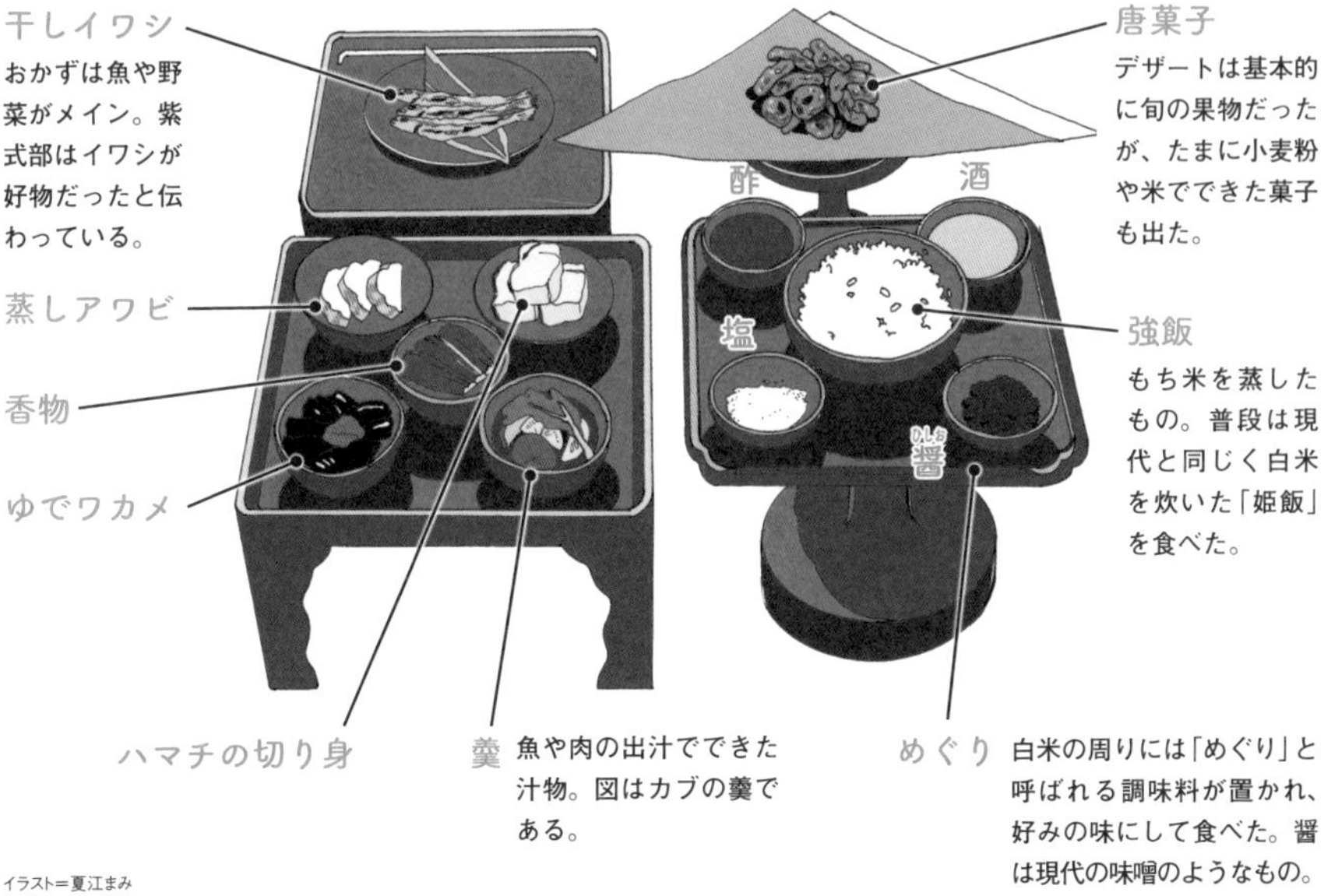
干しイワシ
おかずは魚や野菜がメイン。紫式部はイワシが好物だったと伝わっている。
蒸しアワビ
香物
ゆでワカメ
ハマチの切り身
羹
魚や肉の出汁でできた汁物。図はカブの羹である。
唐菓子
デザートは基本的に旬の果物だったが、たまに小麦粉や米でできた菓子も出た。
酢
酒
塩
醤《ひしお》
強飯
もち米を蒸したもの。普段は現代と同じく白米を炊いた「姫飯」を食べた。
めぐり
白米の周りには「めぐり」と呼ばれる調味料が置かれ、好みの味にして食べた。醤は現代の味噌のようなもの。

イラスト＝夏江まみ

庶民の食事

庶民は雑穀米や塩で味をつけた汁物、魚などを食べた。農作業などで体を動かすため、食事の回数は1日3回であった。

『病草紙』にみられる庶民の食事風景。

京都国立博物館蔵／ColBase

平安小話

高級品だった“チーズ”

平安時代には「蘇《そ》」と呼ばれる牛乳を煮詰めて固形にしたチーズのようなものがあった。蘇は薬として扱われた高級品で、天皇や一部の上級貴族しか食べられなかったという。

向日市文化資料館提供

蘇を復元した模型。蘇は飛鳥時代からつくられていたとされる。

平安貴族のプライベート空間であった寝殿造とは？

貴族の家格も示した寝殿造

平安時代の貴族の邸宅といえば、**寝殿造**《しんでんづくり》の建物が有名。これはいくつかの建物を組み合わせた邸宅で、敷地内には立派な庭や池まで含まれる広大な館だ。公卿など高位の貴族は町一つ分の敷地を与えられることもあったという。

建物の正面に位置するのが、家の主人が居住し客を出迎える**寝殿**である。その左右、東西には**対屋**《たいのや》という別棟があり、寝殿と対屋は**渡殿**《わたどの》と呼ばれる廊下でつなげられた。他にも敷地内には牛車を片付ける**車宿**《くるまやどり》や、月見など風流な遊びを楽しむための専門の建物（**釣殿**など）、蔵なども設けられた。

この邸宅の周囲を**外壁**で覆い、**門**を設置する。とはいえ大通りに面した道に正門をつけられる邸宅は上級貴族のみである。また建物を囲む垣根の素材を見るだけでその家格がわかるなど、門と垣根はまさに家の顔だった。

固定された壁がなかった室内

この時代の家は、建物の四方に**妻戸**《つまど》というドアがいくつかあるだけで、廊下や建物内にはほとんど壁や仕切りが存在しない。そのため、ブラインドのような**御簾**《みす》や布を垂らした**几帳**《きちょう》を目隠し代わりとした。特に邸宅で過ごす女性たちは男性に覗かれないよう、御簾で覆った部屋の内側で暮らすのが基本。『源氏物語』でも御簾がめくれ上がって女性の顔があらわになるエピソードが描かれているが、窓や扉がないのでそんな突発的な事故も起きてしまうのだ。そのため女性たちは事故を防ぐべく、部屋の中にも目隠し用の**屏風**《びょうぶ》を置き、その内側に生活道具を並べて過ごしたという。

また女性も男性も、この時代は床での生活だった。そのため床には**座臥具**《ざがぐ》という座布団のような敷物や厚畳《あつたたみ》、物を片付ける**唐櫃**《からびつ》などが置かれた。この床文化は明治時代まで続いていく。

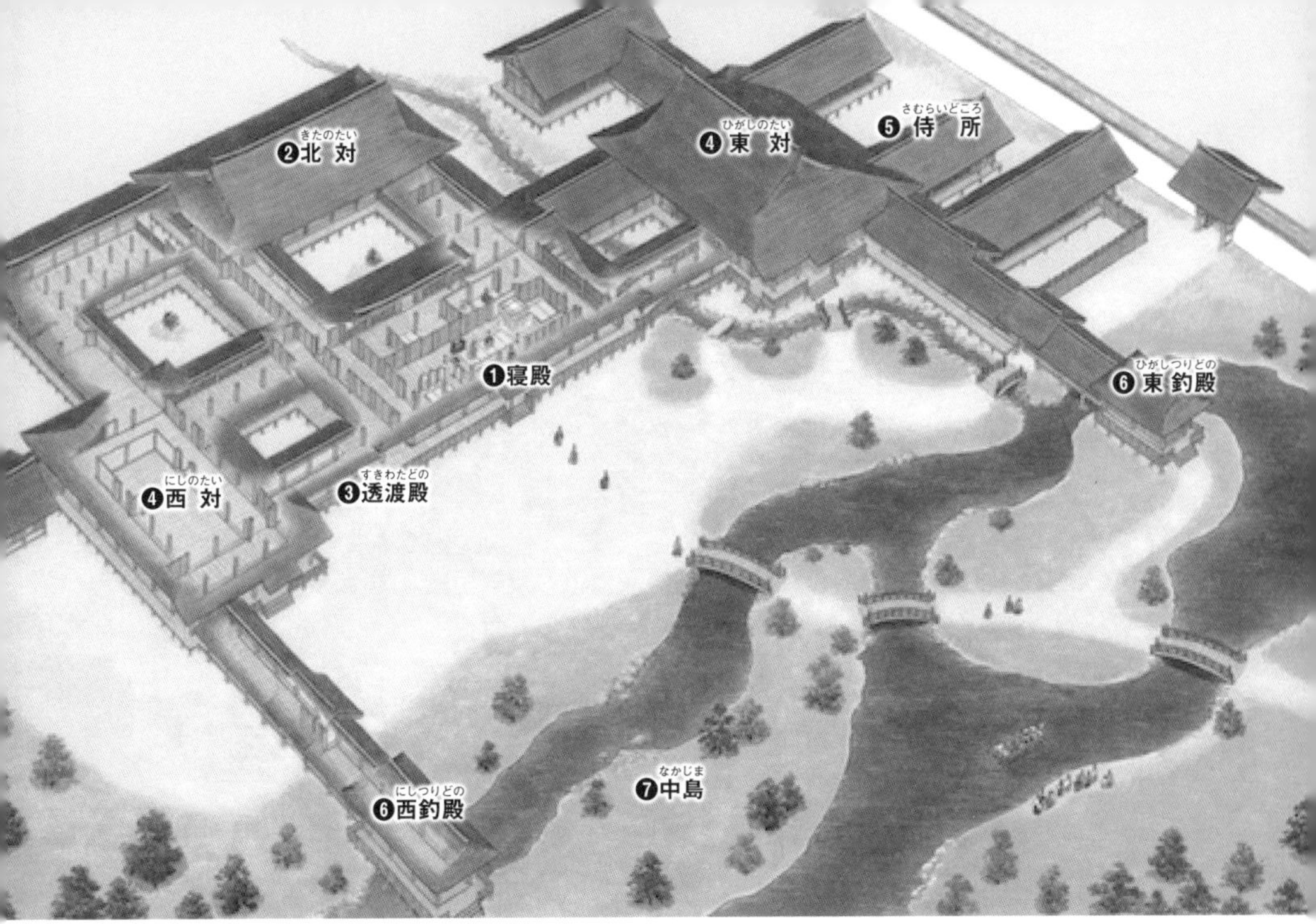

寝殿造の構造

平安時代の上級貴族は、寝殿造と呼ばれる邸宅に住んだ。湿気を溜めないよう風通しがよく、四季の美しさを楽しめる上品な建築様式だった。

❶中央にある主人の居場所。公的な儀式もここで行った
❷正妻が住むところ。ここから正妻のことを「北の方」と呼ぶようになった
❸寝殿や対屋を結ぶ、吹き放ちの廊下
❹主人が日常生活を行ったところ
❺主人に仕える家人や、貴族を警護する侍が待機した施設
❻池のそばや上につくられた、遊興のための建物。周囲を吹き放ちにし、納涼や宴が行われた
❼庭に池がつくられた場合、中島や橋もつくられた

イラスト＝香川元太郎

平安時代の調度

寝殿造は大きなワンルームのようなつくりになっており、屏風や几帳などの間仕切りや、家具を移動して、行事や儀式の際に、間取りを自由に変えていた。

イラスト＝夏江まみ

貴族が寝殿造の邸宅で用いた高級な簾《すだれ》。目隠しのために使用された

東京国立博物館 Colbase

生まれてから亡くなるまで儀式が続いた平安貴族の一生

健やかな子どもの成長を願う儀式の数々

信心深かった平安時代、生まれた瞬間から亡くなるまで、貴族には様々な儀式が待ち受けていた。

まず**誕生**。病院で出産する現代と異なり、この時代は邸宅に**産屋**《うぶや》を設けて出産を行った。加持祈禱《かじきとう》で出産の無事を祈ったが、お産で命を落とす女性や子どもは多かったといわれている。

無事に誕生すれば7日間、産湯《うぶゆ》を使う**湯殿**《ゆどの》**の儀式**を行った。さらに生誕3日目、5日目、7日目、9日目には出産を祝って祝宴が開かれた。そして50日と100日目には今でいう**お食い初め**《くぞめ》**の儀式**も行われる。子どもが成長し数え年で3歳から5歳になると、袴を身につける**袴着**《はかまぎ》**の儀式**、**髪置**《かみおき》**の儀式**を経て子どもたちは髪をのばし始めた。平安時代は子どもの死亡率が高かったため、節目ごとにこのように儀式を行い、子どもの成長を祝って健康を祈ったのである。

10代になると結婚、40代で老人に

平安貴族の**成人は、数えで男子は10～15歳、女子は13～15歳前後**と、今に比べて早かった。成人の儀式は**男子は元服**《げんぷく》（**初冠**《ういこうぶり》**・初元結**《はつもとゆい》）、**女子は裳着**《もぎ》と呼ばれ、これが終われば大人の仲間入りを果たす。

次のライフイベントは結婚だ。**男性が女性のもとに3日通うと結婚が成立**。**三日夜餅**《みかよのもちい》**の儀式**という餅の振舞いを受けて正式な婿となった。

平均寿命が40歳程度だったこの時代、40歳を迎えると長寿を祝って**四十賀**《しじふのが》と呼ばれる儀式が催された。それ以降も50歳、60歳、70歳と10年ごとに祝賀を行った。この儀式は**還暦**《かんれき》、**古希**《こき》、**傘寿**《さんじゅ》などと名前や様式を変えて、現代にまで引き継がれている。

最後の儀式である**葬儀**。遺体は蘇生《そせい》を願って死後3日ほど自宅に置かれたのち、僧侶による葬送の儀式が行われ荼毘《だび》に付される。これが平安貴族の一生だった。

平安貴族の一生

現在も行われる七五三や成人式などの通過儀礼は、平安時代に整えられた貴族の儀式が原点となっている。

イラスト＝夏江まみ

誕生
懐妊がわかると出産の無事を祈る儀式を行う

生後7日
湯殿の儀式
子どもに産湯を浴びさせる儀式

生後100日
百日祝《ももかいわい》
生後100日に行われたお食い初めの儀式。餅が100個用意された

3歳
髪置
それまで剃っていた髪をのばし始める

3〜5歳頃
袴着
初めて袴をつける際に行われた儀式

10〜15歳頃
元服
男性の成人式。髷を結い、冠をかぶる加冠の儀が行われた

13〜15歳
裳着
女性の成人式。裳という下袴を初めて身につける

結婚
男女が一夜を共にしたあと、男性は3日連続で女性のもとへ通うことで結婚となった。三日夜餅の儀式を行った

40歳から10年おき
算賀
初老を祝う儀式で、杖などが贈られた。以降10年おきに算賀が行われる

死
埋葬は主に火葬。死後、死者の父・母・夫は1年、喪服を着て慎んだ

東京国立博物館蔵／ColBase

平安時代の葬送地
『餓鬼草紙』より、当時の葬送地。平安京周辺には鳥辺野(とりべの)・蓮台野(れんだいの)・化野(あだしの)の3つの葬送地があった。貴族は墓がつくられたが、庶民の遺体はそのまま捨てられた。

結婚

文や和歌など、教養が試された平安貴族の恋愛と結婚

恋をするにも手間暇がかかる

女性が滅多に外出しない平安時代は、男性側からのアプローチが恋のきっかけとなった。美しい女性がいる、という噂を聞いた男性が、**女性の邸宅をのぞき見**することも行われた。「垣間見《かいまみ》る」という言葉は、男性が垣根越しに女性の姿を見たことから使われるようになった。

女性を気に入れば次は**文《ふみ》の交換**。男性は女性の女房を通じて和歌を送り、返事が届けば、間髪を入れずに返信を送って愛情を深めた。こうして相手の許しが出ればようやく女性の家に入り、契《ちぎ》りを結んだ。**3日続けて女性のもとに通えば結婚が成立**。後日、**所顕《ところあらわし》**と呼ばれる披露宴で、祝いの膳を食べて二人は正式な夫婦になれた。

ただしお互いの顔をはっきり見るのはこの時が初めて。『源氏物語』でも源氏が末摘花《すえつむはな》の顔を見て醜さに驚くシーンがあるが、結ばれた時に初めてお互いの顔を知ることも珍しくなかった。

結婚後も気が抜けない

当時の結婚は**婿入《むこい》り婚《こん》**が基本。実家住まいの女性の家に男性が通ったのだ。契りを結んだ翌朝、男性は仕事のために女性の家を出るが、男性は別れたあと、すぐ女性に和歌を送るのが礼儀だった。この和歌を**後朝《きぬぎぬ》の歌**といい、これが遅れるのは非常識とされた。

しかしこの時代は**一夫多妻制**。結婚したあとも男性はあちこちの女性の家を渡り歩き、多くの妻を持ったとしても、今と違って社会的に問題はなかった。さらに**女性のもとに通わなくなるだけで、簡単に離婚**ができた。

そこで離縁された女性は、元夫の新しい妻に対して「**後妻打《うわなりう》ち**」を行うこともあったという。これは元妻が後妻《ごさい》の家に武器を持った人間を送りこんで暴れさせる嫌がらせで、後妻も負けじとそれに立ち向かった。平安貴族は優雅でおしとやかなイメージがあるが、嫉妬や妬みは今も昔も変わらないのだ。

平安貴族の恋愛の流れ

平安貴族の結婚は、一夫多妻の婿取り婚。男性は自分の邸宅から、親と暮らす女性の邸宅に通った。生まれた子は女性の家で育て、男性が通わなくなると自然と離婚が成立した。

イラスト＝夏江まみ

❶垣間見

貴族の女性は人前に姿を見せることはほとんどなく、邸宅の奥深くにいた。そのため、恋のきっかけは男性が女性の噂や評判を聞くことだった。その後男性は、垣根越しに女性をのぞき見た。これを「垣間見」という

❷文通

男性は女性に和歌を記した文を送り、恋心を伝える。歌の出来映えや文字の美しさなどで男性の教養を見定めた。女性からの返事があれば第一関門突破。そのため、時には侍女や親が代筆することもあった。なお、文のやりとりは使者を介して行われる。使者は棒の先に手紙を付けて送り届けた

❸後朝の歌

夜、女性が男性を邸内に入れて会うことが愛を受け入れた証。早朝、女性の邸宅を出た男性は、後朝の歌（また会いたいという気持ちをしたためた和歌）をすぐに届けた。逆にいえば、後朝の歌が届かなかった女性は「遊びだった」ということになる

❹所顕

3日連続で夜を共にしたら結婚が成立。その後、女性方の親が用意した「所顕」と呼ばれる披露宴が行われた。一方で、男性が女性の邸宅に通わなくなると離婚が成立した

年中行事

平安貴族の仕事だった宮中での行事や儀式

正月から儀式で多忙だった平安貴族

「平安貴族の仕事は年中行事や儀式がメイン」と後世にいわれるほど、平安時代は儀式が多かった。

最初の年中行事は、新年を迎えた元日の早朝。宮廷の一角に屏風で囲んだ空間をつくり、天皇が一年の無事と安泰を祈って**四方拝**《しほうはい》を行った。天地四方の神に祈りを捧げる行事だ。

年明けから2月にかけては行事が続く。春の七草を入れた粥を食して無病息災を祈る**人日**《じんじつ》（**七草**《ななくさ》）、五穀豊穣を祈る**祈年祭**《としごいのまつり》、仏教の開祖・釈迦の入滅の追悼である**涅槃**《ねはん》**会**《え》などだ。また稲荷大社のお祝いである**初午**《はつうま》も2月に行われた。この初午は庶民も楽しんだという。

3月最初の巳の日には、水辺で人形を流して厄災を祓う儀式、**上巳**《じょうし》**の祓**《はらえ》が行われた。この時、川に盃を浮かべ、流れる前に歌を詠むという優美な行事である**曲水**《ごくすい》**の宴**《えん》も開催された。

今も受け継がれる平安時代の儀式

春が過ぎれば、『源氏物語』にも登場する**賀茂**《かも》**祭**《まつり》（**葵**《あおい》**祭**《まつ》）、そして5月5日には**端午**《たんご》**の節会**《せちえ》が行われる。6月になれば**大祓**《おおはらえ》の行事で半年間の穢《けが》れを祓い清めて残り半年の平穏無事を祈り、8月は清涼殿で**観月**《かんげつ》**の宴**《うたげ》。そして9月は健康を願い、**重陽**《ちょうよう》**の節句**で菊酒を飲んだ。

11月になると**新嘗祭**《にいなめまつり》を行う。これは天皇が神に収穫を感謝する儀式で、宮中行事の中で最も重要な行事だ。大掛かりな行事であり、貴族たちも準備に追われた。新嘗祭では貴族たちに酒が振る舞われ、公卿や国司の娘などが五節の舞を披露した。そしてようやく年末。悪鬼を祓う**追儺**《ついな》**式**が行われ、一年が締めくくられる。

貴族も祝った上巳の祓、端午の節会は現代では**ひな祭り**や**こどもの日**になり、追儺式も2月の**節分**に姿を変えた。このように平安時代に貴族が行った儀式は今も受け継がれている。

平安時代の年中行事

平安時代、宮中では季節ごとに様々な行事が行われた。民間にも季節ごとの風習が伝わり、その後の日本人の季節感や美意識に大きな影響を与えた。

春	1月	1日	四方拝	天皇が一年の無事を祈る
		7日	七草	健康を願い七草粥を食べる
		子(ね)の日	子の日の遊び	若菜をつんで長寿を祈る
	2月	4日頃	祈年祭	豊作や国家安泰を祈る
		15日	涅槃会	釈迦の追悼
	3月	3日	曲水の宴	川に盃を浮かべる歌会
			上巳の祓	雛人形に厄を乗せて川に流す儀式
夏	4月	1日	更衣（ころもがえ）	衣装や家具を夏の仕様に変える
		8日	灌仏会(かんぶつえ)	釈迦の誕生日
			賀茂祭	上賀茂・下鴨神社の祭礼。現在の葵祭
	5月	5日	端午の節会	現在のこどもの日。競馬や騎射を行う。家の軒先に菖蒲の花が飾られた
	6月	30日	大祓	半年間の穢れを祓う儀式
秋	7月	7日	乞巧奠（きこうでん）	七夕。彦星と織姫星に供え物をする
		15日	盂蘭盆会(うらぼんえ)	お盆。祖先の霊魂を供養する
		28・29日	相撲節会	天皇の前で相撲を行う
	8月	15日	観月の宴	中秋の名月の日にお月見を行う
		16日	駒牽（こまひき）	全国から献上された馬を天皇が観覧
	9月	9日	重陽の節句	縁起が良い9の数字が重なる日。菊の花びらを浮かべた酒を飲む
冬	10月	1日	更衣	衣装や家具を冬の仕様に変える
		亥(い)の日	亥の子の祝い	猪の形をした餅を食べて健康を祈る
	11月	23日	新嘗祭	収穫祭。その年にとれた米を天皇が神に供えて感謝し、自らも食す
	12月	30日	大祓	年越しの祓。一年間の穢れを祓う儀式
			追儺	邪気の象徴である鬼を、桃や矢を使って追い払う儀式。現在の節分

宮内庁書陵部蔵

日常

優雅に見えて意外と多忙だった 平安貴族の一日

日の出前から始まる貴族の一日

平安時代の文学に描かれる貴族の生活は、非常に優雅でのんびりとしているように見える。実際はどんな生活を送っていたのか、起床から追ってみたい。

まず目覚ましは、日の出前に打ち鳴らされる太鼓の音。起きてすぐ**お祈りや占い**などを行い、**日記**を書いた。この日記は宮中や家の**儀式のやり方**などを細かく記載した備忘録のようなものだ。そして出仕（出勤）の合図を告げる太鼓が鳴らされると、貴族たちは続々と内裏に向かった。夏至の時期では**朝3時、冬でも5時には活動を開始するという朝方の生活**だった。

このあとは仕事の時間となるのだが、仕事の内容は主に書類の確認や議会がメイン。3・5～4時間で済むこともあるが、宿直役《とのいやく》となると午後から翌朝までの長時間シフト。人によっては、月に10日以上働きづめの時もあったとか。

仕事が終わると食事、そして自由時間

仕事が終わるといったん邸宅に戻り、午前10時頃にようやくきちんとした朝食をとった。その後は貴族たちの自由時間だ。友人同士で**碁**や**双六**《すごろく》などを嗜んだり、女性への**和歌**の返事を考えたりと、文化的な遊びで時間を潰した。夕方に食事をとると、宿直役は再び内裏に出仕するが、何もなければ自由時間。とはいえ、仕事関係の宴会や歌会などに呼ばれることもあり、家でゆっくり、とはいかなかったようだ。

また当時は男性が女性の家に向かう**通い婚**だったため、夜は妻や、アプローチをかけている最中の**女性のもとに通う大切な時間**でもあった。『源氏物語』で光源氏が女性たちのもとに足繁く通うのもこの時間である。

平安時代の人々は、夜は早く休むため、一日の活動時間は今より短く、貴族たちは忙しい毎日を過ごしていた。**休日は6日に一日**だったという。

平安貴族のルーティーン

平安貴族は朝早くから出仕し、時には夜更けまで仕事だった。食事は基本一日に２回だった。

イラスト＝夏江まみ

18:00 就寝

仕事や宴会に出かけることも多かったが、日暮れとともに就寝。着物を掛け布団にした。

3:00 起床

夜明け前に起床。自分の星の名を７回唱え、その日の吉凶を占い、前日の日記を記す。

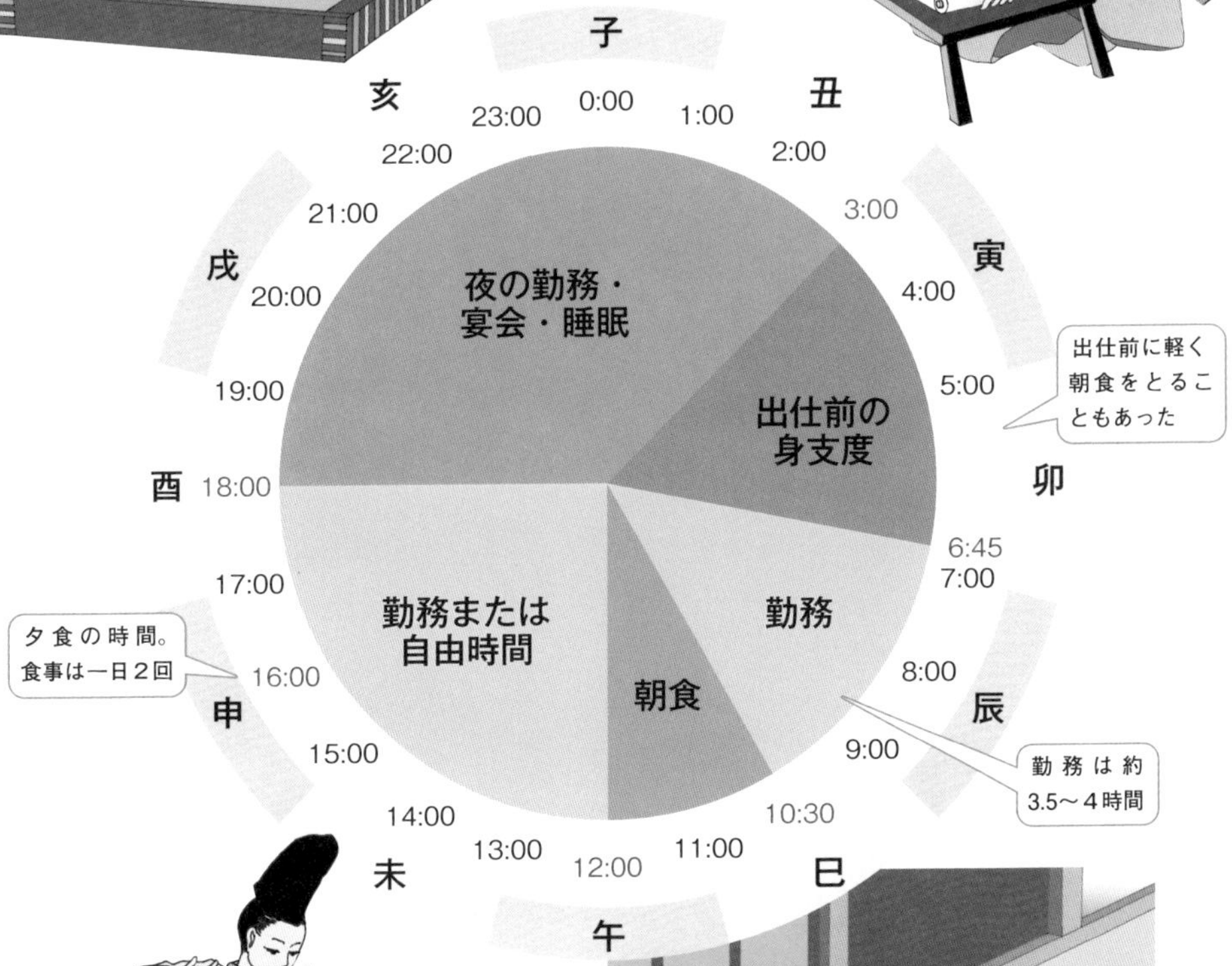

10:30～　自由時間

勤務時間は役職や日によってまちまち。仕事が終わって帰宅すると、ゆっくりと食事をとり、夕食まで自由時間。趣味などを楽しんだ。

6:00 出仕

書類の確認や儀式などの業務をこなす。上級貴族の正装である下襲は長いと3mもあるため、高覧に掛けて座った。

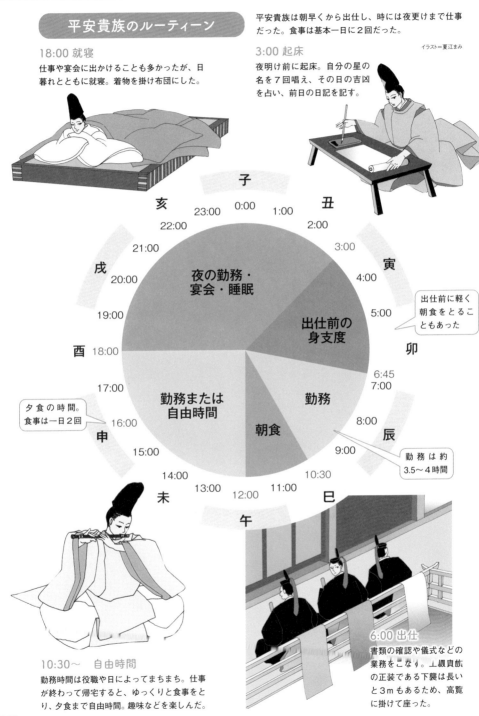

仕事

朝から夜まで色々な仕事があった 平安貴族の勤務事情

細かな仕事が多い平安貴族

平安貴族は位階に相対する官職を与えられ、官職によって仕事量や勤務時間が異なった。また、中・下級貴族は地方官として平安京を離れることも多かった。

中央（平安京）で働く貴族たちが出勤するのは**天皇がいる内裏**《だいり》。名前、官職の書かれた日給簡《にっきゅうのふだ》に日付を書いた紙を貼り付けると仕事が始まる。紙は天皇の秘書官である蔵人《くろうど》がまとめて天皇に奏上し、評価の基準になった。

上級貴族は午前中のうちに仕事が終わることも多かったが、大変なのは中級や下級の貴族である。**会議に書類の決裁**、加えて**掃除**や天皇の食事の**給仕**。また、天皇が音楽や歌などを求めればすぐさま参上し、**楽器を演奏**するという接待奉仕を行うこともあった。

何より一番大切な仕事は、**年中行事**を滞りなく済ませることだ。過去の事例を確認しながら準備や支度に相当の時間を費やしたという。

夜勤の宿直は激務だった

内裏の仕事は昼間だけにとどまらない。朝の仕事が終わったあとも深夜まで居残って内裏を**警護**したり、事務仕事をこなす**宿直**も貴族の職務の一つ。蔵人や四位、五位の中・下級貴族たちはこの宿直の仕事が多く、中には月に20日以上こなす貴族もいて、「宿直役は大変だ」と書かれた愚痴のような日記も残っている。

そのため都での官職より地方官《ちほうかん》の受領《ずりょう》（国司）のほうが自由かつ賄賂《わいろ》を受け取れることもあって、下級貴族の間では人気だった。官職の任命は年2回行われており、地方官は1月の**県召**《あがためしの》**除目**《じもく》、都での官職は8月の**司召**《つかさめしの》**除目**《じもく》という儀式で発表された。

地方官の任期は4年だったため、継続して地方官を望む貴族たちは有力貴族に口利きを頼み、求職活動を繰り広げていた。仕事をしていなさそうな平安貴族だが、実はしっかり公務員だった。

中央の貴族の官職

平安時代の中央政府は、太政官を頂点としたトップダウンの組織構造だった。

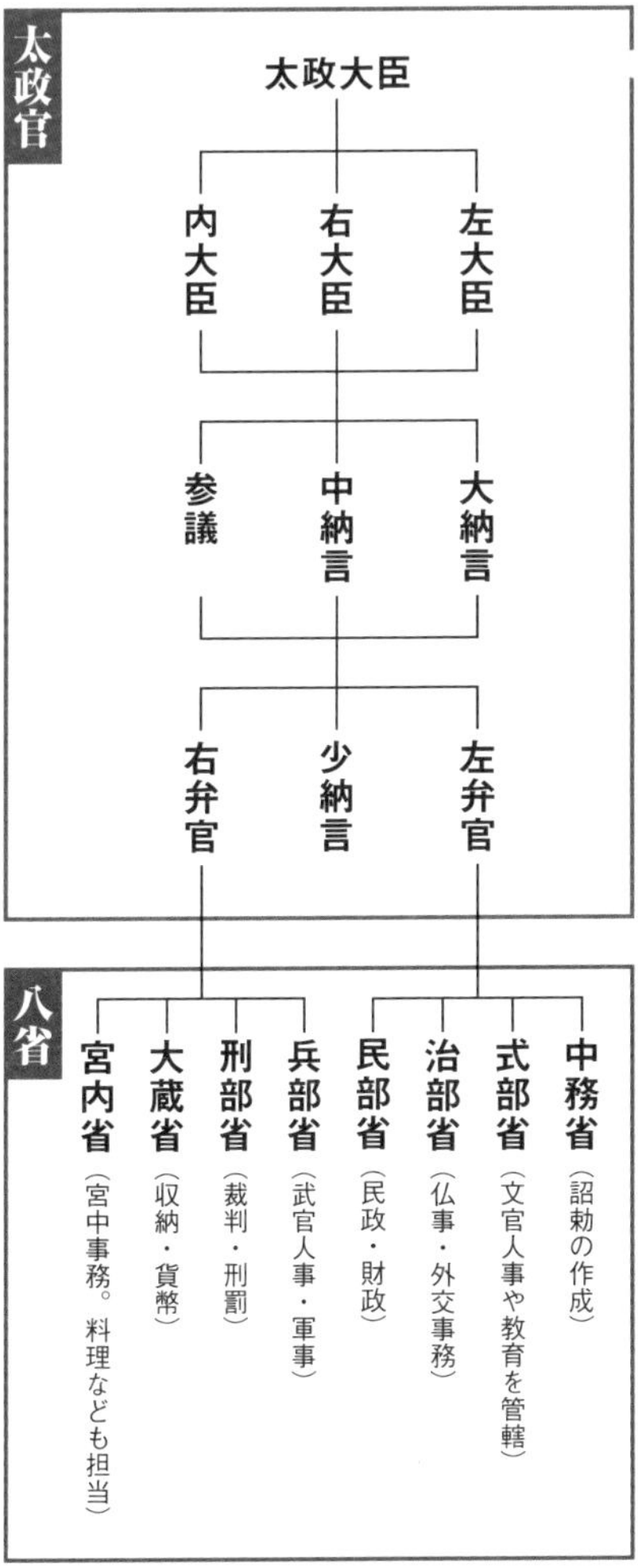

太政官

政治の中枢。最高責任者の太政大臣は常置されず、基本的にトップは左大臣だった。これとは別に天皇の補佐官である摂政・関白も強い権力を持ち、太政大臣や左・右大臣は摂政・関白を兼任した

検非違使

平安京の治安維持を担った、警察のような組織。検非違使のように太政官の管轄外にいる官職を令外官という。

その他の官職・令外官

征夷大将軍	蝦夷平定のための臨時の最高指揮官
勘解由使	国司交代の監査を行う
検非違使	平安京の治安維持を担当
蔵人所	天皇の側近。中務省の職務は蔵人所に移管していく
押領使・追捕使	中央から各国に派遣され、諸国の治安維持を行う
関白	天皇を補佐し､重要な事の決定権を持つ

平安小話

中央よりぜいたくできた？地方の貴族

地方貴族のトップの役職・受領は、その国の統治を任され、税を徴収して朝廷に納入するのが主な仕事。税の余剰分を自分の収入にできたため、増税してぜいたく暮らしをする受領もおり、中央で出世を見込めない貴族は、受領になりたがる者も多かった。

東京国立博物館蔵／ColBase

受領が任国に向かう様子を描いた絵巻。

楽器にスポーツ、ボードゲーム 今と変わらない貴族の娯楽

雅な遊びに興じていた平安貴族

生活に余裕のあった貴族たちは、遊ぶことも大好きで、様々な遊びで同僚たちと交流を深めていたようだ。特に人気だったのは**碁**《ご》と**双六**《すごろく》だ。双六はサイコロを使って二人で遊ぶボードゲームで、あまりのブームに一時期は禁止令が出たほどだった。ただゲームをするだけでなく、物を賭けたり負けたほうに罰ゲームを課したりと、賭博《とばく》要素を加えてスリルも楽しんでいた。

また、**横笛や琵琶**《びわ》、**和琴**《わごん》**や笙**《しょう》などを披露する音楽の演奏や、テーマを決めて歌を詠み合う**歌合**《うたあわせ》といった文化的な遊びも盛んだった。

さらに、サッカーのリフティングのような**蹴鞠**《けまり》、大きい雪玉をつくる**雪遊び**といった体を動かす遊びも好まれた。とはいえ彼らは宮仕《みやづか》えの身なので、遊ぶといってもほとんど遠出はできず、自分や友人の邸宅内や庭などで楽しんだという。

女性の貴重な外出の機会だった物詣

一方、邸宅の中で過ごすことの多い貴族女性も、ただぼんやりと過ごしていたわけではない。

床に広げた貝殻の美しさを競ったり、歌を詠み合う**貝合**《かいあわせ》。そして好きな物語を読む**読書**など、屋内遊戯を友人や女房と楽しんでいた。また、男性の遊戯というイメージがある碁だが、女性の間でも大人気なゲームだった。碁に熱中する女性の様子は『源氏物語』などにも描かれている。

女性にとっては、家を離れて寺院に参拝する**物詣**《ものもうで》も遊びの一つ。ほとんど外に出る機会のない貴族女性にとって、遠出して寺院に向かうのは、参拝をかねた楽しい行楽だった。特に清水寺《きよみずでら》、石山寺《いしやまでら》、長谷寺《はせでら》などが人気があり、泊まり込みで誦経《じゅきょう》を行ったという。

1000年前の平安貴族たちも、余暇を見つけて遊び、交流を深めていたのは現代と同じだった。

平安貴族の遊び

平安貴族は仕事の合間に様々な遊びに興じた。遊びとはいえ才能があれば出世につながった。

イラスト＝夏江まみ

音楽

平安時代は単に「遊び」というと、管弦（楽器）のことを指した。笛や太鼓、琵琶など、現代でも演奏されている和楽器が愛好された。また、音に合わせて舞を舞う舞楽《ぶがく》も行われた。管弦や舞楽は遊びではあったが、重要な儀式でも行われることから、平安貴族の教養としてもてはやされた。

スポーツ

蹴鞠（ボールを地面に落とさないようパスし合う球技）は男女や身分を問わず大流行。リフティングをしながら寺院の欄干を渡る名人もいたそうだ。その他に競射《きょうしゃ》（射撃）や鷹狩《たかが》りなど、武芸も発展した。また『源氏物語』には、雪が降ったあとに雪玉を転がす貴族の姿が描かれている。

ゲーム

双六や碁、貝合など、様々なゲームが誕生。当時の双六は二人で行い、出たサイコロの目の数だけ駒を進め、先に敵陣に送り終えたほうが勝ちだった。他にもチームに分かれて和歌をつくる歌合なども行われた。

レジャー

貴族たちはあまり平安京から出ず、花見も自分の屋敷で行った。特に女性貴族は邸宅から出ることもほとんどなく、物詣（寺社を参拝すること）が娯楽の一つだった。女性が外で顔を見せるのはタブーだったため、市女笠をかぶった。

殴り合いに嫌がらせ…平安貴族の雅ではない一面とは？

交流を大切にした平安貴族

『源氏物語』には、光源氏が友人・頭中将《とうのちゅうじょう》らと、好みの女性を語り合うシーンが描かれている。実際、貴族の間では和歌が得意な貴族に自作の添削を求めたり、蹴鞠をしたりと交流があったようだ。このような**コミュニケーションは、男性貴族にとって出世や妻選びなど人生に直接関係**し、かなり大切にされた。とはいえこういった付き合いは貴族同士に限られ、従者《じゅうしゃ》に対しては支配的な態度を崩さなかった。

一方で**女性貴族も、女同士の友情を育んでいた**ようだ。清少納言は著書『枕草子《まくらのそうし》』の中で、主人である中宮《ちゅうぐう》・定子《ていし》から「冗談をいわれてどうリアクションすればいいか困った」とつづっており、立場を超えた友情関係がうかがえる。また、紫式部も若い頃に友人である貴族の娘と和歌を交換し、落ち込む相手を慰める手紙を何通も書き残している。

意外と激しかった平安貴族の喧嘩

しかし、交流を深めれば、起きてしまうのが喧嘩。優雅で華やかなイメージの平安貴族だが、**実際は喧嘩っ早かった**。天皇のいる内裏で取っ組み合いの喧嘩が起きることもあれば、宴席で殿上人たちが下級貴族を相手に殴る蹴るの暴行を加えたという記録も残っている。また従者同士のいさかいが発端となり、貴族の邸宅が相手の従者によって破壊されたりと、**喧嘩というよりも暴行・暴動のような事件**も多々起きている。

一方、女性同士では**恋敵への嫉妬からくる陰湿な嫌がらせ**が行われていたようだ。『源氏物語』の主人公・光源氏の母は、天皇の寝所に向かう通り道に汚物をまかれて通れなくなったり、戸を閉じて廊下に締め出されたりと、嫌がらせの末にストレスで亡くなったとされている。かなり具体的な嫌がらせの描写は、後宮で実際に起きたことをもとに描いたからではないかといわれている。

平安貴族の事件簿

イラスト＝夏江まみ

平安貴族が起こした暴力事件は、日記や歴史書に詳細な記録が書かれているものも多い。中には殺人に及ぶ者もおり、時には天皇がねらわれることもあった。

平安貴族は殴る蹴るの喧嘩を行った。髷（まげ）を他人に見られるのは最大の恥とされていたため、喧嘩の際は髷を隠す烏帽子がねらわれたという。

憎い相手の邸宅を壊すこともあった。また、女性が従者を連れ立って恋敵の家を襲撃する事件もあった。

主な事件

969年	藤原師尹《ふじわらのもろまさ》一味、邸宅破壊事件	右大臣・藤原師尹の従者数百人が、中納言・藤原兼家《かねいえ》の邸宅を破壊。従者同士の喧嘩で師尹の従者が亡くなったことが発端だった
988年	藤原道長、試験官拉致事件	官人採用試験の試験官が、藤原道長によって拉致された。試験結果を自分の意図通りするよう道長は脅迫するも、事がばれて失敗
996年	花山法皇《かざんほうおう》襲撃事件	花山法皇の袖が矢で射抜かれる事件が発生。法皇と女性関係でもめていた藤原伊周《これちか》・藤原隆家《たかいえ》が計画したものだった
1013年	小野為明《おののためあき》集団暴行事件	小野為明が貴族に集団暴行を受ける。為明の上司にあたる敦明親王《あつあきらしんのう》がたびたび暴力事件を起こしたため、その報復ではないかといわれる
1013年	厩舎人《うまやとねり》、撲殺事件	厩の管理人が撲殺される事件が発生。犯人は厩舎人の主人・藤原兼隆《かねたか》だった。上級貴族だったため、罪に問われなかった。動機は不明
1016年	大江至考《おおえのゆきたか》、強姦未遂事件	大江至考が僧侶・観峯《かんぽう》の娘を襲うが未遂に終わる。その後、至考の従者が観嶺の従者に刺殺された
1023年	敦明親王、賀茂祭での暴行事件	従者を連れた敦明親王が、賀茂祭を見物していた人々に暴行を加えた
1024年	紫寝殿での大喧嘩	内裏の紫宸殿，つまり天皇が住む建物内で発生した事件。後一条天皇が相撲見物をしている目の前で、藤原経輔と源成任《なりのぶ》が取っ組み合いの喧嘩を始める

庶民

平安貴族を支えた庶民はどんな暮らしをしていたのか？

貴族の下働きをした平安京の庶民

平安時代の日本の総人口は600万人ほど。そのうち**およそ10万人が平安京で暮らしていた**。もちろんこのすべてが貴族や皇族というわけではない。平安時代、人口の大半は庶民だった。**雑色**《ぞうしき》・**小者**《こもの》・**下僕**《げぼく》などと呼ばれた彼らの仕事は、貴族や朝廷の下働きだ。女性へ和歌を運ぶ使い走りから、食事や着物づくりなど衣食住の手伝いまで、職種は幅広かった。

貴族の屋敷にある**大炊殿**《おおいどの》と呼ばれる場所では、大きな釜で米を炊くための人が配属され、**酒殿**《さかどの》では庶民の手で酒、酢、漬物などがつくられていた。さらに**贄殿**《にえどの》では肉を調理する下僕もいた。このように料理だけでも多くの部署があった。

また**織物所**と呼ばれる部屋では織手たちが着物をつくり、**染殿**《そめどの》では染料を煮出して布を染めるなど、作業は細分化され、それぞれの部署で庶民が働いていた。

庶民から技能を持った職人が出現

さらには刀を打つ**刀工**《とうこう》、邸宅をつくる**大工**、希少な品を売る**商人**など、技能を持った庶民も存在した。変わり種では、成人しても元服せず、貴族の家で牛の世話をして過ごす**牛飼童**《うしかいわらわ》という従者もいた。このようにたくさんの庶民に支えられ、貴族たちは豊かな生活を送ることができたのだ。

貴族に比べると窮屈な生活のように思えるが、時に庶民たちは宮廷の年中行事に乱入し、ご馳走を食べ尽くして逃げる、といった狼藉を行い、貴族を困らせたという記録も残っている。ひどい目にばかりあっていたわけではなさそうだ。

また、平安京に庶民が増えたことで、**庶民のためのお祭り**も開催されるようになった。今も京都の夏の風物詩として知られる**祇園祭**《ぎおんまつり》も、疫病を封じ込めるために庶民が始めた祭りである。

絵巻に描かれた庶民の暮らし

平安時代に描かれた絵巻には、庶民を描いたものもある。絵巻は、当時の庶民の服装や仕事の様子を知る貴重な資料ともいえる。

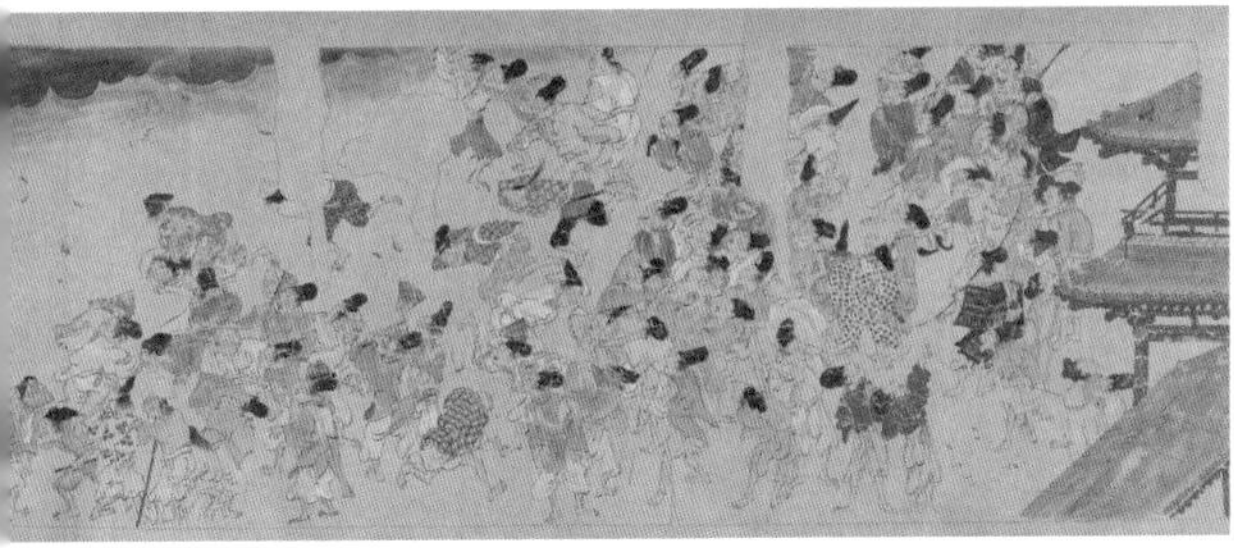

『伴大納言絵巻《ばんだいなごんえまき》』に描かれた庶民

応天門《おうてんもん》の変の火災事件を描いた『伴大納言絵巻』に、混乱している民衆が描かれている。当時は民衆もみな帽子をかぶっていた。中には女性や僧侶、少年もいる。

東京国立博物館蔵／ColBase

『因幡堂薬師縁起絵巻《いなばどうやくしえんぎ》』に描かれた漁師

因幡堂（平等寺《びょうどうじ》（京都市））の由緒を描いた『因幡堂薬師縁起絵巻』には漁師の姿が描かれている。漁師たちの地引網に、薬師如来の像が引っかかっている。

東京国立博物館蔵／ColBase

『春日権現験記絵《かすがごんげんげんきえ》』に描かれた大工たち

春日大社（奈良県）の神の物語『春日権現験記絵』に、大工の仕事の様子が描かれている。ノミを木目に入れて木を割る者や、釿《ちょうな》で木材の表面を削りなめらかにする者、木屑を運ぶ子どもたちの姿が描かれる。

東京国立博物館蔵／ColBase

平安小話

平安時代に進化した日本刀

平安時代に反りがついた「太刀」が生まれ、日本刀の原型が完成。なかでも伯耆国《ほうき》（鳥取県）の刀工・安綱《やすつな》や、山城国《やましろ》（京都府）の三条宗近《むねちか》がよく知られ、彼らがつくった刀剣は国宝に指定されている。

鬼退治に使われ「童子切」という異名がついた太刀「安綱」。

東京国立博物館像／ColBase

より高い身分の男性との結婚が期待された、平安時代の婚活事情

結婚のための平安女子教育

平安時代のお姫様というと、美しい着物をまとって和歌を詠み、毎日邸宅で女房相手に遊んだり読書をしたり、のんびりと生活しているというイメージが強い。しかし彼女たちの人生は、現代人が想像するよりかなり大変なものだった。

まず平安貴族の女性は、生まれてから死ぬまでほとんど**家の外にすら出られない**。彼女たちの最大の役割は、結婚して子どもをつくることだったためだ。結婚相手も誰でもいい、というわけではない。少しでも高貴な身分の男性を夫にするため、幼い頃から**和歌の知識**を叩き込まれる。また、この時代の交流は手紙が基本。そこで**文字の美しさも重要視**された。

和歌に加えて着物のセンスや、受け答えの美しさなども徹底的に仕込まれ、**生まれた日から彼女たちは婚活のために日々を送る**ことになる。

求められたハイレベルな教養

結婚できても安心はできない。違う女性のもとに通われ、捨てられるというのもよくある話だった。さらに父や夫の都合で、強制的に引っ越しをさせられることもある。また後ろ盾である父を亡くすと、日々の食事に困るほど落ちぶれてしまうことも。このように平安時代の女性は、**男性の都合で人生が決まる**といっても過言ではなかった。

さらに**入内**《じゅだい》（**後宮入り**）がかなったとしても、それはそれで苦しむことが多かった。下級貴族の娘が天皇に目をかけられでもすると、他の后たちから陰湿な**イジメ**を受ける可能性があったからだ。

そんなお姫様に仕える**女房**も苦労が多かった。女房たちは自分の主人が馬鹿にされないよう、センスや知恵を磨いてお姫様の顔をたてる必要があった。そんな女房から紫式部、清少納言といった英才女子が誕生したのだ。

女性貴族に求められた教養

イラスト＝夏江まみ

より高貴で才能がある男性との結婚は、妻となる女性だけでなく、その親族にも栄華をもたらした。そのため平安貴族は、魅力的な男性と釣り合うだけの教養を身につけさせようと、熱心に女子を教育した。

和歌	恋愛の始まりは和歌のやり取りからだったため、和歌のセンスは婚活の必須条件だった。そのためには様々な知識や教養が必要。『古今和歌集』に収められた1111首、すべての和歌を暗記した強者もいたという
文字	和歌や手紙を渡す際、文字が美しいと相手の印象も大きく変わる。品格や教養の深さ、センスの良さが伝わる美しい文字を書くことは、非常に重視された
音楽	行事で楽器を演奏する機会が多く、演奏の上手さも婚活で見られるポイント。特に琴が人気だった。夜、女性の邸宅の前を通りかかった男性が、邸内から漏れてくる音色を聞いて恋に落ちるシーンが、物語にも描かれている
ファッションセンス	女性は着物を重ね着してカラーコーディネートを楽しんだが、この色使いにセンスが求められた。結婚後は夫の着物を選ぶのも妻の仕事だったため、ファッションセンスの有無も重要だった
トークの技術	結婚後は夫の相談に乗るのも妻の大事な仕事。そのため言葉遣いやトークのセンスも求められた。また、夫の秘密をいいふらす妻は出世の足手まといになるため離婚が許された

平安美人の特徴

女性たちは化粧や髪のメンテナンスなど、時間をかけて外見を磨いた。

長くてたっぷりとした黒髪が美の象徴とされ、櫛でとかしたり、米のとぎ汁で洗ったりとメンテナンスをおこたらなかった。清少納言は毛量にコンプレックスがあり、付け毛をしていた
白い肌が美人の条件。女性たちは白粉を塗った。口には紅をさした
ふっくらとした丸顔に、丸いおでこが理想とされた。平安時代の女性の平均身長は140cmだが、小柄であるほうが良いとされ、小太りがモテたそうだ

東京国立博物館蔵／ColBase

平安小話

紫式部も受けた!? 後宮のイジメ

後宮は、天皇の寵愛を受けようとする女性たちの嫉妬が渦巻いていた。そのため、無視をされたり嫌味をいわれたりとイジメも横行した。紫式部は皮肉に気づかないふりをしてイジメを回避したそうだ。

天皇のもとへ向かおうとする女性を通せんぼするイジメが『源氏物語』に描かれている。

天皇系図

数字は天皇の代数を表す
ピンクの字は女性を表す

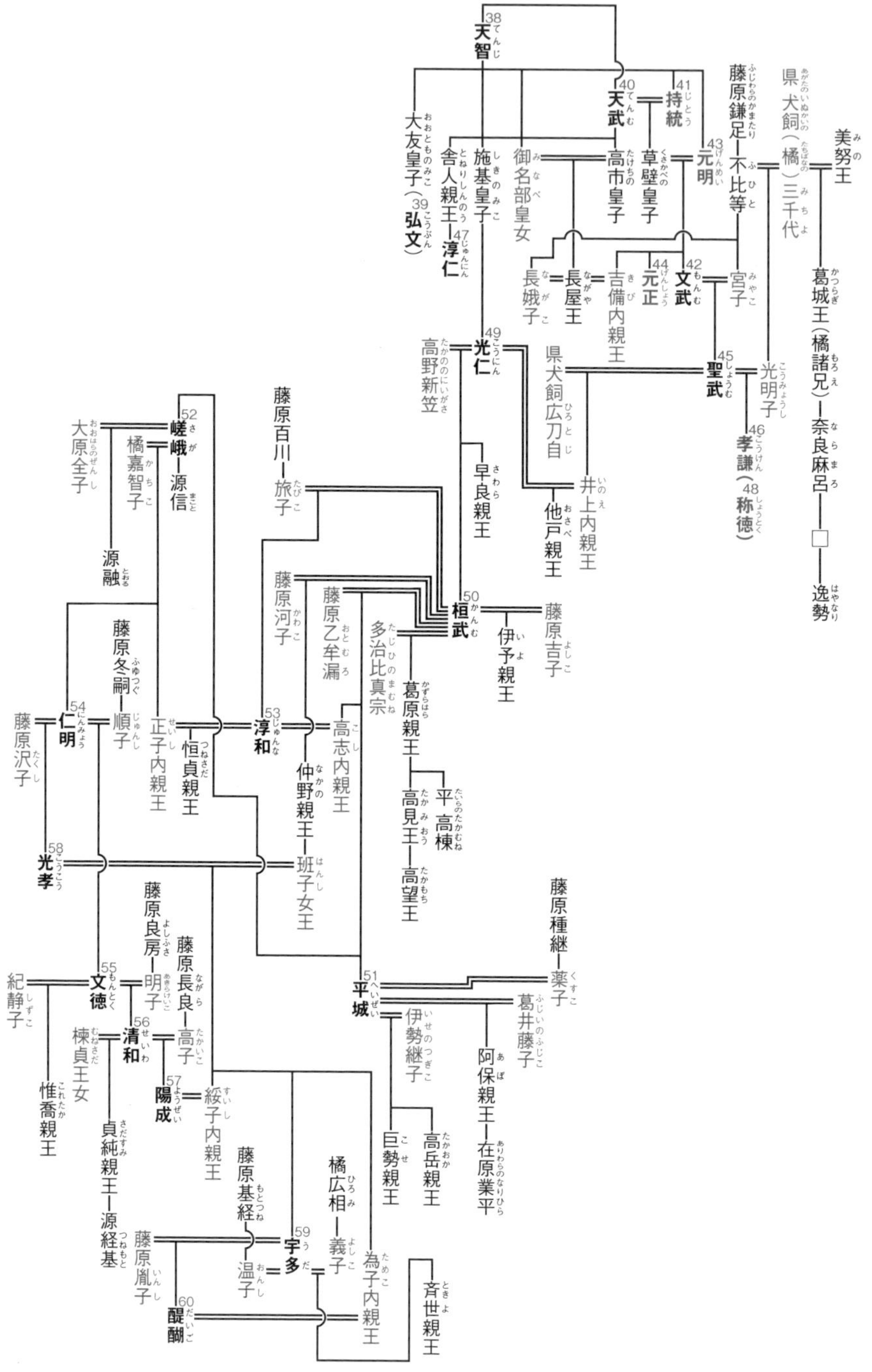

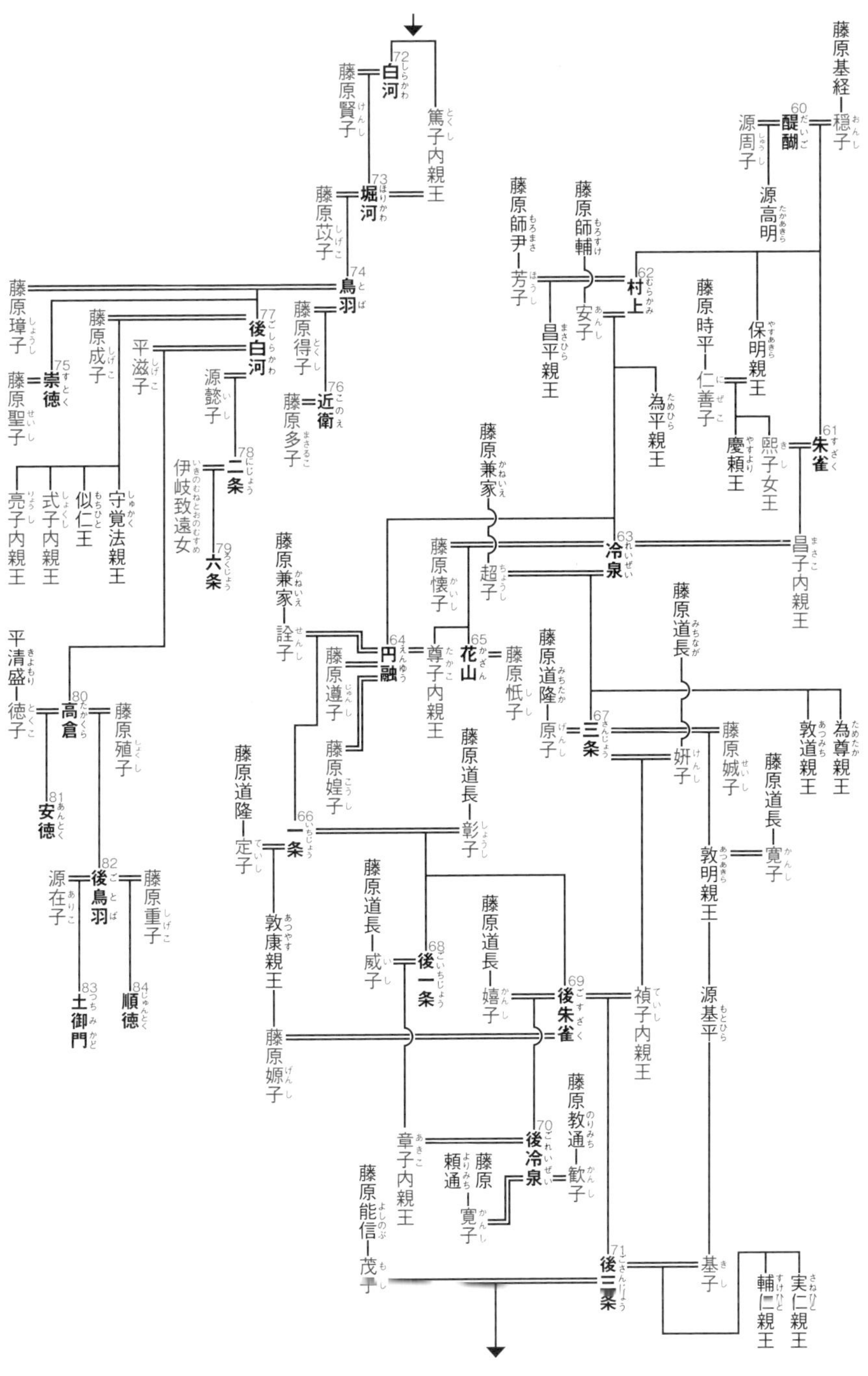
藤原基経―穏子《おんし》
60 醍醐《だいご》
源周子《しゅうし》
源高明《たかあきら》
保明親王《やすあきら》
藤原時平―仁善子《にぜこ》
慶頼王《やすより》
熙子女王《きし》
61 朱雀《すざく》
昌子内親王《まさこ》
藤原師輔《もろすけ》
藤原師尹《もろまさ》―芳子《ほうし》
62 村上《むらかみ》
安子《あんし》
昌平親王《まさひら》
為平親王《ためひら》
藤原兼家《かねいえ》
63 冷泉《れいぜい》
藤原懐子《かいし》
超子《ちょうし》
藤原道長《みちなが》
為尊親王《ためたか》
敦道親王《あつみち》
藤原道隆《みちたか》―原子《げんし》
67 三条《さんじょう》
妍子《けんし》
藤原娍子《せいし》
藤原道長―寛子《かんし》
敦明親王《あつあきら》
源基平《もとひら》
基子《きし》
実仁親王《さねひと》
輔仁親王《すけひと》
藤原兼家《かねいえ》―詮子《せんし》
64 円融《えんゆう》
藤原遵子《じゅんし》
藤原媓子《こうし》
尊子内親王《たかこ》
65 花山《かざん》
藤原忯子《しし》
藤原道長―彰子《しょうし》
藤原道隆―定子《ていし》
66 一条《いちじょう》
敦康親王《あつやす》
藤原嫄子《げんし》
藤原道長―威子《いし》
68 後一条《ごいちじょう》
藤原道長―嬉子《かんし》
69 後朱雀《ごすざく》
禎子内親王《ていし》
章子内親王《あきこ》
70 後冷泉《ごれいぜい》
藤原教通《のりみち》―歓子《かんし》
藤原頼通《よりみち》―寛子《かんし》
藤原能信《よしのぶ》―茂子《もし》
71 後三条《ごさんじょう》
72 白河《しらかわ》
藤原賢子《けんし》
篤子内親王《とくし》
73 堀河《ほりかわ》
藤原苡子《しげこ》
74 鳥羽《とば》
藤原璋子《しょうし》
藤原得子《とくし》
75 崇徳《すとく》
藤原聖子《せいし》
76 近衛《このえ》
藤原多子《まさるこ》
77 後白河《ごしらかわ》
藤原成子《しげこ》
平滋子《しげこ》
源懿子《いし》
78 二条《にじょう》
伊岐致遠女《いきのむねとおのむすめ》
79 六条《ろくじょう》
亮子内親王《りょうし》
式子内親王《しょくし》
似仁王《もちひと》
守覚法親王《しゅかく》
平清盛《きよもり》―徳子《とくこ》
80 高倉《たかくら》
藤原殖子《しょくし》
81 安徳《あんとく》
82 後鳥羽《ごとば》
源在子《ありこ》
藤原重子《しげこ》
83 土御門《つちみかど》
84 順徳《じゅんとく》

藤原氏系図

数字は天皇の代数を表す、ピンクの字は女性を表す
赤枠は本書で扱った主要人物を表す

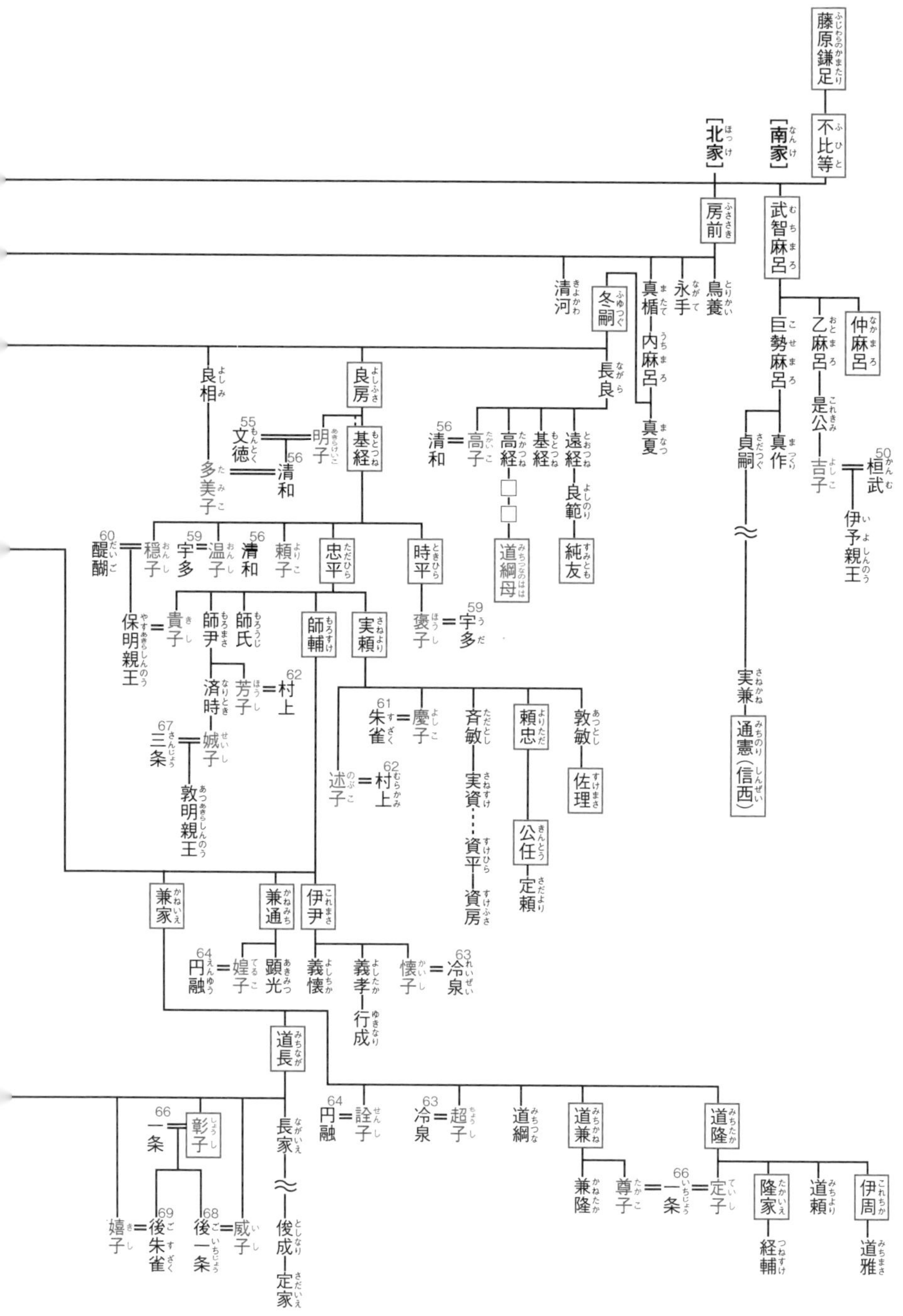

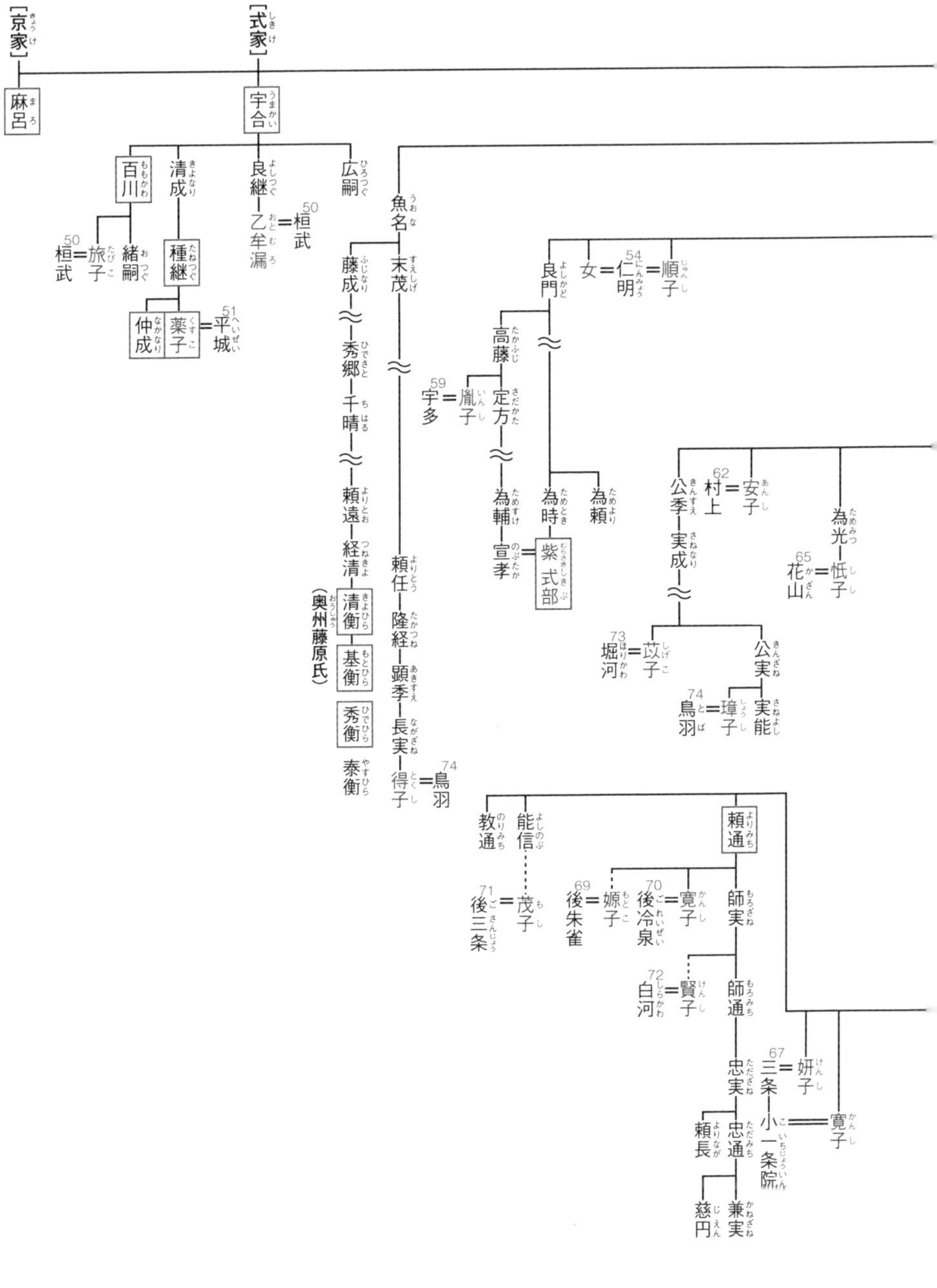
[京家《きょうけ》]
麻呂《まろ》
[式家《しきけ》]
宇合《うまかい》
百川《ももかわ》
清成《きよなり》
良継《よしつぐ》
広嗣《ひろつぐ》
50 桓武
旅子《たびこ》
緒嗣《おつぐ》
種継《たねつぐ》
乙牟漏《おとむろ》
50 桓武
仲成《なかなり》
薬子《くすこ》
51 平城《へいぜい》
魚名《うおな》
藤成《ふじなり》
末茂《すえしげ》
秀郷《ひでさと》
千晴《ちはる》
頼遠《よりとお》
経清《つねきよ》
(奥州藤原氏《おうしゅう》)
清衡《きよひら》
基衡《もとひら》
秀衡《ひでひら》
泰衡《やすひら》
頼任《よりとう》
隆経《たかつね》
顕季《あきすえ》
長実《ながざね》
得子《とくし》
74 鳥羽
良門《よしかど》
女
54 仁明《にんみょう》
順子《じゅんし》
高藤《たかふじ》
59 宇多
胤子《いんし》
定方《さだかた》
為輔《ためすけ》
宣孝《のぶたか》
為時《ためとき》
為頼《ためより》
紫式部《むらさきしきぶ》
公季《きんすえ》
62 村上
安子《あんし》
為光《ためみつ》
実成《さねなり》
65 花山《かざん》
忯子《しし》
73 堀河《ほりかわ》
苡子《しげこ》
公実《きんざね》
74 鳥羽《とば》
璋子《しょうし》
実能《さねよし》
教通《のりみち》
能信《よしのぶ》
頼通《よりみち》
71 後三条《ごさんじょう》
茂子《もし》
69 後朱雀
嫄子《もとこ》
70 後冷泉《ごれいぜい》
寛子《かんし》
師実《もろざね》
72 白河《しらかわ》
賢子《けんし》
師通《もろみち》
忠実《ただざね》
67 三条
妍子《けんし》
小一条院《こいちじょういん》
寛子《かんし》
頼長《よりなが》
忠通《ただみち》
慈円《じえん》
兼実《かねざね》

さくいん

人名は太字とした
見開き内で同じ用語・人名が登場する場合は右ページを記載
天皇名は本文内で上皇・法皇と表記している人物も「天皇」で統一している

主要参考文献

『詳説日本史』（山川出版社）
『新詳日本史』（浜島書店）
『図説 日本史通覧』（帝国書院）
全国歴史教育研究協議会編『日本史用語集 改定版 A.B共用』（山川出版社）
坂上康俊『シリーズ日本古代史④ 平城京の時代』（岩波書店）
川尻秋生『シリーズ日本古代史⑤ 平安京遷都』（岩波書店）
古瀬奈津子『シリーズ日本古代史⑥ 摂関政治』（岩波書店）
五味文彦『シリーズ日本中世史① 中世社会のはじまり』（岩波書店）
近藤成一『シリーズ日本中世史② 鎌倉幕府と朝廷』（岩波書店）
新古代史の会編『人物で学ぶ日本史3平安時代編』（吉川弘文館）
佐藤信監修、新古代史の会編『テーマで学ぶ日本古代史 政治・外交編』（吉川弘文館）
佐藤信監修、新古代史の会編『テーマで学ぶ日本古代史 社会・史料編』（吉川弘文館）
『歴史 REAL　藤原氏』（洋泉社）
木本好信・樋口健太郎『図解 藤原氏 鎌足から道長、戦国へと続く名門の古代・中世』（戎光祥出版）
繁田信一監修『平安貴族 嫉妬と寵愛の作法』（ジー・ビー）
繁田信一監修『地図でスッと頭に入る平安時代』（昭文社）
山折哲雄監修『すぐわかる日本の宗教』（東京美術）
中村圭志『教養としての仏教入門』（幻冬舎）
山下裕二・高岸輝監修『日本美術史』（美術出版社）
『原色シグマ新国語便覧』（文英堂）
『新訂 総合国語便覧』（第一学習社）
『新訂版 最新国語便覧』（浜島書店）
繁田信一『知るほど不思議な平安時代　上』（教育評論社）
繁田信一『知るほど不思議な平安時代　下』（教育評論社）
繁田信一『殴り合う貴族たち』（文藝春秋）
繁田信一『平安朝の事件簿 王朝びとの殺人・強盗・汚職』（文藝春秋）
山本淳子『紫式部ひとり語り』（角川文庫）
川村裕子『清少納言と平安貴族の謎』（角川文庫）
『歴史群像 安倍晴明 謎の陰陽師と平安京の光と影』（学研プラス）
岩井宏實『図説 日本の妖怪』（河出書房新社）

監　修　伊藤賀一《いとうがいち》

1972年、京都府生まれ。法政大学文学部史学科卒業後、早稲田大学教育学部生涯教育学専修卒業。東進ハイスクール講師などを経て、現在はオンライン予備校「スタディサプリ」で高校日本史・倫理・政治経済・現代社会・中学地理・中学歴史・公民の7科目に加え、歴史総合・公共も含めた全9科目を担当する「日本一生徒数の多い社会講師」として活躍。著書に『改訂版 世界一おもしろい日本史の授業』（KADOKAWA）、『ニュースの“なぜ?”は日本史に学べ』（SB 新書）、『「90秒スタディ」ですぐわかる！日本史速習講義』（PHP 研究所）、監修書に『テーマ別だから政治も文化もつかめる江戸時代』（朝日新聞出版）など多数。

編　集　かみゆ歴史編集部（中村蒐、丹羽篤志、重久直子、滝沢弘康）

「歴史はエンターテイメント！」をモットーに、雑誌・ウェブ媒体から専門書までの編集・制作を手がける歴史コンテンツメーカー。扱うジャンルは日本史、世界史、地政学、宗教・神話、アート・美術など幅広い。日本史関連の主な編集制作物に『藤原氏の1300年』『ニュースとマンガで今、一番知りたい！日本の歴史』（ともに朝日新聞出版）、『平安時代と藤原氏一族の謎99』（イースト・プレス）、『流れが見えてくる日本史図鑑』（ナツメ社）、『ビジュアル百科写真と図解でわかる！天皇“125代”の歴史』（西東社）など。

執　筆	三城俊一（P12 ～ 15・１章）、飯山恵美（２章）、京谷一樹（３・４章）、野中直美（P118 ～ 127・５章）
装丁デザイン	相原真理子
デザイン・DTP・図版	株式会社ウエイド
校　正	曽根歩、本郷明子
企画・編集	朝日新聞出版 生活・文化編集部　上原千穂、永井優希

写真協力　国立国会図書館／ Pixta ／ shutterstock ／ photolibrary
※その他の提供元は画像の側に記載

出来事《できごと》と文化《ぶんか》が同時《どうじ》にわかる

平安時代《へいあんじだい》

監　修　伊藤賀一

編　著　朝日新聞出版

発行者　片桐 圭子

発行所　朝日新聞出版
〒104-8011 東京都中央区築地5-3-2
（お問い合わせ）infojitsuyo@asahi.com

印刷所　大日本印刷株式会社

ISBN　978-4-02-334149-4